BÖHM, SCHIEFELBEIN, SEICHTER

Projekt Erziehung

WINFRIED BÖHM
ERNESTO SCHIEFELBEIN
SABINE SEICHTER

Projekt Erziehung

EIN LEHR- UND LERNBUCH

4., überarbeitete und aktualisierte Auflage

FERDINAND SCHÖNINGH

Umschlagabbildung:
Pablo Picasso, La Lecture et les Jouets (Lektüre und Spiele), 1953

Bibliografische Information der Deutschen Nationalbibliothek

Die Deutsche Nationalbibliothek verzeichnet diese Publikation in der Deutschen Nationalbibliografie; detaillierte bibliografische Daten sind im Internet über http://dnb.d-nb.de abrufbar.

4., überarbeitete und aktualisierte Auflage 2015

(Verlag Ferdinand Schöningh GmbH & Co. KG, Jühenplatz 1, D-33098 Paderborn)

Internet: www.schoeningh.de

Einbandgestaltung: Anna Braungart, Tübingen
Printed in Germany.
Herstellung: Ferdinand Schöningh GmbH & Co. KG, Paderborn

ISBN 978-3-506-78183-3

Inhalt

NEUNTES KAPITEL:
Karl Marx
oder: Die Erziehung als revolutionäre Praxis? 147

ZEHNTES KAPITEL:
Moderner Personalismus
oder: Gibt es ein „Maß" für die Erziehung? 165

Vorwort

Wenn hier der gegenwärtigen Flut von erziehungswissenschaftlichen Einführungswerken und Studienbüchern ein weiteres hinzugefügt wird, dann bedarf das einer ausdrücklichen Begründung, und diese muss vor allem daraus geschöpft werden, was an diesem Buch neu, originell, eigenständig und *anders* ist.

Diese „Authentizität" und Andersheit des Buches bringt schon der Titel zum Ausdruck. In seiner ursprünglich spanischsprachigen Fassung als Lehrbuch für Studierende und Lehrer auf dem lateinamerikanischen Kontinent heißt das Buch „Repensar la educación" (Bogotá 2004; Santiago de Chile 2009), was sich nur schwer übersetzen lässt und so viel meint wie *die Erziehung (wieder) selbst denken.*

Diese völlig überarbeitete deutsche Ausgabe trägt den Titel „Projekt Erziehung", und dieser weist noch deutlicher auf die Intention dieses Buches hin, nämlich die Leser einzuladen und anzuleiten, über *die Erziehung selbst* nachzudenken, wobei das „selbst" in der doppelten Bedeutung zu verstehen ist: über die Erziehung (und rein über diese) selbst nachzudenken und dieses selbst zu tun. In diesem Sinne handelt es sich hier nicht um ein Nährbuch, das seine Konsumenten häppchenweise mit pädagogischem Detail- oder kurzzeitig mit bloßem Prüfungswissen abfüttern will, sondern um ein echtes Lehr- und Lernbuch für ein eigenständiges und authentisch pädagogisches Denken über (die) Erziehung.

Dass die Erziehung dabei als ein *Projekt* in Betracht gezogen wird, will nicht einem Modewort Tribut zollen und ist auch nicht methodisch (etwa im Sinne der Projektmethode) zu verstehen, sondern trägt der Einsicht Rechnung, dass uns die Erziehung nicht als eine ein für allemal fertige und abgeschlossene Tatsache *gegeben*, sondern als Aktion, Maßnahme, Plan, Unternehmung, Versuch oder Operation *aufgegeben* ist.

Während Tatsachen zu konstatierender Beschreibung und zu rückwärtsgewandter Analyse herausfordern, verlangt ein Projekt nach einem in die Zukunft gerichteten schöpferischen und entwerfenden Denken und – *nach einer Idee.* Einfacher ausgedrückt: bei der Tatsachenanalyse geht die Tat dem Denken, bei einem Projekt geht das Denken dem Tun voraus. Wenn sich dieses aber als ein genuin *pädagogisches* Denken artikulieren und manifestieren soll, dann darf es sich nicht an (Pädagogik-)fremden Theorieimporten – heißen sie nun Behaviorismus, Strukturalismus, Konstruktivismus etc. – orientieren und auf handgestrickte „Philosophien" (im Sinne von Unternehmens-„Philosophien", Verkaufs-„Philosophien", Vereins-„Philosophien" u.ä.) stützen, sondern muss seine Prämissen in der Pädagogik selber suchen. Wo aber fänden sich jene Prämissen sonst, wenn nicht in den zentralen Texten jener als „Klassiker der Pädagogik" geadelten Autoren, welche nur purer Unverstand als „bloße Semantiken" abtun und beiseite legen könnte.

Während sich die Erziehung ebenso wie alles praktische Tun mit konkreten *Schwierigkeiten* konfrontiert sieht, für die möglichst rasch Lösungen gefunden werden müssen, hat es die Pädagogik, wie alles wissenschaftliche Denken, mit *Problemen* zu tun, die gar nicht in einer Weise gelöst werden können, dass sie danach nicht mehr existierten. Probleme verlangen in ihrer Konstanz und Beständigkeit danach, unter den sich wandelnden raum-zeitlichen, kulturellen und sozio-politischen Bedingungen jeweils neu erörtert und durchdacht zu werden. Ein Studium der Pädagogik – zumal, wenn es sich um ein akademisches Studium handeln soll – kann also gar nicht anders, als die Studierenden mit jenen Grundproblemen vertraut zu machen, die mit dem Projekt Erziehung unlösbar verbunden sind.

Dieser Einsicht folgt das vorliegende Lehr- und Lernbuch. Angesichts von zehn ausgewählten Grundfragen werden anhand ausgesuchter pädagogischer Texte die Probleme dort aufgezeigt, wo sie entweder zum ersten Male oder auf eine besonders aufschlussreiche und geschichtsträchtige Weise formuliert worden sind. Die nachfolgende Einleitung gibt über diese Auswahl und ihre Kriterien Auskunft, und sie enthält auch Hinweise für einen möglichst sinnvollen Gebrauch des Buches.

Ein Missverständnis soll aber von vornherein abgewiesen und eine Besonderheit noch eigens hervorgehoben werden. Wenn das Buch – oberflächlich betrachtet – auf den ersten Blick als geschichtslastig erscheinen könnte, so wäre ein solcher Eindruck trügerisch. Es geht sowohl bei den erörterten Problemen als auch bei den ausgewählten Texten darum, stets den Bezug zur unmittelbaren Gegenwart herzustellen, mehr noch: sie für künftige Entscheidungen in der Praxis bereitzustellen und auszuschöpfen.

Die Vielzahl der gebotenen Textpassagen darf eine Besonderheit dieses Buches nicht verdecken: Entgegen dem übermächtigen Trend zur wissenschaftlichen und professionellen Differenzierung und Parzellierung des Pädagogischen zielt das hier vorgelegte Lehr- und Lernbuch in die entgegengesetzte Richtung: auf die Einheit der Pädagogik und auf eine diese Einheit stiftende *Idee von Erziehung*.

Die deutsche Bearbeitung übernimmt zwar die inzwischen in Lehrveranstaltungen in vielen Ländern erprobten inhaltlichen Vorgaben und die formale Struktur der lateinamerikanischen Ausgabe, geht aber über eine bloße Übersetzung weit hinaus. So wurden fast die Hälfte der Texte ausgetauscht oder verändert, die Einleitungen und Zusammenfassungen der einzelnen Kapitel neu geschrieben und der Frage-Antwort-Teil überhaupt neu hinzugefügt. Auch diese vierte Auflage des Buches wurde wieder gründlich überarbeitet und aktualisiert.

Dem renommierten Karikaturisten Ulrich Olschewski danken die Autoren für die Bereitstellung mehrerer Originalzeichnungen, die bisweilen mehr aussagen, als es Worte vermöchten.

Salzburg, 6. Januar 2015 Sabine Seichter

„Projekt Erziehung"

Eine Anekdote des großen chinesischen Weisen Konfuzius soll dieses Buch eröffnen.

Als der Fürst von We seine Regierung antreten wollte und zu dem Meister Konfuzius um Rat schickte, was er denn zuallererst in Angriff nehmen solle, ließ der Weise antworten: Sicherlich die Richtigstellung der Begriffe. Auf die verwunderte Gegenfrage, ob wirklich die Richtigstellung der Begriffe das wichtigste sein könne, was einer zuvörderst zu erledigen habe, der sich zum praktischen Handeln anschickt, entgegnete der Meister barsch: Wie roh du bist! Wenn die Begriffe nicht richtig sind, so stimmen die Worte nicht; stimmen die Worte nicht, so kommen die Werke nicht zustande; kommen die Werke nicht zustande, so gedeihen Moral und Kunst nicht. Darum sorge der Edle, dass er seine Begriffe unter allen Umständen zu Wort bringen und seine Worte unter allen Umständen zu Taten machen kann.

Wenn wir bei der Erziehung (ähnlich wie bei dem politischen Handeln) von einem praktischen Tun sprechen, dann gebrauchen wir dabei einen Begriff, dessen Ursprung und dessen Bedeutungsgehalt bis weit in die Antike zurückreichen. Mit *Praxis* bezeichneten die griechischen Philosophen ein Handeln, das seinen Grund in einem Entschluss des handelnden Subjekts hat, mit Bedacht und in Freiheit von diesem vollzogen wird und am Ende von ihm in dem Maße verantwortet werden muss, als es ihm als seinem Urheber zugerechnet werden kann. In diesem Sinne sprach Aristoteles davon, dass der Mensch auf ähnliche Weise der Vater seiner Handlungen sei, wie er der Vater seiner Kinder ist.

Dieses praktische *Handeln* unterschieden die Griechen ebenso deutlich von der *theoria* wie von der *poiesis*. Während *theoria* dabei das – auf das Ewige und Unwandelbare gerichtete – betrachtende *Schauen* meinte, bezeichnete *poiesis* das herstellende *Machen*, wie es den Handwerkern und ihren Künsten entsprach und wie es viel später in der industriellen Produktion seine riesigen Dimensionen gewonnen und alles in seinen Bann geschlagen hat.[1]

Dass die Erziehung nicht *theoria* in diesem ursprünglichen Sinne sein kann, liegt auf der Hand: Das Kind als „Gegenstand" der Erziehung ist weder ewig noch unwandelbar; Erziehung zielt im Gegenteil gerade auf Veränderung in der Zeit. Ob Erziehung aber als *praxis* oder als *poiesis*, mithin als ein freitätiges, ideengeleitetes, selbstverantwortliches Handeln oder als kunstfertiges, methodengeleitetes, technisches Machen zu verstehen ist, ist eine Frage, die schon in der antiken und für die ganze geistige Entwicklung des Abendlandes maßgeblichen Unterscheidung

1 Eine vorzügliche historisch-systematische Einführung in diese Problematik liefert Hannah Arendts Buch *Vita activa oder Vom tätigen Leben*, München 1960.

von *praxis* und *poiesis* enthalten war und sich dann im Laufe der Jahrhunderte immer deutlicher als ein pädagogisches Grundproblem herausgestellt hat. Dass sich dieses Problem in dem Maße zuspitzen musste, als die Erziehung zunehmend aus dem privaten Bereich von Haus und Familie auswanderte und in öffentlichen Erziehungseinrichtungen heimisch wurde, ist leicht einzusehen. Dass es heute nicht mehr als ein Problem von Praxis und Poiesis gesehen, sondern als sog. Theorie-Praxis-Problem diskutiert wird, ist dem neuzeitlichen Bedeutungswandel der Begriffe geschuldet und kann die darin verborgene Grundfrage nach der Erziehung als einem verantwortlichen Handeln *oder* als einem technisch-herstellenden Machen nicht verdecken und schon gar nicht aus der Welt schaffen.[2]

Die Konfrontation mit dieser im wahrsten Sinne des Wortes grundlegenden Frage muss am Anfang jeder Beschäftigung mit der Erziehung stehen, denn es handelt sich dabei um eine ähnlich fundamentale Entscheidung, wie sie Fichte an den Anfang der Philosophie gestellt hat, nämlich: ob man ein dogmatischer oder ein kritischer Philosoph werden wolle. Im Hinblick auf die Erziehung könnte die Frage überspitzt lauten, ob man ein gesellschaftlicher Büttel oder ein mündiger Erzieher werden wolle. Diese Frage wäre freilich insofern überspitzt, als es sich nicht um die radikale Alternative eines Entweder-Oder handelt, sondern vielmehr darum, ob die Erziehung als eine gesellschaftliche Tätigkeit so stark in *poiesis* überführt und in einem so hohen Grade „professionalisiert" werden kann, dass ihr am Ende die konstitutiven Momente von *praxis* verloren gingen und sie sich immer mehr zu einer technischen Funktion im Dienste vorgegebener Zwecke entwickelte.[3]

Während ein vorwiegend poietisches Verständnis von Erziehung mehr nach technischem Wissen und wissenschaftlich angeleiteter Kunstfertigkeit als nach selbständigem und kritischem Denken verlangt, misst ein Verständnis der Erziehung als Praxis dem Denken der Erziehenden großes Gewicht zu. Wie sollten diese auch mündig und eigenverantwortlich handeln, und wie sollten sie von ihrem Handeln überzeugend Rechenschaft geben können, ohne dass sie eine reflektierte und begründete Idee von Erziehung gewonnen haben? Diese Idee aber fliegt niemandem vom Himmel zu, sie lässt sich auch nicht einfach aus der Erfahrung schöpfen, sondern sie kann gar nicht anders reifen, als dass man sich so gründlich wie möglich aneignet, was bisher über Erziehung an Bemerkenswertem gedacht und geschrieben wurde, dieses miteinander vergleicht und sich das zu eigen macht, was solcher kritischen Prüfung standhält; denn „die ahistorische technische Rationalität droht die Mündigkeit des Menschen zur Chimäre verkommen zu lassen, lieferte ihn den »Sachzwängen« aus, wenn er ihnen gegenüber nicht das Potential historisch-kritischer Reflexion entgegensetzen würde."[4] Und was das Aneignen von anderen Ge-

2 Siehe dazu Winfried Böhm: Theorie und Praxis. Eine Erörterung des pädagogischen Grundproblems, Würzburg ^{3}2011.

3 Vgl. dazu grundlegend Dietrich Benner: Studien zur Theorie der Erziehungswissenschaft, Bd. 1, Weinheim 1994, bes. S. 295-318.

4 Ulrich Herrmann: Erziehung und Bildung in der Tradition geisteswissenschaftlicher Pädagogik, in: D. Lenzen (Hrsg.): Enzyklopädie Erziehungswissenschaft, Bd. 1, Stuttgart 1983, S. 38.

danken betrifft, verhält es sich doch wohl so, wie es Hegel in einem Brief an Friedrich von Raumer in dem schlichten Satz ausgedrückt hat, „daß ein Gedanke nicht anders gelernt werden kann als dadurch, daß er selbst gedacht wird"[5].

Die Autoren dieses Buches gehen ganz unverhohlen von einem Verständnis von Erziehung aus, das sich viel stärker dem Pol der Praxis als jenem der Poiesis zuneigt und damit zwangsläufig der Idee der Erziehung ein größeres Eigengewicht zusprechen muss als erzieherischen Techniken oder Methoden. Sie können deshalb auch ein vermeintliches Technologiedefizit der Pädagogik nicht beklagen und neigen eher dazu, angeblich todsichere Mittel und wirkkräftige Techniken unter Placeboverdacht zu stellen.[6] Und dieses als eine menschliche, genauer: als eine zwischenmenschliche Praxis gefasste Verständnis von Erziehung nötigt auch zu dem Eingeständnis, dass Erziehung wie jede menschliche Praxis grundsätzlich auch scheitern können muss, wohlgemerkt: nicht scheitern *muss*, nur scheitern *können* muss. Während die technische Beherrschung eines Vorgangs ein Scheitern grundsätzlich ausschließen will, indem eine operationale Theorie (z.B. die Gesetze der Statik beim Hausbau) 1:1 angewendet wird, muss im Hinblick auf die menschliche Praxis allein schon die Rede von einer „angewandten Theorie" suspekt erscheinen; denn darf man ein menschliches Subjekt (im Singular oder im Plural) in der Weise verobjektivieren – oder mit einem anderen Wort: verdinglichen –, dass man es zum Anwendungsgegenstand von Theorien (im Sinne von Techniken und Methoden) macht? (Auf die in dieser Frage vorausgesetzte Differenz von Person und Sache kommen wir am Ende dieser Einleitung noch einmal zurück.)

Unser pädagogisches Lehr- und Lernbuch versteht sich als eine Einladung und als eine Einführung, selbstständig über Erziehung nach- und vorauszudenken, und zwar über Erziehung nicht nur in der einen oder anderen spezialisierten Perspektive und nicht nur in Hinsicht auf ein spezielles Handlungsfeld, sondern in jener allgemeinen Form, in der es wohl zum ersten Male und zugleich auf paradigmatische Weise Rousseau getan hat, als er sein epochemachendes Buch *Émile ou de l'éducation* schrieb. Nicht die Erziehung *zu etwas* oder *für etwas* steht in Rede, sondern die Erziehung als solche – in welcher Modalität auch immer.

Deshalb gliedert sich das Buch in zehn Kapitel, von denen jedes *erstens* ein pädagogisches Grundproblem aufnimmt, es *zweitens* dem Leser anhand von aussagekräftigen Originaltexten großer pädagogischer Klassiker nahe bringt, ihm *drittens* mittels weiterführender – interpretierender, ergänzender, kontrastierender oder auch nur illustrierender – Texte kompetenter und renommierter Autoren die übergeschichtliche Konstanz und die brennende Aktualität des Problems aufzeigt und *viertens* am Ende in ein vorläufiges Fazit einmündet. Die Fragen zu den einzelnen Texten dienen – einem Lernbuch entsprechend – zur eigenen Überprüfung des Verständnisses. Die im Anhang gegebenen Antworten sind nicht in einem dogmatischen

---

5 Georg Wilhelm Friedrich Hegel: Jubiläumsausgabe, Bd. III, Stuttgart 1949, S. 321.

6 Winfried Böhm: Der pädagogische Placebo-Effekt, in: Ders. (Hrsg.): Pädagogik – wozu und für wen? Stuttgart 2002, S. 100-120.

und endgültigen Sinne als Definitionen zu verstehen, sondern sind in vielen Fällen nur als Anregung zu weiterem Nachdenken gemeint.

Mit unserer Auswahl soll keineswegs gesagt werden, dass es nicht noch eine Reihe weiterer pädagogischer Grundprobleme gäbe; wohl aber dürfte über den grundlegenden und konstitutiven Charakter der hier ausgewählten Themen ebenso wenig Dissens bestehen wie über das hier ebenfalls stillschweigend vorausgesetzte komplementäre Verhältnis von Politik und Pädagogik, das sich andeutungsweise in der einleitenden Anekdote findet und das Micha Brumlik kürzlich auf treffliche Weise so zusammengefasst hat: „Versucht politisches Handeln durch den Einsatz von kommunikativer Macht, von Recht und Geld, die Bildungsinstitutionen in ihren Strukturen derart zu verändern, daß dort Spielräume entstehen, so versucht pädagogisches Handeln die Individuen so zu bilden, daß ihr Handeln andere als die schon bestehenden institutionellen Strukturen hervorbringt.“[7]

Die Auswahl beruht auch nicht nur auf der informierten Willkür der Autoren, und sie ist erst recht nicht standpunktlos erfolgt. Der kundige Leser wird unschwer erkennen, dass sich das ganze Buch einer Unterscheidung verpflichtet weiß, die der große Philosoph und Pädagoge William Stern (1871-1938) – dem breiten Publikum heute leider nur noch als Entwicklungspsychologe bekannt – in seinem dreibändigen Werk *Person und Sache* (Leipzig 1906, 1918, 1924) getroffen und zum Grundstein seines Systems einer philosophischen Weltanschauung (so der Untertitel seines Werkes) gemacht hat.[8] Er hat sein System einen kritischen Personalismus genannt und diesen sowohl von einem naiven Personalismus, welcher die Person als etwas Gegebenes nimmt, als auch – und vor allem! – von jeder Form von Impersonalismus strikt abgehoben, welcher einen Sachstandpunkt einnimmt und die Person Schritt für Schritt aus der Wissenschaft auszutreiben versucht. Für Stern ist das Wesentliche des Personbegriffs nicht das Bewusstsein-Haben, sondern die wirkliche individuelle, d.h. einmalige und unwiederholbare Einheit, die Fähigkeit zu zielstrebigem Tun und ihre Selbstwertigkeit. Dem gegenüber ist das Wesentliche am Sachbegriff nicht die Bewusstlosigkeit, sondern ihre Daseinsform als Aggregat und als Objekt mechanischer Gesetze sowie die Gleichgültigkeit gegenüber Werten. Und so diagnostizierte Stern – mit heute geradezu verblüffender Aktualität – am Impersonalismus, dass er „ein personalistisches Gedankenmoment nach dem anderen durch sein Gegenstück ersetzte; er löste die komplexen Einheiten in Aggregate auf, die eigenartigen Qualitäten in vergleichbare Quantitäten, das innere Tun in äußeres Bedingtsein, die Zielstrebigkeit in blinde Gesetzmäßigkeit“[9].

Die zentrale Frage, auf die sich alle Einzelheiten dieses Lehr- und Lernbuches mehr oder weniger zurückführen lassen, ist die nach der Priorität des – mit den

---

7 Micha Brumlik: Bildung und Glück. Versuch einer Theorie der Tugenden, Berlin 2002, S. 102f.

8 William Stern war von 1897-1916 Professor für Pädagogik an der Universität Breslau und von 1916-1933 Professor für Philosophie (später auch Psychologie) an der Universität Hamburg. 1933-1938 lehrte er an der Duke University in Durham, North Carolina.

9 William Stern: Person und Sache. System der philosophischen Weltanschauung, Bd. 1, Leipzig 1906, S. 22.

Worten Sterns – *Personalstandpunkts* oder *Sachstandpunkts*: Gilt das Vorrecht in der Erziehung der Person oder den Sachen bzw. den „Sachzwängen", denen sie sich unterordnen und unterwerfen soll?[10]

Schließlich sei am Ende unserer einleitenden Gedanken in das Projekt Erziehung an einen interessanten Aufsatz erinnert, in dem der schottische Pädagoge W.B. Inglis 1959 eine Art Bilanz und zugleich eine Vorausschau auf die weitere Entwicklung der Pädagogik gegeben hat.[11] Während der Marxismus und der Pragmatismus seiner Einschätzung nach ihren Einfluss auf die Pädagogik zunehmend verloren, schien sich für Inglis die Zukunft der Erziehung zwischen einerseits einer dem Logischen Empirismus folgenden Erziehungswissenschaft und andererseits einer dem Personalismus verpflichteten Pädagogik zu gestalten. Während eine personalistische Pädagogik vom Engagement und der Beteiligung aller (also der Theoretiker und Praktiker) ausgeht, neigt der Logische Empirismus zu einem distanzierten Beobachterstandpunkt der Erziehungswissenschaftler und zuletzt zur Aushebung eines unüberbrückbaren Grabens zwischen wissenschaftlicher Theorie und erzieherischer Praxis bzw. – in heutiger Terminologie – zu einer abgrundtiefen Trennung zwischen Disziplin und Profession. Während es dem Personalismus um Probleme geht und die Methoden demgegenüber nur eine sekundäre Rolle spielen, huldigt der Logische Empirismus einer monistischen Methodenherrschaft und legt – wenn sie nicht in sein Methodenraster passen – lieber die Probleme ad acta. Lässt sich der Logische Empirismus als eine konsequente Folgeerscheinung der Wissenschaftsentwicklung seit Bacon und Descartes, insbesondere aber als ein legitimer Abkömmling der Naturwissenschaft beschreiben, so knüpft eine personalistische Pädagogik bewusst an eine andere und vernachlässigte Tradition an, für die u.a. Namen wie Montaigne, Pascal und Vico stehen können.

Es erscheint daher höchst interessant, dass Michael Winkler in seiner *Kritik der Pädagogik* Inglis' Prognose indirekt zu bestätigen scheint, wenn er heute in der pädagogischen Theorie tendenziell zwei Formen unterscheidet: „In der einen verfährt sie als Beschreibung, Analyse und Erklärung eines Gegebenen. Damit sorgt sie für Ernüchterung, zielt auf Entparadoxierung. Sie hält das erkannte Elend fest. Dem steht als andere Form eine Theorie gegenüber, welche Möglichkeiten und Alternativen aufdeckt, dabei reflexiv, kritisch, aber auch ungenau arbeitet und mit Dialektik zu tun hat, Widersprüche und Paradoxien aufnimmt, Ambivalenzen und Ambiguitäten nicht ausblendet."[12] Die zweite Theorieform als „Unschärfetheorie von Erziehung" (R. Koerrenz) lädt – wie Winkler resümiert – dazu ein, Erziehung mehr als Improvisation oder als Experiment zu verstehen oder – wie es aus unserer Perspektive heißen könnte –: als eine Aufgabe und als *ein Projekt*.

---

10 Siehe dazu Sabine Seichter: William Stern – ein vergessener Pädagoge. Über eine verschüttete Quelle des Personalismus, in: Vierteljahrsschrift für wissenschaftliche Pädagogik, 85 (2009), S. 177-189.

11 W.B. Inglis: Personalism, Analysis and Education, in: International Review of Education, 5 (1959), S. 383-399.

12 Michael Winkler: Kritik der Pädagogik. Der Sinn der Erziehung, Stuttgart 2006, S. 11.

ERSTES KAPITEL

Platon

oder: Wo liegt der Anfang der Erziehung?

1.1 ZUM EINSTIEG

Platon (428-347 v. Chr.) steht in mehrfachem Sinne am Anfang des abendländischen Erziehungsdenkens. In geschichtlicher Hinsicht setzt mit ihm (bzw. mit seinem Lehrer Sokrates, dessen Gedanken er auf eigenständige Weise verarbeitet) die Frage nach dem Wesen der Erziehung ein. In theoretischer Hinsicht zielt sein Fragen auf den Anfang (lat.: *principium*) der Erziehung in der doppelten Bedeutung von „Prinzip": als Anfang in der Zeit und als Anfang in der Sache. Insofern richtet sich sein Nachdenken auf das aller Erziehung Gemeinsame und aller Erziehung Zugrundeliegende, oder in der Sprache Platons: auf die *Idee der Erziehung*. Auch Platons Frage nach der Idee hat ihren Ursprung bei Sokrates, dessen Dialoge von der Überzeugung getragen sind, man könne nur gerecht, tapfer, gut usw. handeln, wenn man weiß, was das Gerechte, das Tapfere, das Gute usw. ist. Auf die Erziehung übertragen ließe sich analog sagen, man kann nur erziehen, wenn man weiß, was Erziehung ist.

1.2 ZUR EINFÜHRUNG

Platons *Der Staat* markiert einen Grundstein für die abendländische Pädagogik. Auf dieses Buch wird bis heute immer wieder Bezug genommen. Jean-Jacques Rousseau hat es als die schönste Abhandlung bezeichnet, die je über Erziehung geschrieben worden ist, und nur jene könnten das verkennen, die Bücher nur nach ihrem Titel und nicht nach ihrem Inhalt beurteilen.

Eigentlich wollte Platon, der einer vornehmen Adelsfamilie entstammte, eine politische Karriere einschlagen; er änderte aber seine Meinung, als er die überall verbreitete Korruption sah. Dennoch interessierte er sich weiterhin für Politik, und in seinem Hauptwerk geht er der Grundfrage nach: Kann es überhaupt einen gerechten und vollkommenen Staat geben? Anschließend erläutert er, wie dieser beschaffen sein müsste und – gesetzt, es gäbe ihn – wie er erhalten werden könnte. Dabei versteht Platon den Staat nicht im neuzeitlichen Sinne als ein gesellschaftliches Herrschaftsgebilde oder als eine komplizierte Machtapparatur, sondern – viel elementarer – als eine aus der Natur der Menschen hervorgehende Lebensgemeinschaft.

Platon ist davon überzeugt, dass die Erziehung eine unverzichtbare Rolle beim Aufbau und bei der Bewahrung des Staates spielt. Daher verbindet er die Frage nach einem gerechten und vollkommenen Staat eng mit der Frage nach einer gerechten und vollkommenen Erziehung, denn der Zweck der Politik ist der gerechte und vollkommene Staat und das Ziel der Erziehung die Bildung des gerechten und vollkommenen Menschen. Von einer Makroperspektive her untersucht er den Staat und von einer Mikroperspektive her den Menschen; dabei ist das Problem für Platon ein und dasselbe, es wird nur in verschiedenen Kontexten erörtert: quasi eng fokussiert auf den Menschen im kleinen, quasi weit fokussiert auf den Staat im großen.

Es liegt auf der Hand, dass Platon (wie üblicherweise alle Menschen) bei seinen Überlegungen von der politischen und pädagogischen Situation seiner Zeit ausgeht. Der Staat war für Platon nur als ein Gefüge unterschiedlicher gesellschaftlicher Stände denkbar: den Bauern und Handwerkern als Nährstand, den Kriegern und Wächtern als Wehrstand und den Philosophen als Stand der Herrschenden und Regierenden.

Analog dazu unterscheidet Platon beim einzelnen Menschen drei Seelenteile: das leidenschaftliche Begehren (nach Nahrung und Sexualität), die kraftvoll-kühne Beherztheit und die klug-abwägende und kontrollierende Vernunft. Grundlegend ist dabei für Platon folgender Gedanke: gesund und gerecht ist der Staat, glücklich und gerecht ist der Mensch, wenn die einzelnen Aufgaben komplementär verteilt sind und kompetent erfüllt werden, denn die Gerechtigkeit und das Glück Aller wie die seelische Gesundheit und Ausgewogenheit der Einzelnen hängt von dem harmonischen Zusammenwirken der Teile bzw. Teilfunktionen ab. Dabei veranschaulicht Platon mittels des Bildes von einem Zweigespann, dass die beiden Pferde der Zügel und eines Wagenlenkers bedürfen: die Bauern und Soldaten der Philosophen, das leidenschaftliche Begehren und die unbedachte Kühnheit der maßgebenden Vernunft.

Die Erziehung des Nährstandes behandelt Platon nur nebensächlich. Der Erziehung des Wehrstandes widmen sich die Bücher II bis IV; die der Herrscher wird in aller Breite in den Büchern VI und VII behandelt. Die Erziehung der Herrscher und Philosophen erreicht ihren Höhepunkt in dem sogenannten *Höhlengleichnis* am Anfang des VII. Buches. Dieses Gleichnis gehört zu den meistgelesenen Texten der philosophisch-pädagogischen Weltliteratur. Theodor Ballauff sah in ihm ein Ereignis von „weltgeschichtlichem Ausmaß. Denn in ihm entschied sich der Sinn von Sein, unter welchem das Abendland seine Geschichte antrat.“[1] Aus dieser Perspektive heraus kann dieser Text in der Tat als ein *Anfang* gelesen werden.

1 Theodor Ballauff: Philosophische Begründungen der Pädagogik, Berlin 1966, S. 56f.

1.3 TEXT VON PLATON

Der folgende Text steht im *Staat* im Kontext der Erziehung der Herrscher und Philosophen. Für diese (und nur für diese) hat das *Höhlengleichnis* eine geradezu konstitutive Bedeutung.

Die Gesprächspartner des folgenden Dialogs sind Sokrates (*So.*) und Glaukon (*Gl.*), der eine Platons Lehrer, der andere sein Bruder.

1.3.1 Platon: Das Höhlengleichnis[2]

Sokrates: Und jetzt will ich dir ein Gleichnis für uns Menschen sagen, wenn wir wahrhaft erzogen sind und wenn wir es nicht sind. Denke dir, es lebten Menschen in einer Art unterirdischer Höhle, und längs der ganzen Höhle zöge sich eine breite Öffnung hin, die zum Licht hinaufführt. In dieser Höhle wären sie von Kindheit an gewesen und hätten Fesseln an den Schenkeln und am Halse, so daß sie sich nicht von der Stelle rühren könnten und beständig geradeaus schauen müßten. Oben in der Ferne sei ein Feuer, und das gäbe ihnen von hinten her Licht. Zwischen dem Feuer aber und diesen Gefesselten führe oben ein Weg entlang. Denke dir, dieser Weg hätte an seiner Seite eine Mauer, ähnlich wie ein Gerüst, das die Gaukler vor sich, den Zuschauern gegenüber, zu errichten pflegen, um darauf ihre Kunststücke vorzuführen.
Glaukon: Ja, ich denke es mir so.
So.: Weiter denke dir, es trügen Leute an dieser Mauer vorüber, aber so, daß es über sie hinwegragt, allerhand Geräte, auch Bildsäulen von Menschen und Tieren aus Stein und aus Holz und überhaupt Erzeugnisse menschlicher Arbeit. Einige dieser Leute werden sich dabei vermutlich unterhalten, andere werden nichts sagen.
Gl.: Welch seltsames Gleichnis! Welch seltsame Gefangene!
So.: Sie gleichen uns! – Haben nun diese Gefangenen wohl von sich selber und voneinander etwas anderes gesehen als ihre Schatten, die das Feuer auf die Wand der Höhle wirft, der sie gegenübersitzen?
Gl.: Wie sollten sie! Sie können ja ihr Leben lang nicht den Kopf drehen!
So.: Ferner: von den Gegenständen, die oben vorübergetragen werden? Doch ebenfalls nur ihre Schatten?
G.: Zweifellos.
So.: Und wenn sie miteinander sprechen können, so werden sie in der Regel doch wohl von diesen Schatten reden, die da auf ihrer Wand vorübergehen.
Gl.: Unbedingt.
So.: Und wenn ihr Gefängnis auch ein Echo von der Wand zurückwirft, sobald ein Vorübergehender spricht, so werden sie gewiß nichts anderes für den Sprecher halten als den vorüberkommenden Schatten.
Gl.: Entschieden nicht.

---

2 Platon: Der Staat, hrsg. v. A. Horneffer, Stuttgart 1973, S. 226-231.

So.: Überhaupt, sie werden nichts anderes für wirklich halten, als diese Schatten von Gegenständen menschlicher Arbeit.
Gl.: Ja, ganz unbedingt.
So.: Nun denke dir, wie es ihnen ergeht, wenn sie frei werden, die Fesseln abstreifen und von der Unwissenheit geheilt werden. Es kann doch nicht anders sein als so. Wenn einer losgemacht wird, sofort aufstehen muß, den Hals wenden, vorwärtsschreiten und hinauf nach dem Licht schauen muß – das alles aber verursacht ihm natürlich Schmerzen, und das Licht blendet ihn so, daß er die Gegenstände, deren Schatten er bis dahin sah, nicht erkennen kann, was wird er dann wohl sagen, wenn man ihm erklärt: bis dahin habe er nur eitlen Tand gesehen; jetzt sei er der Wahrheit viel näher und sähe besser; denn die Gegenstände hätten höhere Wirklichkeit, denen er jetzt zugewendet sei! Und weiter, wenn man auf die einzelnen Gegenstände hinzeigt und ihn fragt, was sie bedeuteten. Er würde doch keine einzige Antwort geben können und würde glauben, was er bis dahin gesehen, hätte mehr Wirklichkeit, als was man ihm jetzt zeigt.
Gl.: Weit mehr.
So.: Und zwingt man ihn, das Licht selber anzusehen, so schmerzen ihn doch die Augen. Er wird sich umkehren, wird zu den alten Schatten eilen, die er doch ansehen kann, und wird sie für heller halten als das, was man ihm zeigt.
Gl.: Ja, das wird er tun.
So.: Und zieht man ihn gar den rauhen steilen Ausgang mit Gewalt hinauf und läßt nicht ab, bis man ihn hervor ins Sonnenlicht gezogen hat, so steht er doch Qualen aus, wehrt sich unwillig, und, ist er oben im Licht, so hat er die Augen voller Glanz und kann kein einziges von den Dingen sehen, die wir wirklich nennen.
Gl.: Nein, wenn es plötzlich geschieht, nicht.
So.: Er muß sich an das Licht gewöhnen, wenn er die Gegenstände oben sehen will. Zuerst wird er wohl am besten die Schatten erkennen, später die Spiegelungen von Menschen und anderen Gegenständen im Wasser, dann sie selber. Weiter wird er die Himmelskörper sehen und den Himmel selber, und zwar besser bei Nacht die Sterne und den Mond, als bei Tage die Sonne und ihre Strahlen.
Gl.: Freilich.
So.: Schließlich wird er in die Sonne selber sehen können, also nicht bloß ihre Spiegelbilder im Wasser und anderswo hier unten erblicken, sondern sie selber oben an ihrem Ort. Er wird ihr Wesen begreifen.
Gl.: Unbedingt.
So.: Und dann vermag er den Schluß zu ziehen, daß sie es ist, die Jahreszeiten und Jahre hervorbringt, die über die ganze sichtbare Welt waltet und von der in gewissem Sinne alles, was man sieht, ausgeht.
Gl.: Es ist klar, daß er hierhin zuletzt gelangt.
So.: Nun weiter! Wenn er jetzt an die alte Wohnung zurückdenkt und an die dortige Weisheit und an seine Mitgefangenen, so preist er sich doch glücklich über den Wechsel und bedauert jene.
Gl.: Gewiß.
So.: Und wie denkt er über die Ehrungen und Lobsprüche und Geschenke, die man da unten voneinander erhielt? Nämlich dann, wenn einer die vorbeikommenden

Schatten recht genau erkannte und sich am besten einprägte, welche zuerst, welche nachher und welche zu gleicher Zeit zu erscheinen pflegten, wodurch er denn die in Aussicht stehenden gut erraten konnte. Wird es ihn noch danach verlangen? Wird er die Leute beneiden die unten im Ansehen stehen und die Macht in Händen haben? Oder wird es ihm so ergehen wie es bei Homer steht? Das heißt, wird er weit lieber Ackerknecht bei einem armen Manne sein und alles aushalten wollen, als jenen Wahn teilen und jenes Leben führen?

Gl.: Ja, ich glaube, er erträgt lieber alles, als daß er jenes Leben führt.

So.: Denke dir nun auch dies: er stiege wieder hinunter und setzte sich auf den alten Platz. Wird er nicht die Augen voller Finsternis haben, wenn er so plötzlich aus der Sonne kommt?

Gl.: Ganz und gar.

So.: Und während seine Augen also noch stumpf sind und hin und her irren, müßte er um die Wette mit den dauernd Gefangenen wieder jene Schatten zu erkennen suchen. Nehmen wir nun noch die Zeit, bis er sich an das Dunkel gewöhnt hat, nicht ganz kurz an, so wird man ihn doch auslachen und sagen, er käme von seinem Aufstieg mit schlechten Augen zurück. Es lohne sich nicht, den Versuch zum Aufstieg zu machen. Wer aber andere freimachen und hinaufführen will, den wird man töten, wenn man seiner habhaft wird und ihn töten kann.

Gl.: Gewiß.

So.: Nun mußt du dies ganze Gleichnis mit unserer voraufgegangenen Darlegung zusammenhalten, lieber Glaukon. Setze an Stelle der Gefängniswohnung die durch den Gesichtssinn offenbarte Welt und an Stelle des lichtspendenden Feuers die Kraft der Sonne. Wenn du dir ferner unter dem Aufstieg und dem Kennenlernen der Oberwelt die Wanderung der Seele zur denkbaren Welt hinauf denkst, so verstehst du meine Meinung, die du ja zu hören wünschst, durchaus richtig. Gott weiß, ob ich die Wahrheit gefunden habe! Meine Ansicht jedenfalls geht dahin, daß es in der erkennbaren Welt die Idee des Guten ist, die man zuletzt und mit Mühe gewahr wird. Ist man aber ihrer ansichtig geworden, so muß man zu der Überzeugung kommen, daß alles Rechte und Schöne in der ganzen Welt von ihr ausgeht. In der sichtbaren Welt schafft sie das Licht und den Herrn des Lichts; in der denkbaren Welt ist sie selber Herrin und gibt Wahrheit und Vernunft. Und wer mit Vernunft handeln will, in seinem persönlichen Leben oder als Staatsmann, der muß sie sehen lernen.

Gl.: Das glaube auch ich, soweit ich die Kraft dazu habe.

So.: Nun, so glaube auch dies und wundere dich nicht darüber! Wer dahin gedrungen ist, mag sich nicht um menschliche Angelegenheiten bekümmern. Seine Seele verlangt danach, in der Höhe zu verweilen. Es muß ja wohl so sein, wenn es zu unserem Gleichnis stimmen soll.

Gl.: Freilich.

So.: Und weiter! Darf man sich wundern, daß, wer sich von der Betrachtung des Göttlichen zu den menschlichen Gebrechen wendet, Anstoß erregt und sich lächerlich macht? Mit noch stumpfen Augen, der Finsternis noch nicht vertraut, soll er sich vor Gericht oder anderswo über die Schatten der Gerechtigkeit oder über die Spiegelbilder, deren Schatten jene sind, herumstreiten, soll gegen die Auffassungen derer in die Schranken treten, die die Gerechtigkeit selber nie zu Gesicht bekommen haben!

Gl.: Darüber kann man sich durchaus nicht wundern.

So.: Im Gegenteil, ein Einsichtiger wird sich gegenwärtig halten, daß die Augen zweimal und aus zwei Gründen den Dienst versagen: wenn man vom Licht ins Dunkel geht, und wenn man vom Dunkel ins Licht geht. Überzeugt er sich dann, daß es der Seele ebenso ergeht, so wird er nicht in unvernünftiges Lachen ausbrechen, sobald er eine Seele in Verwirrung und außerstande sieht, gewisse Dinge aufzufassen. Er wird fragen, ob sie aus einer helleren Umgebung kommt und sich an das Dunkel noch nicht gewöhnt hat, oder ob sie aus dem Unverstand in größere Helligkeit versetzt wird und der leuchtende Schimmer sie blendet. Jene erste wird er ihrer Verfassung und ihres Lebens wegen glücklich preisen, die zweite wird er bedauern. Will er über sie lachen, so ist sein Lachen weniger lächerlich, als wenn er über die lacht, die aus dem Lichte herabkommt.

Gl.: Was du sagst, ist vollkommen zutreffend.

So.: Und ist es zutreffend, so müssen wir uns nun auch überzeugen, daß die Erziehung nicht das ist, was einige in ihren Versprechungen von ihr sagen. Sie behaupten, der Seele Erkenntnisse einpflanzen zu können, ohne daß die Fähigkeit dazu vorher vorhanden sei. Es ist, als ob sie blinden Augen Sehkraft geben könnten.

Gl.: Ja, das behaupten sie.

So.: Unsere Untersuchung bekundet aber, daß das Vermögen sowohl wie auch ein Werkzeug zur geistigen Aufnahme in jedes Menschen Seele sich befindet. Aber wie sich nicht die Augen allein rückwärts drehen können, sondern der ganze Körper vom Dunkeln ins Helle gewendet werden muß, so muß zugleich mit dem Erkenntnisvermögen die gesamte Seele von der Welt des Werdens hinweggewendet werden, bis sie den Anblick der wahren Welt und schließlich den des leuchtendsten Gegenstandes in dieser wahren Welt auszuhalten vermag. Dieser Gegenstand ist das Gute, nicht wahr?

Gl.: Ja.

So.: Es gibt nun gewiß eine Kunst, die den leichtesten und erfolgreichsten Weg zu dieser Abkehr und Hinwendung zeigt. Aber es gibt keine Kunst, die überhaupt erst Sehkraft einflößt. Diese ist vorhanden, ist aber nicht richtig ausgebildet, und der Mensch schaut nicht dahin, wohin er schauen sollte. Dazu leitet ihn die Kunst des Erziehens an.

Gl.: So scheint es.

Die Menschen in der Höhle

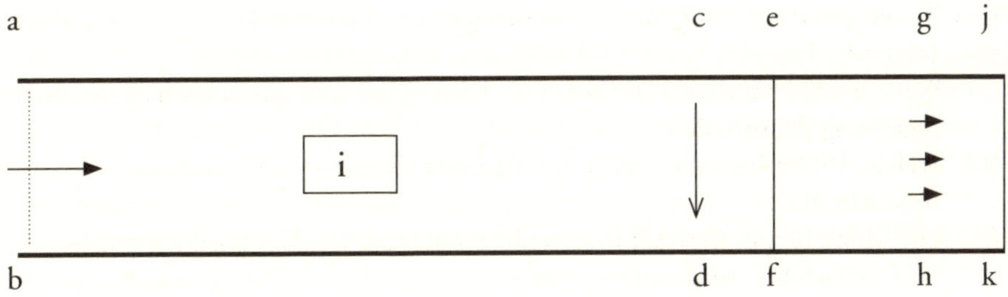

Erläuterungen:

ab = Höhleneingang
cd = Weg der Träger
ef = Trennwand (verdeckt den Schatten der Träger)
gh = Ort der Gefangenen (schauen auf die Wand jk)
i = Feuer, das brennt (und Schatten an die Wand jk wirft)
jk = Höhlenwand (auf welche die Schatten geworfen werden)

1.4 FRAGEN ZUM TEXT

Um Ihr Verständnis des Textes zu vertiefen, empfehlen wir Ihnen die Beantwortung folgender Fragen:

(a) Warum wohl hat Platon die Form des Dialogs gewählt, um seine Sichtweise der Erziehung darzustellen?
(b) Welche Bilder benutzt Platon, um den Beginn und den Verlauf der Erziehung zu beschreiben?
(c) Die Menschen in der Höhle wetteifern miteinander. Wer wird für welche Leistungen belobigt und ausgezeichnet?
(d) Warum ist – nach Platons Meinung – Erziehung mit Schmerzen verbunden?

1.5 WEITERFÜHRENDER TEXT

Um die nächste Frage (e) beantworten zu können, erscheint es notwendig, auch das Ende des VI. Buches zu kennen, das ebenfalls mit einem Gleichnis abschließt. In diesem *Liniengleichnis* veranschaulicht Platon seine Erkenntnistheorie und Ideenlehre und bereitet damit das Verständnis des *Höhlengleichnisses* vor, mit dem wir hier begonnen haben.

Die Gesprächspartner des Dialogs sind wieder Sokrates (*So.*) und Glaukon (*Gl.*).

1.5.1 Platon: Das Liniengleichnis[3]

Sokrates: Du hast die beiden Welten: die sichtbare und die denkbare?

Glaukon: Jawohl.

So.: Denke sie dir nun beide in zwei ungleiche Teile geteilt, als ob man eine Linie teilte. Die sichtbare Welt zerfällt, nach dem Gesichtspunkt der Deutlichkeit, einerseits in Nachbildungen. Ich verstehe unter Nachbildungen einmal die Schatten, die die Gegenstände werfen und dann die Spiegelbilder der Gegenstände im Wasser und überhaupt in allem, was dicht, glatt, hell usw. ist. Du verstehst?

Gl.: Ja, ich verstehe.

So.: Den zweiten Teil bilden die Gegenstände selber, die solche Nachbildungen verursachen, also die Tierwelt um uns her, die ganze Pflanzenwelt und alles, was menschliche Hände herstellen.

Gl.: Ja.

So.: Gibst du nun zu, daß sich Wahrheit und Nichtwahrheit unter diese beiden Gruppen, Gegenstände und Nachbildungen derselben, ebenso teilen wie unter die Gegenstände der Erkenntnis und die des Meinens?

3 Platon: Der Staat, hrsg. v. A. Horneffer, Stuttgart 1973, S. 223-225.

Gl.: Allerdings.
So.: Zweitens ist also die denkbare Welt zu teilen. Gib acht!
Gl.: Wie?
So.: Die Seele ist genötigt, manche ihrer Inhalte mit Zuhilfenahme von Voraussetzungen zu gewinnen, indem sie nicht bis auf die Grundlagen zurückgeht, sondern vorwärts auf das Ziel hin. Diese Inhalte entsprechen dem Teile, den wir oben als Nachbildungen bezeichneten. Andere Inhalte gewinnt sie, indem sie von der Voraussetzung aus, die sie also nicht gelten läßt, bis auf den Anfang zurückschreitet und nicht, wie dort, Bilder zu Hilfe nimmt, sondern nur mit Hilfe der Ideen und durch die Ideen den Erkenntnisprozeß vollzieht.
Gl.: Ich habe nicht ganz verstanden, was du meinst.
So.: Noch einmal! Und du wirst es leichter verstehen, wenn ich folgendes vorausschicke. Du weißt wohl, daß Geometriker, Rechenmeister und ähnliche allen ihren Untersuchungen bestimmte Voraussetzungen zugrunde legen, nämlich die Begriffe Gerade und Ungerade, die Figuren, drei Arten Winkel und anderes Verwandte. Sie nehmen es einfach an, als ob sie über diese Dinge im klaren wären, und halten es nicht für nötig, sich und anderen Rechenschaft über etwas zu geben, das jedem deutlich sei. Von dieser Grundlage aus gehen sie dann vorwärts und finden schließlich, in Übereinstimmung mit ihr, das, was Gegenstand ihrer Untersuchung war.
Gl.: Jawohl, das weiß ich.
So.: Ferner nehmen sie sichtbare Dinge zu Hilfe und führen an deren Hand die Untersuchung, obwohl sie nicht ihr eigentlicher Gegenstand sind. Sie haben die Urbilder dieser Abbilder im Sinne und denken bei ihren Untersuchungen an das Viereck überhaupt, den Durchmesser überhaupt, nicht an den einzelnen, den sie hinzeichnen; und ebenso ist es mit allen anderen Figuren. Diese sichtbaren Hilfsmittel, die sie formen und zeichnen und die auch Schatten und Spiegelbilder im Wasser erzeugen, sind ihnen eben nur Spiegelbilder. Ihre Betrachtung gilt Dingen, die man ausschließlich im Geiste schauen kann.
Gl.: Du hast recht.
So.: Dies verstehe ich also unter dem einen Teil der denkbaren Welt. Die Seele ist bei ihren Betrachtungen auf Voraussetzungen angewiesen und geht nicht bis auf den Grund, da sie über die Voraussetzungen hinaus rückwärts nicht gehen könnte. Sie nimmt Bilder zu Hilfe, die der niederen, der sichtbaren Welt entnommen sind, dort allerdings als besonders deutlich in Ehren stehen.
Gl.: Ich verstehe. Es ist das Verfahren der Geometrie und der verwandten Künste, das du im Auge hast.
So.: Nun verstehe auch, was ich mit dem zweiten Teile der denkbaren Welt meine. Es sind die Dinge, die die Vernunft selber mit Hilfe der Dialektik sich zu eigen macht. Sie faßt die Voraussetzungen nicht als Grundlagen auf, sondern eben als Voraussetzungen, d.h. als Ausgangspunkte und Anstiegspunkte gleichsam, von denen aus sie bis zum Voraussetzungslosen: zum Anfang aller Dinge dringt. Ihn begreift sie und geht dann zurück, an der Hand dessen, was von ihm ausgeht, und steigt bis an das Ende hinab. Dabei nimmt sie nichts sinnlich Wahrnehmbares zu Hilfe, sondern führt ihre Untersuchungen mit Ideen, durch Ideen, um der Ideen willen und endet in Ideen.

Gl.: Ich verstehe, freilich nicht vollkommen; denn du beschreibst da eine große Aufgabe. Aber soviel verstehe ich, daß du die größere Klarheit desjenigen Teiles der wahren und denkbaren Welt feststellst, mit dem es die Wissenschaft der Dialektik zu tun hat. Weniger klar findest du die von den sogenannten Künsten untersuchten Dinge, wo die Voraussetzungen die Geltung von Grundsätzen haben. Diese Künste stellen ihre Untersuchungen zwar auch denkend, nicht sinnlich wahrnehmend an; weil sie sich aber auf Voraussetzungen stützen und nicht auf den Anfang zurückgehen, meinst du, haben sie von ihren Gegenständen nicht wirklich denkende Erkenntnis, obwohl diese Gegenstände dem Denken und der voraussetzungslosen Untersuchung zugänglich sind. Du scheinst die Eigenschaft der Geometriker und ihrer Verwandten Verstand zu nennen, nicht Vernunft. Dieser Verstand träte dann zwischen die Vernunft und die sinnliche Wahrnehmung.
So.: Du hast es gut genug verstanden. Für die vier Teile der gesamten Welt sind dann folgende vier seelische Fähigkeiten anzusetzen: Vernunft für den höchsten, Verstand für den zweiten; dem dritten kann man das Glauben zuweisen, dem letzten das Wähnen. Man kann sie in folgender Weise anordnen: die Fähigkeiten besitzen in demselben Grade Deutlichkeit, wie ihre Gegenstände Wahrheit besitzen.
Gl.: Ich verstehe, bin einverstanden und ordne sie danach an.

Platons Unterscheidung zwischen einer sinnlich wahrnehmbaren und einer nur denkbaren Welt

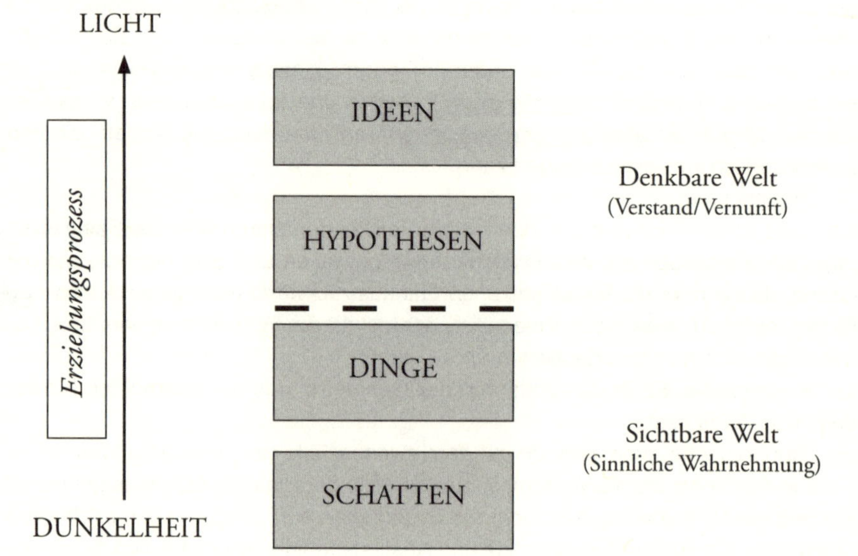

1.6 FRAGEN ZUM WEITERFÜHRENDEN TEXT

(e) Welchen Sinn macht im Hinblick auf die Erziehung Platons Unterscheidung zwischen einer Welt des Sichtbaren (Welt der Sinne) und einer Welt des Denkbaren (Welt des Verstandes und der Vernunft), oft auch als Platons Zwei-Welten-Theorie bezeichnet?
(f) Versuchen Sie, die vier unterschiedlichen Erscheinungsformen von Erziehung (Schatten, Dinge, Hypothesen, Ideen) konkreter zu fassen und sich bildhaft vorzustellen.

1.7 SCHLUSSFOLGERUNG

Obwohl die Texte, die Sie gelesen haben, vor rund zweieinhalbtausend Jahren niedergeschrieben wurden, muten sie ausgesprochen aktuell und gegenwartsnah an, auch wenn sein Demokratiebegriff, seine Geschlechterperspektiven (*Gender*) und die Reduzierung der Bildung (*paideia*) auf die Schicht der Herrschenden aus heutiger Sicht Kritik hervorrufen müssen. Diese zeitlose Aussagekraft der platonischen Metaphern scheint darauf zu beruhen, dass Platon offenbar Momente von Erziehung erkannt und veranschaulicht hat, die für die abendländische Idee von Erziehung wesentlich und konstitutiv geworden sind.

Theodor Ballauff hat in seiner grundlegenden Interpretation des Höhlengleichnisses folgende Komponenten besonders hervorgehoben: 1. der Anfang der Erziehung als „Entfesselung", d.h. als Befreiung aus den engen Fesseln der eigenen Erfahrung und des landläufigen Meinens, 2. die zunächst schmerzliche Umwendung des Blicks von den auf uns zuströmenden trügerischen Bildern zu der Wirklichkeit der Dinge, 3. das Hintersichlassen des Gewohnten und Üblichen und das Sicheinlassen auf Fremdes und Unbekanntes, 4. der Aufstieg von der Welt des Sinnenhaften zu der Welt des Denkens, 5. endlich der Schritt zum Begreifen der Ideen und zur Ansicht der „Idee des höchsten Gutes".[4]

4 Siehe dazu Theodor Ballauff: Die Idee der Paideia, Meisenheim/ Glan 1952.

1.8 WEITERFÜHRENDE LITERATUR

Detlef Gaus: Platon als Theoretiker des Pädagogischen, Frankfurt a. M. 2012.

Wolfgang Kersting: Platons „Staat", Darmstadt ^{2}2006.

Heinrich Niehues-Pröbsting: Die antike Philosophie. Schrift, Schule, Lebensform, Frankfurt a.M. 2004.

Thomas Alexander Szlezák: Platon lesen, Stuttgart 2001.

Ernst Lichtenstein: Der Ursprung der Pädagogik im griechischen Denken, Hannover 1970.

Theodor Ballauff: Philosophische Begründungen der Pädagogik. Die Frage nach Ursprung und Maß der Bildung, Berlin 1966.

ZWEITES KAPITEL

Aurelius Augustinus

oder: Darf sich jemand Erzieher oder Lehrer eines anderen nennen?

2.1 ZUM EINSTIEG

Gewiss mag es überraschen, dass wir zur Beantwortung dieser grundsätzlichen Frage einen Text von Aurelius Augustinus (354-430) anbieten. Dieser Autor ist uns rund sechzehn Jahrhunderte entfernt; er steht am Ende der Spätantike in einer ausgesprochenen Übergangsphase, in der das Römische Reich und mit ihm die antike Bildung unaufhaltsam verfällt und das Christentum seiner geistigen und sozialen Blütezeit noch entgegensieht. Augustinus ist uns gewöhnlich nur als Theologe und „Kirchenvater" vertraut; in den meisten Geschichten der Pädagogik wird ihm nur eine marginale Position eingeräumt, sofern er in ihnen überhaupt auftaucht.

Betrachtet man allerdings die Wirkungsgeschichte seines Denkens, dann wird man neben seinem fundamentalen Beitrag zur christlichen Theologie seinen Einfluss auf nahezu alle europäischen Reformbewegungen feststellen können: von der karolingischen Renaissance über die Reformation und den Humanismus und die Anfänge des neuzeitlichen Denkens bei Blaise Pascal, René Descartes, Michel Montaigne und Jean-Jacques Rousseau bis zur Phänomenologie, zum Existenzialismus, zum Personalismus und sogar zur Psychoanalyse. Der französische Historiker Henri-Irénée Marrou hat trefflich geurteilt: „Was die griechische Plastik für die äußere Gestalt des Menschen war, das ist Augustinus für seine innere Wirklichkeit geworden. ... Ist es nicht wahr, daß seit ihm und dank ihm die menschliche Seele, die Person, das Ich eine neue Dimension und eine vorher unvorstellbare metaphysische Bedeutung erhalten haben?"[1]

Bei Augustinus, dem wohl bedeutendsten Denker an dem epochalen Übergang von der Antike zum Mittelalter, zeigen sich deutlich sowohl die Unterschiede zwischen antikem und christlichem Denken als auch deren Verschmelzung zu einer im Abendland bald nicht mehr unterscheidbaren Einheit. Das betrifft vor allem die anthropologischen Grundgedanken (1.) der Gottebenbildlichkeit des Men-

1 Henri-Irénée Marrou: Augustinus und das Ende der antiken Bildung, dt. Paderborn 1981, S. 533.

schen und den auf diesem Hintergrund artikulierten Begriff der Person, (2.) die eng damit verbundene (und für die Sündenlehre unabdingbare) Willentlichkeit des menschlichen Handelns, (3.) die aus der Verbindung von antiker Logos-Lehre und christlicher Pneumatologie (Lehre vom Geist) hervorgehende Metaphysik der Geistigkeit. Alle drei Momente haben schließlich die im Renaissance-Humanismus erklärte und bis in die unmittelbare Gegenwart anerkannte Sonderstellung des Menschen im Kosmos herbeigeführt.

2.2 ZUR EINFÜHRUNG

Der folgende Text entstammt der zwischen 388 und 391 entstandenen kleinen Schrift *De magistro.* Dabei handelt es sich nicht um einen Text über Schule und Erziehung, der entweder schlicht nur deren Praxis beschreiben oder lediglich wiedergeben will, was man gemeinhin unter Erziehung und Schule versteht, sondern sein Autor treibt in der Form eines Lehrer-Schüler-Gesprächs, genauer in der Spezialform einer intensiven Vater-Sohn-Unterredung, die pädagogische Problemerörterung zu einer bis dahin unbekannten philosophischen Tiefe und existentiellen Betroffenheit.

Schon in der Eingangsfrage des Dialogs wird das Problem exponiert: Können wir durch die Worte eines anderen belehrt werden oder, anders formuliert: können wir aus Worten lernen?

Augustinus: Was denkst du: was wollen wir bewirken, wenn wir sprechen?
Adeodatus: ... Entweder wollen wir belehren oder lernen.
Augustinus: Das eine von beiden ist mir klar, und da stimme ich dir zu; denn es ist offensichtlich, daß wir, wenn wir sprechen, belehren wollen – doch wie sollten wir dadurch lernen wollen?

Dieses pädagogische Problem wird in den ersten 32 Kapiteln des Buches anhand der Frage nach dem Zeichencharakter der Wörter erörtert, einer Frage, die schon Platon in seinem Dialog *Kratylos* aufgeworfen und diskutiert hatte. Von Kapitel 33 an zieht Augustinus das Gespräch an sich, fasst das Erörterte zusammen, differenziert den oftmals nur verschwommen gebrauchten Begriff des Lernens und spitzt das Gesagte auf jene existentielle Frage zu, die wir als Titel für dieses Kapitel gewählt haben: Darf sich jemand Erzieher oder Lehrer eines anderen nennen?

Um das Verständnis des nachstehenden Textauszuges zu erleichtern, sollen zwei kleine Beispiele aus der Unterredung verdeutlicht werden: Setzen wir den Fall, ein Lehrer wolle einen Schüler über sinnenfällige Dinge unterrichten. In einer im Dialog herangezogenen Bibelstelle heißt es bei Daniel 3, 27: *Et sarabarae eorum non sunt immutatae* (Und ihre Sarabaren sind nicht versehrt). Fragt der Schüler, was diese Sarabarae sind, wird der Lehrer antworten, es seien Kopfbedeckungen. Er wird durch diese Aussage belehrt, sofern er weiß, was ein Kopf und was eine

Bedeckung ist. Weiß er das nicht, hilft nichts anderes, als ihm eine oder mehrere Kopfbedeckungen zu zeigen. Mit diesem Beispiel will Augustinus aufzeigen, dass es immer die Sinneserfahrungen und niemals die Wörter sind, die uns über die Dinge belehren. Setzen wir den anderen Fall, ein Lehrer wolle dem Schüler eine Erkenntnis vermitteln und legt ihm einen sinnvollen Satz vor. Wenn der Schüler diesen Satz begreift, muss er bereits den Sinn der Worte kennen, damit ihm die Wahrheit des Satzes einleuchtet. Diese Einsicht erlaubt es dem Schüler, auf den Satz zu antworten. Dabei heißt antworten nicht einfach, die Worte des Lehrers wiederholen, sondern zu äußern, was sich im Inneren des eigenen Denkens ereignet hat. „Wer antwortet, handelt und bringt hervor, er erleidet und empfängt nichts."[2]

2.3 TEXT VON AUGUSTINUS

Der folgende Auszug aus Augustins Buch über den Lehrer findet sich im dritten Teil dieser Schrift, in welchem Augustinus im Sinne einer *oratio perpetua* das Ergebnis des Dialogs zusammenfasst.

2.3.1 Aurelius Augustinus: Der Lehrer[3]

So ist der Wert der Wörter beschränkt, auch wenn ich ihnen sehr viel zugestehe: sie fordern uns nur auf, die Dinge zu suchen, aber sie zeigen sie nicht so, daß wir sie erkennen. Derjenige aber lehrt mich etwas, der meinen Augen oder irgendeinem anderen Sinn oder sogar meinem Geist darbietet, was ich erkennen will. Mit Wörtern lernen wir also nichts als Wörter, ja eigentlich nur den leeren Klang der Wörter. Denn wenn Dinge, die keine Zeichen sind, keine Wörter sein können, dann weiß ich, sogar wenn ich ein Wort gehört habe, erst dann, daß es ein Wort ist, wenn ich weiß, was es bedeutet. Also wird durch die Erkenntnis der Dinge auch die Erkenntnis der Wörter vervollständigt. Dagegen werden durch das Hören von Wörtern keine Wörter gelernt. Denn weder lernen wir die Wörter, die wir schon kennen, noch können wir behaupten, daß wir Wörter, die wir nicht kennen, gelernt haben, wenn wir ihre Bedeutung nicht erfaßt haben; und dies geschieht nicht durch das Hören von ausgesendeten Lauten, sondern durch die Erkenntnis der bezeichneten Dinge. So ist das folgende Argument bzw. die Aussage sehr zutreffend, daß wir, wenn Wörter ausgesprochen werden, entweder wissen, was sie bedeuten, oder aber es nicht wissen; wenn wir es wissen, dann werden wir eher an etwas erinnert, als daß wir etwas lernen; wenn

---

2 Vgl. dazu und zu den angeführten Beispielen Theodor Ballauff: Pädagogik. Eine Geschichte der Bildung und Erziehung, Bd. 1, Freiburg i. Br. 1969, S. 293f.

3 Aurelius Augustinus: De magistro – Der Lehrer (36-40), Zweisprachige Ausgabe unter Mitarbeit v. P. Schulthess u. R. Rohrbach, eingeleitet, kommentiert u. herausgegeben v. Th. Fuhrer, Paderborn 2002, S. 179-185 u. S. 187-189.

wir es aber nicht wissen, dann werden wir nicht einmal erinnert, sondern bestenfalls zum Suchen aufgefordert.

Nun könntest du jedoch sagen, daß wir zwar jene Kopfbedeckungen, wofür uns das Nomen (*sarabarae*) nur als Laut bekannt ist, nur erkennen können, wenn wir sie sehen, und daß wir auch das Nomen selbst nur dann in einem umfassenderen Sinn kennen, wenn wir sie selbst kennen. Was wir aber über die drei Jünglinge selbst erfahren haben: wie sie den König und die Flammen mit ihrem Glauben und ihrer Frömmigkeit besiegt haben; welches Loblied sie Gott gesungen haben, welche Ehren ihnen dann sogar von ihrem Feind zuteil geworden sind: Haben wir diese Dinge etwa anders als durch Worte kennengelernt? Darauf werde ich dir zur Antwort geben, daß wir von allem, was mit diesen Worten bezeichnet wird, bereits Kenntnis hatten. Was drei Jünglinge sind, was ein Ofen, was ein Feuer, was ein König ist und schließlich was es heißt, sie seien vom Feuer nicht versehrt worden, und auch alles andere, was jene Worte (*sc.* in Dan 3, 19) bezeichnen: All dies wußte ich ja bereits.[4] Doch Ananias, Azarias und Misahel sind mir ebenso unbekannt wie jene *sarabarae*, und ihre Namen waren mir nicht von Nutzen bzw. werden mir nicht mehr von Nutzen sein können, um die drei kennenzulernen. Daß sich aber damals alles, was man in dieser Geschichte liest, so ereignet hat, wie es geschrieben steht: da gestehe ich, daß ich es eher glaube, als daß ich es weiß. Über diesen Unterschied (*sc.* zwischen Glauben und Wissen) waren sich diejenigen, denen wir glauben, selbst im klaren, da ja der Prophet sagt: „Wenn ihr nicht glaubt, so werdet ihr nicht erkennen“ (Jes 7, 9). Dies hätte er jedenfalls nicht gesagt, wenn er der Meinung gewesen wäre, es bestehe kein Unterschied. Was ich also erkenne, das glaube ich auch; aber nicht alles, was ich glaube, erkenne ich auch. Ich weiß zwar alles, was ich erkenne, aber nicht alles, was ich glaube. Daher weiß ich sehr wohl um den Nutzen, auch vieles zu glauben, was ich nicht weiß, und zu solchen nützlichen Dingen rechne ich auch die Geschichte von den drei Jünglingen. So weiß ich immerhin bei den meisten Dingen, die ich nicht wissen kann, von welchem Nutzen es ist, sie zu glauben.

Doch über das Allgemeine, das wir mit dem Intellekt erkennen, befragen wir nicht einen, der spricht, der also außerhalb von uns laut vernehmbar ist, sondern die Wahrheit, die in uns drinnen ist und noch über dem Geist steht, und wir werden allenfalls durch Wörter dazu angeregt, sie zu befragen. Derjenige aber, der von uns befragt wird, ist es, der uns belehrt; von ihm heißt es, daß er im inneren Menschen wohnt: Es ist Christus, d.h. Gottes unveränderliche Kraft und ewige Weisheit. Jede Vernunftseele befragt sie zwar, doch wird einer jeden nur soviel offenbart, wie sie entsprechend ihrem schlechten oder guten Willen zu erfassen vermag. Und sollte sie einmal einer Täuschung anheimfallen, dann ist dies nicht der Fehler der befragten Wahrheit, wie es ja auch nicht der Fehler des Lichts in der Außenwelt ist, daß die körperlichen Augen oft getäuscht werden – desjenigen Lichts, das, wie wir sagen,

4 Bei dieser von Augustinus aus dem alttestamentlichen Buch Dan 3,19 herausgegriffenen Geschichte von den drei Jünglingen im Feuerofen geht es zum einen darum, die Erzählung dieser Geschichte zu verstehen (was die Kenntnis der benutzten Worte voraussetzt) und sodann darum, ob der Schüler sie glaubt oder nicht.

über die sichtbaren Dinge befragt wird, damit es sie uns in dem Maße zeigt, wie wir sie wahrzunehmen vermögen.
Wenn wir folgendes annehmen: Für die Farben ziehen wir das Licht zu Rate, für die übrigen Dinge, die durch den Körper wahrgenommen werden können, die Elemente dieser Welt (nach Gal 4, 3 und Kol 2, 8.20) und gerade auch die körperlichen Dinge, die wir mit den Sinnen wahrnehmen, sowie die Sinne selbst, die der Geist wie Dolmetscher braucht, um solche Dinge zu erkennen; was hingegen die Dinge betrifft, die geistig erkannt werden, so befragen wir mit der Vernunft die innere Wahrheit: was ließe sich dann bei dieser Sachlage sagen, woraus erhellen würde, daß wir durch Wörter irgendetwas anderes aufnehmen als den Klang, der an unser Ohr schlägt? Denn alles, was wir erfassen, nehmen wir entweder mit einem Sinn des Körpers oder mit dem Geist wahr. Das eine sind die sinnlich wahrnehmbaren Dinge, das andere die erkennbaren Dinge, oder um es mit den Worten unserer Autoren zu sagen: wir nennen das eine die fleischlichen, das andere die geistigen Dinge. Wenn wir über die fleischlichen Dinge befragt werden, dann beschreiben wir, wenn sie gegenwärtig sind, in der Antwort das, was wir wahrnehmen. So etwa, wenn wir beim Betrachten des neuen Mondes gefragt werden, wie er denn aussehe und wo er sei. Wenn der Fragende ihn nicht sieht, dann glaubt er manchmal unseren Worten, oft aber auch nicht; er lernt dabei aber keineswegs etwas, es sei denn, er sähe selbst, was man ihm sagt: Dann lernt er allerdings nicht mit Hilfe der Wörter, sondern mit Hilfe der Dinge und der Sinne selbst. Denn die Wörter klingen, wenn er etwas sieht, genauso wie sie klangen, als er nichts sah. Wenn wir aber nicht nach Dingen gefragt werden, die wir gleich an Ort und Stelle wahrnehmen, sondern über solche, die wir einst wahrgenommen haben, dann sprechen wir nicht mehr über die Dinge selbst, sondern über Abbilder, die diese unserer Seele eingeprägt und die wir im Gedächtnis behalten haben. Wie wir diese Dinge wahr nennen können, wenn doch das, was wir betrachten, ‚falsch' ist, weiß ich nicht; es sei denn, wir sagen, daß wir diese Dinge nicht sehen und wahrnehmen, sondern daß wir sie bereits gesehen und wahrgenommen haben. So tragen wir im Innersten unseres Gedächtnisses jene Abbilder sozusagen als Belege mit uns für Dinge, die wir früher einmal wahrgenommen haben, und wenn wir diese Abbilder im Geist betrachten, dann können wir mit reinem Gewissen und ohne zu lügen darüber sprechen. Nur wir aber haben diese Belege; denn der Zuhörer, auch wenn er die erwähnten Dinge selbst wahrgenommen und erlebt hat, lernt nicht aus meinen Worten, sondern er erkennt sie selbst wieder dank den Abbildern, die er mit sich genommen hat. Wenn er aber die erwähnten Dinge nie wahrgenommen hat, dann ‚glaubt' er, wie wohl jeder einsieht, mehr den Worten, als daß er durch sie etwas ‚lernt'. Wenn ich dich zum Beispiel das fragen würde, worüber wir gerade sprechen: ob denn mit Wörtern nichts gelehrt werden kann, und wenn dir diese Vermutung zuerst unsinnig scheinen würde, weil du nicht das ganze Problem überblicken könntest: dann müßte ich so fragen, wie es deinen Möglichkeiten, den Lehrer drinnen zu hören, entspricht. Ich würde dir also folgendes sagen: „All das, was du, wenn ich es dir sage, als wahr anerkennst, dessen du sicher bist und wovon du bestätigst, daß du es weißt, woher hast du all dies gelernt?" Du würdest vielleicht antworten, daß ich dir dies beigebracht habe. Da würde ich mit folgender Frage anknüpfen: „Was wäre, wenn ich behaupten würde, ich hätte einen fliegenden

Menschen gesehen: Würden dich da meine Worte ebenso überzeugen, wie wenn du von mir hören würdest, Weise seien bessere Menschen als Toren?“ Du würdest die erste Behauptung gewiß bestreiten und antworten, daß du das nicht glauben oder jedenfalls nicht wissen könnest, selbst wenn du es glauben würdest; daß du dagegen das zweite ganz sicher wissest. So könntest du nun zweifellos einsehen, daß du weder in dem Fall, wo du das, was ich behauptete, nicht wußtest, noch im anderen Fall, wo du es ganz genau wußtest, aus meinen Worten etwas gelernt hast; denn wenn dir diese beiden Fragen einzeln gestellt würden, würdest du ebenfalls beschwören, daß du das erste nicht kennst, das zweite aber kennst. Dann würdest du aber auch das, was du als Ganzes abgestritten hattest, zugeben, und zwar dann, wenn du die Teile, aus denen das Ganze besteht, als klar und als gesichert erkennen könntest: nämlich daß bei allem, was wir sagen, der Zuhörer entweder nicht weiß, ob es wahr ist, oder weiß, daß es falsch ist, oder weiß, daß es wahr ist. Ferner, daß im ersten dieser drei Fälle der Zuhörer entweder glaubt oder meint oder zweifelt, im zweiten widerspricht und abstreitet, im dritten bekräftigt, daß er daher aber nie lernt; denn weder derjenige, der auch nach unseren Worten eine Sache nicht kennt, noch derjenige, der weiß, daß er etwas Falsches gehört hat, noch derjenige, der, wenn er seinerseits gefragt würde, genau das antworten könnte, was gesagt wurde: Keiner von diesen dreien hat erwiesenermaßen etwas mit Hilfe der Wörter gelernt.

2.4 FRAGEN ZUM TEXT

Um Ihr Verständnis des Textes zu vertiefen, empfehlen wir Ihnen die Beantwortung folgender Fragen:

(a) Warum können wir aus Worten allein nichts lernen?
(b) In welcher Weise differenziert Augustinus unseren oft undifferenziert gebrauchten Lernbegriff?
(c) Überprüfen Sie bei sich selbst: Glauben Sie nach der Lektüre des Augustinus-Textes nur der Autorität des Autors, oder haben sie die Argumente Augustins geprüft und eingesehen?
(d) Kann es nach Augustinus überhaupt noch Erzieher und Lehrer geben?
(e) Was versteht Augustinus unter dem „inneren Lehrer“ bzw. der „innerlich lehrenden Wahrheit“?

Dimensionen des Lernens in *De magistro*

Lerngegenstand	Lerninstrument	Lehr-/ Lernweise	Lernergebnis
Erkenntnisse	Innere Einsicht (Vernunft)	Aktuierung des Denkens	Wissen
Informationen	Gedächtnis, Speicherung	Repräsentation	Glauben
Sinnlich wahrnehmbare Dinge	Sinnes-anschauung	Präsentation von Dingen	Erfahrung

2.5 WEITERFÜHRENDE TEXTE

Es folgen vier Textauszüge, von denen der erste, indem er die pädagogische Problematik hervorhebt, der Interpretation und dem Verständnis des Augustinus-Textes dienen soll.

Die zweite Textpassage vertieft die existentielle Dimension des Lehrer- und Erzieherseins, indem angesichts der grundsätzlichen „Andersheit des Anderen" eine anthropologisch-unüberschreitbare Grenze aller Erziehung sichtbar gemacht wird.

Der dritte und vierte Text liefern kulturphilosophische und sozialpolitische Aspekte zur „Phänomenologie" des Lehrer- und Erzieherseins, die sich an die in diesem Kapitel erörterte Frage anschließen.

2.5.1 Winfried Böhm: Aurelius Augustinus und die Entdeckung der Person[5]

Winfried Böhm (geb. 1937) ist im Zusammenhang seiner Grundlegung einer Pädagogik der Person immer wieder auf Aurelius Augustinus zurückgekommen. Die folgende Interpretation geht über die übliche sprachphilosophische Lesart von *De magistro* hinaus und versucht, die existentielle Tiefe von Augustins Erziehungsverständnis auszuloten.

Gewiß kann man in diesem nach Ciceronischem Vorbild verfaßten Dialog Augustins (mit seinem Sohn Adeodatus) eine bis auf den heutigen Tag didaktisch und linguistisch zugleich interessant gebliebene Abhandlung über die Problematik des Lehrens und Lernens vermittels der Sprache sehen, und die These Augustins, kein Lehrer könne jemals einen Schüler durch Worte etwas lehren, hat nichts an provokatorischer Kraft eingebüßt. Will man aber bis zur wirklichen pädagogischen Tiefe die-

5 Winfried Böhm: Aurelius Augustinus und die Entdeckung der Person, in: Ders.: Entwürfe zu einer Pädagogik der Person, Bad Heilbrunn 1997, S. 109-111.

ser Schrift vorstoßen, dann muß man den Blick auf die eigene existentielle Situation richten, in der der Vater Augustin mit dem pubertierenden und durch ein nahezu unfaßbares Maß an geistiger und persönlicher Selbständigkeit beeindruckenden Sohn Adeodat konfrontiert wird. Diese Konfrontation führt Augustin zu der fundamentalen pädagogischen Frage nach der Vaterschaft, d.h. nach dem Recht oder Unrecht, mit dem sich jemand Vater seines Sohnes nennt.
In den *Confessiones* gibt sich Augustinus über die Entstehung des Dialoges Rechenschaft und läßt dabei deutlich seine existentielle Zuwendung zu pädagogischen Fragen erkennen. ... Dabei leistet Augustinus nichts Geringeres als eine Umkehrung vieler unserer gängigen pädagogischen Grundvorstellungen: Lernen ist nicht ein passives Empfangen, sondern ein aktives Für*wahr*halten, Für*wert*halten und Für*schön*halten; Lehren ist nicht ein Vermitteln von Kenntnissen und Inhalten, sondern nur der Anstoß zum Selber-Glauben und zu eigener Einsicht; viele Dinge, die wir zu wissen meinen, glauben wir ohnehin nur, weil wir sie gar nicht aus eigener Anschauung wissen können (wie z.B. die gesamte Geschichte und große Teile der Geographie); durch Worte lernen wir wieder nur Worte, während wir die Sinnesdinge durch körperliche Anschauung und die Verstandesdinge durch geistige Anschauung „lernen" müssen und wahres Wissen allein aus der Vernunftanschauung gewinnen; vieles wird eingesehen und zugleich geglaubt (wie z.B. mathematische und geometrische Figuren), anderes erst geglaubt und dann eingesehen (wie z.B. theologische Wahrheiten); überhaupt ist Erziehung nicht Fremdgestaltung, sondern *Selbstgestaltung der Person* durch Einsicht, Wahl und Entscheidung; Erziehung kann nicht von außen bewirkt, sondern nur angeregt werden, denn das wirkliche (das heißt: zu seiner Aktualität zu erweckende) Prinzip von Zeit und Welt und der wirkliche (das heißt: durch Erziehung ins Werk zu setzende) Autor der eigenen Lebensgeschichte ist die triadisch (*esse, nosse, velle*) verfaßte Person. ... Die Augustinische Regel des *Redire in te ipsum* ist also in höchstem Maße auch eine pädagogische: Es gilt, von den äußeren Dingen den Überschritt zur eigenen Innerlichkeit zu vollziehen, aber auch über diese Innerlichkeit führt der Weg weiter hinein in die eigene Tiefe, wo das Licht der „höchsten und innersten Wahrheit" leuchtet. Diesen dreifachen Überschritt vorzubereiten und anzuleiten, darin liegt die eigentliche pädagogische Aufgabe, und so ist auch die vielleicht zentralste philosophische Aussage Augustins zugleich als pädagogische Maxime zu verstehen oder gar als pädagogischer Imperativ zu begreifen: „Gehe nicht nach draußen, kehre in dich selbst zurück! Im inneren Menschen wohnt die Wahrheit. Und wenn du deine Natur in ihrer (unzuverlässigen) Wandelbarkeit durchschaut hast, dann überschreite auch dich selber. Aber bedenke, wenn du dich überschreitest, daß du die vernunfttätige Seele übersteigst. Dorthin also strebe, von woher das Licht der Vernunft selbst angezündet wird. Wohin nämlich gelangt jeder gute Denker, wenn nicht zur Wahrheit?" (De vera religione 39, 72)

2.5.2 Eberhard Grisebach: Die Grenzen des Erziehers und seine Verantwortung[6]

Eberhard Grisebach (1880-1945) hat im Horizont von Augustins Denken und im Anschluss in Sören Kierkegaards Verständnis des Menschen als grundsätzlich Einzelnen die Grenzen der Erziehung analysiert und deren entscheidende in der existentiellen Grunderfahrung der Andersheit des Anderen und der Widerständigkeit des Du gesehen; ein Gedanke, den später Emmanuel Lévinas in seiner Philosophie wieder aufgenommen und weitergeführt hat. Der folgende Textausschnitt stammt aus Grisebachs pädagogischem Hauptwerk.

Die Wirklichkeit der Menschen ist ein Gebundensein, kein freies subjektives Tun. Dieses Gebundensein ist das Vorrecht des Menschen, der nicht nur der Gattung lebt, sondern als Erkennender die Schranke seines Lebens in dem Widerstande des Gegenüber einsieht. Diesen Widerstand müssen wir ertragen; wir müssen Zutrauen und Glauben haben, daß er notwendig ist.

Dieses Gegenüber glauben wir noch zu beherrschen, solange es als Pflanze oder Tier unseren Wünschen sich fügt oder unserer Gewalt weicht; aber dort, wo es uns mit gleichem Angesicht aus der ewig-fremden Sphäre des Gegenüber anspricht, unserer Willkür mit dem Worte Schranken weist, uns begrenzt durch seine eigenen Ansprüche, da beginnt die Bindung und damit zugleich die Versuchung, der Wirklichkeit des Menschen doch noch auszuweichen. Wodurch? Durch Beherrschung, durch Vergewaltigung, durch Empörung, durch Brudermord, durch Nichthörenwollen der Ansprüche, durch Überschreien, durch Kampf, wenn es um die Herrschaft über Länder und Meere geht. Oder auch durch Verführung, durch schmeichelnde Einigung, durch ästhetische Harmonie. Aber auch dann ist der Andere durch solche Überredung vernichtet als Mensch, er ist nur Gattung. Die Wirklichkeit beginnt aber dort, wo eine unzerstörbare Bindung in der ewigen Andersheit und Fremdheit anerkannt ist, wo eine Wechselwirkung einsetzt von Mensch zu Mensch, die nicht mehr zur Zerstörung des Einen oder des Andern führt. Im Angesicht des anderen erkenne ich meine endliche Wirklichkeit, an die ich gebunden bleibe. In dieser Wirklichkeit sind uns Aufgaben gestellt, die die Natur nicht kennt. Die besonderen Aufgaben ergeben sich aus der Wechselbeziehung. ... Von diesem widerspruchsvollen Bezogensein, von dieser bitteren Fremdheit der Menschen, von diesem verzweifelten Ringen und Ertragen der Schranken, von der Anerkennung des schwersten Gesetzes des widersprechenden Anspruches (und alles das ist Erziehung) hängt es ab, ob wir der Erziehung teilhaftig werden. Die Güter als Ordnungen der Gemeinschaft bezeugen nur solche Erziehung. Güter sind nur relative Versuche oder Abbilder dieses wirklichen Lebens. Von der Beschäftigung mit solchen erledigten Versuchen und toten Gütern gilt es abzustehen und sich selbst wieder unter die Gesetzlichkeit des Wesens in der Erziehung zu stellen, die eine Dialektik ist. Die Wirklichkeit der Geschichte, die menschliche Wirklichkeit ist eine Wechselbeziehung, die ihre Realität nur durch die

6 Eberhard Grisebach: Die Grenzen des Erziehers und seine Verantwortung, Halle a.d. Saale 1924, S. 60-61.

Anerkennung des Widerspruches als letzter Gesetzlichkeit bewahrt. Das bedeutet aber Ausschluß von jeder Absolutheit für die eine oder andere Partei, Ausschluß von jeder Unmittelbarkeit der Natur und des Geistes, Anerkennung der Unmöglichkeit, je den Gegensatz, den Widerspruch, die Fremdheit der Menschen untereinander zu überwinden, d.h. den Anderen zu erziehen. Das ist im Wesen des Menschen begründete Unvollkommenheit, daß die Gemeinschaft der Menschen auf ihrer ewigen Geschiedenheit beruht, daß unmittelbare Einwirkung, direktes Verstehen nicht denkbar ist. Darin liegt die Dialektik des geschichtlichen Lebens begründet.

2.5.3 George Steiner: Der Meister und seine Schüler[7]

Der folgende Text des 1929 in Paris geborenen nordamerikanischen Kulturphilosophen George Steiner ist seinem Buch *Lessons of the Masters* entnommen, einer magistralen Kulturgeschichte des Lehrer-Schüler-Verhältnisses. Steiner wurde vor allem durch die These bekannt, dass auch die intensive Vertrautheit mit der klassischen Kultur den Menschen nicht vor einem Rückfall in die Barbarei bewahren kann.

Authentische Lehre ist ein Beruf. Sie ist eine Berufung. Der Reichtum und die Anforderung von Bedeutung, die sich mit solchen Begriffen wie „geistliches Amt“, „Klerus“ und „Priesterschaft“ verbinden, gehen sowohl moralisch als auch historisch in weltliche Lehre über. Das hebräische *rabbi* bedeutet einfach „Lehrer“. Doch es erinnert uns an eine uralte Würde. Auf ihren elementarsten Ebenen – die in Wirklichkeit niemals „elementar“ sind –, beispielsweise beim Unterrichten von kleinen Kindern, von Taubstummen und geistig Behinderten, oder auf den Gipfeln des Privilegs, an den hohen Orten der Künste, der Wissenschaft und des Denkens, resultiert authentische Lehre aus einem Aufruf. „Warum rufst du mich, was willst du, daß ich tun soll?“ fragt der Prophet die Stimme, die ihn ruft, oder fragt der Rationalist sein eigenes Gewissen. ...

Anti-Lehre ist, statistisch gesehen, beinahe die Regel. Gute Lehrer, die in den heranwachsenden Seelen ihrer Schüler ein Feuer entfachen, mögen durchaus seltener sein als virtuose Künstler oder Weise. Lehrer, Ausbilder von Geist und Leib, die um das wissen, was auf dem Spiel steht, um das Wechselspiel von Vertrauen und Verletzlichkeit, um die organische Verschmelzung und Reaktion (das, was ich als „Verantwortungsbewusstsein“ bezeichnen will), sind beunruhigend selten. ... In Wirklichkeit handelt es sich, wie wir wissen, bei der Mehrheit derjenigen, denen wir unsere Kinder in der höheren Schulbildung anvertrauen, bei denen wir in der akademischen Welt Leitung und Vorbild suchen, um mehr oder weniger liebenswerte Totengräber.

7 George Steiner: Der Meister und seine Schüler, dt. München 2004, S. 27 u. S. 29.

Sie mühen sich damit ab, ihre Studenten auf ihr eigenes Niveau gleichgültiger Mattigkeit herabzuziehen. Sie schließen Delphi nicht auf, sondern zu.

2.5.4 Bertrand Russell: Aufgaben und Fehler der Erziehung[8]

Dieser Text des bedeutenden englischen Mathematikers und Logikers Bertrand Russell (1872-1970) weist auf politische Konsequenzen hin, die eine Erziehung mit sich bringen kann, welche dem eigenständigen Denken keinen Raum lässt – ein Gedanke, den später Adorno und Horkheimer im Hinblick auf die Entstehung eines autoritären Charakters weiter verfolgt haben. Der Textauszug entstammt Russells politischem Hauptwerk *Principles of Social Reconstruction*, das erstmals 1916 in London erschien und bis heute zahlreiche Neuauflagen erlebt hat.

Das Examinations-System und die Tatsache, daß der Unterricht hauptsächlich als Training für einen Lebensunterhalt betrachtet wird, führt die Jugend dazu, das Wissen von einem rein utilitaristischen Gesichtspunkt zu betrachten, als den Weg zum Gelde, nicht als ein Tor zur Weisheit. Das würde nicht viel bedeuten, wenn diese Auffassung nur die ergriffe, die keine ursprünglichen intellektuellen Interessen haben. Aber unglücklicherweise steckt sie am meisten jene an, deren intellektuelle Interessen am stärksten sind, weil gerade auf ihnen der Druck der Examina am schwersten lastet. Ihnen am meisten, doch allen in gewissem Grade, erscheint der Schulunterricht als ein Mittel, den anderen zuvorzukommen; er ist durch und durch mit Rücksichtslosigkeit und Verherrlichung sozialer Ungleichheit infiziert. Wenn auch selbst in einer Utopie allerlei Ungleichheiten zurückbleiben, so zeigt doch jede freie, unvoreingenommene Betrachtung, daß alle gegenwärtigen Ungleichheiten der Gerechtigkeit widersprechen. Aber unser Erziehungssystem neigt dazu, die Ungerechtigkeit zu vertuschen und so zu tun, als wäre der Mißerfolg immer eine Folge gemachter Fehler, da diejenigen, die Erfolg haben, eben von den Ungleichheiten profitieren und dazu in jeder Weise ermuntert werden von den Leuten, die ihre Erziehung geleitet haben.

Ein passives Aufnehmen der Weisheit des Lehrers ist für die meisten Knaben und Mädchen leicht. Es enthält nicht die Anstrengung unabhängigen Denkens und scheint vernünftig, weil der Lehrer mehr weiß als der Schüler. Überdies ist es der Weg, die Gunst des Lehrers zu gewinnen, falls dieser nicht ein außergewöhnlicher Mensch ist. Doch die Gewohnheit des passiven Aufnehmens ist ein Unglück im späteren Leben. Sie veranlaßt den Menschen, einen Führer zu suchen und als Führer zu akzeptieren, wer immer in diese Stellung eingesetzt ist. Sie begründet die Macht der Kirchen, der Regierungen, Parteien und all der andern Organisationen, durch welche harmlose Menschen verleitet werden, alle Systeme zu ertragen, die für die Nation und für sie selbst schädlich sind. Es ist möglich, daß es selbst dann nicht

---

8 Bertrand Russell: Erziehung ohne Dogma, München 1974; hier abgedruckt nach W. Brinkmann (Hrsg.): Erziehung, Schule, Gesellschaft, Bad Heilbrunn 1980, S. 169.

viel Unabhängigkeit im Denken gäbe, wenn Erziehung alles täte, um sie zu fördern, aber zweifellos mehr als jetzt. Bestände das Ziel darin, die Schüler zum Denken zu veranlassen, statt sie zu veranlassen, gegebene Schlußfolgerungen anzunehmen, so würde der Unterricht vorwärtsgehen und mehr diskutieren, würde den Schülern mehr Gelegenheit geben und sie dazu ermuntern, sich selbst auszusprechen, und würde mehr versuchen, den Unterricht so zu gestalten, daß er sich mit den Gegenständen befaßt, für die die Schüler Interesse haben.

2.6 FRAGEN ZU DEN WEITERFÜHRENDEN TEXTEN

(f) Worin sieht Böhm die pädagogische Bedeutung Augustins?
(g) Nach Grisebach liegt dem Erziehungsverhältnis die Anerkennung der „Andersheit und Fremdheit" des Gegenübers zugrunde. Welche Grenze ist dem Lehrer bzw. Erzieher von daher für seine Erziehungsarbeit gesetzt?
(h) Wie ist George Steiners metaphorische Charakterisierung des Erziehers bzw. Lehrers als eines „liebenswerten Totengräbers" zu verstehen?
(i) Zu welchen verhängnisvollen politischen Konsequenzen kann nach Bertrand Russells Meinung die „Gewohnheit des passiven Aufnehmens" führen?

2.7 SCHLUSSFOLGERUNG

Augustinus hat vor rund 1600 Jahren in seinem Buch über den Lehrer ausführlich die Frage erörtert, ob man durch Worte lehren und belehrt werden kann. Dabei war er durch Aufweis der Zeichenhaftigkeit der Wörter zu einer negativen Antwort gekommen. Dieser negative Befund ließ ihn die ursprünglich rein didaktisch anmutende Frage pädagogisch vertiefen, und das führte ihn zu der existentiellen Grundfrage, ob sich jemand überhaupt Lehrer und Erzieher eines anderen nennen dürfe. Sein vor allem in seinen „Bekenntnissen" – einem klassischen Werk der Weltliteratur – entfaltetes Verständnis des Menschen als Person (qua Verknotung von *esse*, *nosse*, *velle*, also von Sein, Wissen und Wollen) ließ ihn zu einer radikalen Umkehrung gewohnter Erziehungsvorstellungen gelangen und nicht so sehr die (akzidentiellen) *Grenzen in der Erziehung* als vielmehr die (substantiellen) *Grenzen der Erziehung* sehen. Augustins kleine Schrift, im Zusammenhang mit der *conversio augustiniana* vom Menschen in der Welt zur Welt im Menschen, durchzieht als ein kritisches Ferment das pädagogische Denken des Abendlandes und ist geeignet, alle Erziehungseuphorien in ihre Schranken zu verweisen. Anhand von drei aktuellen Texten sollte die praktische

Relevanz des augustinischen Gedankens verdeutlicht werden, der vor allen pädagogischen Allmachtsphantasien, aber auch vor jeder Überschätzung der Erziehung warnen und jeden erdrückenden *furor paedagogicus* im Keime ersticken will.

2.8 WEITERFÜHRENDE LITERATUR

Emmanuel Lévinas: Die Spur des Anderen, dt. Freiburg ^{6}2012.

Winfried Böhm (Hrsg.): Aurelius Augustinus und die Bedeutung seines Denkens für die Gegenwart, Würzburg 2005.

Therese Fuhrer: Augustinus, Darmstadt 2004.

Johann Kreuzer: Augustinus, Frankfurt a.M. 1995.

DRITTES KAPITEL

Johann Friedrich Herbart

oder: Welchen Nutzen hat die pädagogische Theorie für die erzieherische Praxis?

3.1 ZUM EINSTIEG

Seit den Anfängen der Pädagogik als Wissenschaft, also, grob gesprochen, seit der Wende vom 18. zum 19. Jahrhundert, hatte sich diese neue Wissenschaft wie wohl keine andere mit der Frage auseinanderzusetzen, welchen Nutzen eine pädagogische Theorie für die erzieherische Praxis eigentlich haben könne, und die Frage nach dem Verhältnis von Theorie und Praxis ist in der Pädagogik bis heute problematisch geblieben.

Der Name „Pädagogik" bürgerte sich in Deutschland nach 1770 ein. Dabei ist die immer noch zu hörende Worterklärung von *paidagogos*, dem „Knabenführer", irrig; die neue Wissenschaftsbezeichnung entstand – analog zu vergleichbaren Wortbildungen wie Logik, Ethik, Rhetorik, Grammatik – aus dem griechischen Begriff der *paideia*. In diesem nur schwer ins Deutsche übersetzbaren Begriff, der als Wort erstmals in Aischylos' Tragödie „Sieben geben Theben" auftaucht, hat sich inbegrifflich das gesamte griechische Erziehungsdenken seit dem 5. Jahrhundert v. Chr. gesammelt und verdichtet.

Für unseren Zusammenhang erscheint es wichtig, dass Pädagogik also von Anfang an das *Denken über Erziehung* – das kritische Nachdenken ebenso wie das prospektive Vorausdenken – meint, mithin die Theorie der Erziehung. Während sich die grundsätzliche Unterscheidung von Pädagogik als Theorie (Denken) und Erziehung als Praxis (Tun) in den meisten westlichen Sprachen erhalten hat, hat sich der Sinngehalt von *Pädagogik* und *pädagogisch* im Deutschen so weit ausgedehnt, dass er heute auf oftmals verwirrende Weise sowohl das erzieherische Handeln (einschließlich der darin wirksamen Wertvorstellungen, Ziele, Techniken, handelnden Personen, ihrer geschichtlichen Grundlagen und ihres institutionell-organisatorischen Rahmens) als auch die Theorie der Erziehung mitsamt ihrer Metatheorie einschließt.

3.2 ZUR EINFÜHRUNG

In dem hier zugrundegelegten Text aus einer der ersten akademischen Vorlesungen, die je über Pädagogik gehalten wurden, steht die Unterscheidung von Pädagogik als Denken und Erziehung als Tun deutlich im Vordergrund, und sein Autor Johann Friedrich Herbart (1776-1841) erörtert hier auf geradezu klassische Weise vier idealtypische Modelle des Verhältnisses von pädagogischer Theorie und erzieherischer Praxis.

Herbart hielt diese *Erste Vorlesung über Pädagogik* 1802 zu Beginn seiner Lehrtätigkeit an der Universität Göttingen. Interessant und bezeichnend erscheint an dem Text, dass sich Herbart sogleich und unvermittelt dem Theorie-Praxis-Problem zuwendet, ohne dass er zuvor seine pädagogische Theorie ausgefaltet hätte. Das geschieht offenbar deshalb, weil die Handlungsrelevanz von pädagogischen Aussagen nicht erst nachträglich aus ihrer Wissenschaftlichkeit hergeleitet werden kann, sondern immer schon für wissenschaftliche Aussagen über Erziehung konstitutiv ist. Das will Herbart mit dem folgenden Text einsichtig machen und dabei zugleich erläutern, wie dieser Praxisbezug pädagogischer Theorie gedacht werden kann und welche Konsequenzen die vier möglichen Modelle für die Pädagogik nach sich ziehen.

3.3 TEXT VON HERBART

In dem folgenden Text versucht Herbart, seinen Hörern eine Idee davon zu vermitteln, welchen Sinn und welche Funktion die pädagogische Theorie für die erzieherische Praxis haben kann und soll.

3.3.1 Johann Friedrich Herbart: Die erste Vorlesung über Pädagogik (1802)[1]

Unterscheiden Sie zuvörderst die Pädagogik als Wissenschaft von der Kunst der Erziehung. Was ist der Inhalt einer Wissenschaft? Eine Zusammenordnung von Lehrsätzen, die ein Gedankenganzes ausmachen. ... Was ist eine Kunst? Eine Summe von Fertigkeiten, die sich vereinigen müssen, um einen gewissen Zweck hervorzubringen. Die Wissenschaft also erfordert Ableitung von Lehrsätzen aus ihren Gründen, philosophisches Denken, die Kunst erfordert stetes *Handeln,* nur den Resultaten jener gemäß. ...

1 Johann Friedrich Herbart: Erste Vorlesung über Pädagogik (1802), in: D. Benner (Hrsg.): Johann Friedrich Herbart: Systematische Pädagogik, Bd. 1, Ausgewählte Texte, Weinheim 1997, S. 43-46. (Die durch Punkte angedeuteten hilfreichen Kürzungen des Herbart-Textes stammen von Dietrich Benner.)

Unterscheiden Sie weiter die Kunst des ausgelernten Erziehers von der einzelnen Ausübung dieser Kunst. Zu jener gehört, daß man jedes Naturell und Alter zu behandeln wisse; diese kann gelingen durch Zufall, durch Sympathie, durch Elternliebe. Welcher von diesen drei Kreisen ist der Kreis unserer Betrachtungen? Offenbar fehlt die Gelegenheit der wirklichen Ausübung, und noch mehr die Gelegenheit zu so mannigfaltigen Übungen und Versuchen, durch welche die Kunst allein gelernt werden könnte. Unsere Sphäre ist die der Wissenschaft. Nun bitte ich Sie, das Verhältnis zwischen Theorie und Praxis zu bedenken.

Die Theorie, in ihrer Allgemeinheit, erstreckt sich über eine Weite, von welcher jeder Einzelne in seiner Ausübung nur einen unendlich kleinen Teil berührt; sie übergeht wieder, in ihrer Unbestimmtheit, welche unmittelbar aus der Allgemeinheit folgt, alles das Detail, alle die individuellen Umstände, in welchen der Praktiker sich jedesmal befinden wird, und alle die individuellen Maßregeln, Überlegungen, Anstrengungen, durch die er jenen Umständen entsprechen muß. In der Schule der Wissenschaft wird daher für die Praxis immer zugleich zu viel und zu wenig gelernt; und eben daher pflegen alle Praktiker in ihren Künsten sich sehr ungern auf eigentliche, gründlich untersuchte Theorie einzulassen; sie lieben es weit mehr, das Gewicht ihrer Erfahrungen und Beobachtungen gegen jene geltend zu machen. Dagegen ist denn aber auch schon bis zur Ermüdung oft und weitläufig bewiesen, auseinandergesetzt und wiederholt, daß bloße Praxis eigentlich nur Schlendrian, und eine höchst beschränkte, nichts entscheidende Erfahrung gebe. ... Die Tätigkeit des Erziehers geht hier unaufhörlich fort, auch wider seinen Willen wirkt er gut oder schlecht ... und ebenso unaufhörlich kehrt die Rückwirkung, kehrt der Erfolg seines Handelns zu ihm wieder, aber ohne ihm zu zeigen, was geschehen wäre, wenn er anders gehandelt, welchen Erfolg es gehabt hätte, ... wenn er pädagogische Mittel, deren Möglichkeit ihm nur nicht träumte, in seiner Gewalt gehabt hätte.

Von allem diesem weiß seine Erfahrung nichts; er erfährt nur *sich,* nur *sein* Verhältnis zu den Menschen, nur das Mißlingen *seiner* Pläne, ohne Aufdeckung der Grundfehler, nur das Gelingen seiner Methode, ohne Vergleichung mit den vielleicht weit rascheren und schöneren Fortschritten besserer Methoden. ... Jede Nation hat ihren Nationalkreis, und noch weit bestimmter jedes Zeitalter seinen Zeitkreis, worin der Pädagoge so gut wie jedes andere Individuum mit allen seinen Ideen, Erfindungen, Versuchen und daraus hervorgehenden Erfahrungen eingeschlossen ist. Andere Zeiten erfahren etwas Anderes, weil sie etwas Anderes tun; und es bleibt eine ewige Wahrheit, daß jede Erfahrungssphäre ohne ein Prinzip *a priori* nicht nur von absoluter Vollständigkeit nie reden dürfe, sondern auch nie nur ungefähr den Grad ihrer Annäherung an diese Vollständigkeit angeben könne. Daher, wer ohne Philosophie an die Erziehung geht, sich so leicht einbildet, weitgreifende Reformen gemacht zu haben, indem er ein wenig an der Manier verbesserte. Nirgends ist philosophische Umsicht durch allgemeine Ideen so nötig als hier, wo das tägliche Treiben und die sich so vielfach einprägende individuelle Erfahrung so mächtig den Gesichtskreis in die Enge zieht.

Nun schiebt sich aber bei jedem noch so guten Theoretiker, wenn er seine Theorie ausübt, ... zwischen die Theorie und die Praxis ganz unwillkürlich ein Mittelglied ein, ein gewisser *Takt* nämlich, eine schnelle Beurteilung und Entscheidung, die nicht,

wie der Schlendrian, ewig gleichförmig verfährt, aber auch nicht, wie eine vollkommen durchgeführte Theorie wenigstens *sollte,* sich rühmen darf, bei strenger Konsequenz und in völliger Besonnenheit an die Regel, zugleich die wahre Forderung des individuellen Falles ganz und gerade zu treffen. Eben weil zu solcher Besonnenheit, zu vollkommener Anwendung der wissenschaftlichen Lehrsätze, ein übermenschliches Wesen erfordert werden würde, entsteht unvermeidlich in dem Menschen, wie er ist, aus jeder fortgesetzten Übung eine Handlungsweise, welche zunächst von seinem Gefühl, und nur entfernt von seiner Überzeugung abhängt. ... (I)ch kehre zu meiner Bemerkung zurück, daß unvermeidlich der Takt in die Stellen eintrete, welche die Theorie leer ließ, und so der unmittelbare Regent der Praxis werde. Glücklich ohne Zweifel, wenn dieser Regent zugleich ein wahrhaft gehorsamer Diener der Theorie ist, deren Richtigkeit wir hier voraussetzen. Die große Frage nun, an der es hängt, ob jemand ein guter oder schlechter Erzieher sein werde, ist einzig diese: *wie* sich jener Takt bei ihm ausbilde, ob getreu oder ungetreu den Gesetzen, welche die Wissenschaft in ihrer weiten Allgemeinheit ausspricht? ...
(J)ener Takt ... bildet sich erst während der Praxis; er bildet sich durch die Einwirkung dessen, was wir in dieser Praxis erfahren, auf unser Gefühl; diese Einwirkung wird anders und anders ausfallen, je nachdem wir selbst anders oder anders gestimmt sind; auf diese unsere Stimmung sollen und können wir durch Überlegung wirken; von der Richtigkeit und dem Gewicht dieser Überlegung, von dem Interesse und der moralischen Willigkeit, womit wir uns ihr hingeben, hängt es ab, ob und wie sie unsere Stimmung *vor* Antretung des Erziehungsgeschäfts, und folglich ob und wie sie unsere Empfindungsweise *während* der Ausübung dieses Geschäfts und mit dieser endlich jenen Takt ordnen und beherrschen werde, auf dem der Erfolg oder Nichterfolg unserer pädagogischen Bemühungen beruht. Mit andern Worten, durch Überlegung, durch Nachdenken, Nachforschung, durch Wissenschaft soll der Erzieher vorbereiten – nicht sowohl seine künftigen Handlungen in einzelnen Fällen, als vielmehr sich selbst, sein Gemüt, seinen Kopf und sein Herz zum richtigen Aufnehmen, Auffassen, Empfinden und Beurteilen der Erscheinungen, die seiner warten, und der Lage, in die er geraten wird. Hat er sich im voraus in weite Pläne verloren, so werden die Umstände seiner spotten; aber hat er sich mit Grundsätzen gerüstet, so werden ihm seine Erfahrungen deutlich sein und ihn jedesmal belehren, was jedesmal zu tun sei. ...
Es gibt also – das ist mein Schluß – es gibt eine *Vorbereitung auf die Kunst durch die Wissenschaft,* eine Vorbereitung des Verstandes und des Herzens *vor* Antretung des Geschäfts, vermöge welcher die Erfahrung, die wir nur *in* der *Betreibung* des Geschäfts selbst erlangen können, allererst belehrend für uns wird. Im *Handeln* nur lernt man die Kunst, erlangt man Takt, Fertigkeit, Gewandtheit, Geschicklichkeit; aber selbst im Handeln lernt die Kunst nur *der,* welcher vorher im Denken die Wissenschaft gelernt, sie sich zu eigen gemacht, sich durch sie gestimmt und die künftigen Eindrücke, welche die Erfahrung auf ihn machen sollte, vorbestimmt hatte.
Man muß daher von der Vorbereitung keineswegs erwarten, daß man aus ihren Händen als unfehlbarer Meister der Kunst hervorgehen werde. Man muß nicht einmal die speziellen Anweisungen des Verfahrens von ihr verlangen. Man muß sich Erfindungsgabe genug zutrauen, um das Einzelne, was jeden Augenblick zu tun sein wird, im Augenblick selbst treffen zu können. Von den Fehlern selbst, die man ma-

chen wird, muß man Belehrung erwarten; und man darf dies bei der Pädagogik viel eher, als bei tausend anderen Geschäften, weil hier gewöhnlich jede einzelne Handlung des Erziehers für sich allein unbedeutend ist und es unendlich mehr auf das Ganze des Verfahrens ankommt. ...

Unsere Wissenschaft muß uns eine Kunst lehren, welche vor allem den Erzieher selbst in hohem Grade fortbildet, und welche überdas mit solcher Intention und Konzentration, mit solcher Gewißheit und Genauigkeit handelt, daß sie nicht jeden Augenblick nachzuhelfen nötig hat, daß sie den größten Teil der Zufälle verachten und wichtige Eingriffe des Schicksals allenfalls *für* ihr Werk benutzen kann. Denn das Schicksal, die Umstände, die miterziehende Welt, worüber die Pädagogen so laut zu klagen pflegen, wirken nicht allemal und fast nie in aller Rücksicht ungünstig. Die Erziehung selbst, hat sie erst einen gewissen Grad von Macht gewonnen, kann jene Einwirkungen sehr oft nach ihrem Zwecke richten. Welt und Natur tun im Ganzen schon viel mehr für den Zögling, als im Durchschnitt die Erziehung zu tun sich rühmen darf.

... (M)ein Versuch wird dahin gehen, in Ihnen eine gewisse pädagogische Sinnesart zu entwickeln und zu beleben, welche das Resultat gewisser Ideen und Überzeugungen über die Natur und die Bildsamkeit des Menschen sein muß. Diese Ideen werde ich erzeugen, ich werde sie rechtfertigen, ich werde sie so verbinden, so konstruieren, so verschmelzen müssen, daß daraus jene Sinnesart hervorgehe und daß diese in der Folge den beschriebenen pädagogischen Takt hervorbringen könne. ...

3.4 FRAGEN ZUM TEXT

Um Ihr Verständnis des Textes zu vertiefen, empfehlen wir Ihnen die Beantwortung folgender Fragen:

(a) Worauf zielt Herbarts Unterscheidung zwischen der „Pädagogik als Wissenschaft“ und der „Kunst der Erziehung“?
(b) Wodurch hebt sich die „Kunst des ausgelernten Erziehers“ von der „einzelnen Ausübung dieser Kunst“ ab?
(c) Warum ist für Herbart „philosophische Umsicht durch allgemeine Ideen“ für das Geschäft der Erziehung unerlässlich?
(d) Was versteht Herbart unter „Pädagogischem Takt“, und inwiefern bezeichnet er ihn als ein „Mittelglied“?
(e) Was leistet – nach Herbart – eine „Vorbereitung auf die Kunst durch die Wissenschaft“?
(f) Warum wird nach Herbart in der Schule der Wissenschaft für die Praxis immer zugleich zu viel und zu wenig gelernt?

3.5 WEITERFÜHRENDE TEXTE

Es folgen drei Texte, die geeignet erscheinen, das von Herbart aufgeworfene Problem weiter zu vertiefen und zu klären. Während der erste Text eine aufschlussreiche Interpretation Herbarts liefert, spitzt der zweite das Thema auf die Gegenüberstellung eines technologischen und eines handlungstheoretischen Modells zu; der dritte Text weitet die Fragestellung nach der politischen Dimension hin aus.

3.5.1 Dietrich Benner: Pädagogischer Takt und das Theorie-Praxis Problem[2]

In seiner zweibändigen Einführung in die *Systematische Pädagogik* Herbarts, dessen erstem Band („Ausgewählte Texte") bereits die gekürzte Fassung der *Ersten Vorlesung* entnommen wurde, hat Dietrich Benner (geb. 1941) im zweiten Band („Interpretationen") eine komprimierte Darstellung der vier pädagogischen Grundmodelle von Theorie und Praxis vorgelegt, die an Klarheit kaum zu überbieten sein dürfte. Der daraus folgende Textauszug kann dazu dienen, das kritische Nachdenken über diese Modelle und ihre jeweiligen Konsequenzen anzuregen.

---

1. Das Modell des praktischen Zirkels
Dieses Modell hat erstmals Aristoteles auf den Begriff gebracht. Er beschreibt Lernprozesse, die im einfachen Umgang, im Zirkel praktischen Tuns, stattfinden. Bei diesen Lernprozessen kann man das Zu-Erlernende einerseits sich nur aneignen, indem man es tut, kann man andererseits die jeweilige Tätigkeit nur ausüben, wenn man sie schon gelernt hat (vgl. Nikomachische Ethik 1103 a 31 - b 2). Lernprozesse dieser Art bestimmten vor der Entwicklung der modernen Wissenschaft weitgehend das gesamte menschliche Lernen. .... Die Grenzen dieses Modells sind dort erreicht, wo es um die Entwicklung neuer Erkenntnisse und Handlungsweisen geht, wo also Einsichten vermittelt werden, die im einfachen Umgang nicht angeeignet werden können, sondern einer expliziten Reflexion bedürfen. ...

2. Das Modell des hermeneutischen Zirkels
Herbart bezeichnet nicht jedwede, sondern nur die „bloße" Praxis als „Schlendrian" und sucht nach einem Theorie-Praxis-Modell, das die „bloße", „zufällige" Praxis von ihren beliebigen Erfahrungen befreien kann. ... Wer darum weiß, daß er aufgrund seiner bisherigen Erfahrungen so und nicht anders handelt, und ferner darum weiß, daß er aufgrund seiner bisherigen Handlungen bestimmte Erfahrungen macht, der weiß um die Vorläufigkeit und Änderbarkeit seines Gesichtskreises, auch wenn er in diesem befangen bleibt. Er befindet sich nicht mehr im praktischen, sondern im hermeneutischen Zirkel. Für das Lernen im hermeneutischen Zirkel gilt Analoges wie für das Lernen im praktischen Zirkel. Es kann um weiterführende Weisen des Lernens ergänzt, niemals jedoch vollständig in ein anderes Modell überführt werden. So befreit die Einsicht in die geschichtlich-gesellschaftliche Relativität von Erfahrung, Überzeugung, Theorie und Handlungsorientierung niemals von dieser Relati-

2 Dietrich Benner: Pädagogischer Takt und das Theorie-Praxis-Problem, in: Ders. (Hrsg.): Johann Friedrich Herbart: Systematische Pädagogik, Bd. 2: Interpretationen, Weinheim 1997, S. 11-15.

vität, sie befreundet aber auch nicht mit ihr, sondern kann das Bedürfnis nach einer Gewißheit und Sicherheit erzeugen, die jedoch im hermeneutischen Zirkel und der Einsicht, in ihn eingeschlossen zu sein, nicht erreicht wird.

3. Das Modell neuzeitlicher Wissenschaft und Technologie

Solche Sicherheit und Gewißheit verspricht das dritte Theorie-Praxis-Modell, dasjenige neuzeitlicher Wissenschaft und Technologie. Mit dem Anspruch, jede Erscheinung als Wirkung von Ursachen und den Zusammenhang von Phänomenen aus komplexen Ursache-Wirkungs-Beziehungen erklären zu können, verbindet dieses Modell die Hoffnung, die menschliche Praxis, diejenige der Bearbeitung der Natur ebenso wie diejenige der Erziehung und Politik, aus ihrer Befangenheit im praktischen und hermeneutischen Zirkel befreien und zur vollen Rationalität menschlicher Vernunft erheben zu können.

Herbart erkennt dieses Modell für die Naturwissenschaften durchaus an. Im fünften Abschnitt gesteht er zu, daß „eine vollkommen durchgeführte Theorie" beanspruchen muß, in „strenger Konsequenz" aus ihren Regeln jeden „individuellen Fall" mit technologischer Rationalität erklären zu können. Für die Vollendung der Erziehung zur Erziehungskunst – ebenso für Ethik, Politik, Kunst und Religion – ist dieses Modell jedoch noch untauglicher als die beiden vorigen. Denn die Regeln der Erziehungskunst könnten nach dem Modell neuzeitlicher Wissenschaft erst erforscht werden, wenn die Erziehungskunst selber voll entwickelt vorgegeben wäre. Diese Voraussetzung ist jedoch nicht erfüllt und im Unterschied zum Bereich der Natur grundsätzlich unerfüllbar. ...

4. Das Modell handlungstheoretischer Orientierung im Primat der Praxis

Für eine Wissenschaft, welche der Vervollkommnung der Erziehung zur Kunst und der Orientierung einer künftigen besseren Praxis dienen will, reichen die bisher beschriebenen Theorie-Praxis-Modelle nicht aus. Darum entwirft Herbart ein viertes Theorie-Praxis-Modell, welches die pädagogische Erfahrung und Praxis weder im praktischen, noch im hermeneutischen, noch im technologischen Zirkel tradiert, interpretiert oder reglementiert, sondern als Produzenten der Erziehungskunst wissenschaftlich begreift. Dieses vierte Modell ist dasjenige des „pädagogischen Takts", welches in den vorausgegangenen Abschnitten zwar schon vorbereitet, in den folgenden aber erst genauer bestimmt wird.

Was unter „pädagogischem Takt" zu verstehen ist, erläutert Herbart zunächst psychologisch, wenn er den pädagogischen Takt als „ein Mittelglied" zwischen Theorie und Praxis bestimmt, welches sich „unvermeidlich in dem Menschen" als diejenige Art und Weise herausbildet, in der „schnelle Beurteilungen" artikuliert und rasche „Entscheidungen" getroffen werden. Der pädagogische Takt ist jedoch mehr als ein Lückenbüßer zwischen Theorie und Praxis. Es ist das gebildete Gewissen pädagogischer Verantwortung, welches als „Regent der Praxis ... zugleich ein wahrhaft gehorsamer Diener der Theorie ist". Damit sind Forderungen formuliert, die die Pädagogik als Wissenschaft und die Erziehung als Praxis vor weitreichende Aufgaben stellen.

Als Wissenschaft von der und für die Erziehung kann die Pädagogik weder nach dem Modell des praktischen Zirkels das alltägliche Erziehungshandeln sich selbst

überlassen, noch nach dem Modell des hermeneutischen Zirkels sich auf eine nachgängige Reflexion bereits abgeschlossener Praxis beschränken. Ebensowenig darf sie davon ausgehen, als eine einst vollständig durchgeführte Theorie das alltägliche Erziehungshandeln im Zirkel technologischer Rationalität normieren zu können. Sie muß der Tatsache Rechnung tragen, daß die Antwort auf die Frage, was in der jeweiligen Situation zu tun sei, ebensowenig im praktischen Zirkel unmittelbar gefunden wie im hermeneutischen Zirkel retrospektiv geklärt oder im technologischen Zirkel normativ vorgegeben werden kann. Sie muß gleichzeitig anerkennen, daß die pädagogischen Entscheidungen allein vom individuellen Gewissen der Handelnden getroffen und verantwortet werden können und daß die Handelnden einer erziehungswissenschaftlichen Orientierung bedürfen, um ihre Entscheidungen treffen zu können. Pädagogik als Wissenschaft kann dieser Aufgabe nur genügen, wenn sie sich als eine handlungsorientierende Theorie produktiver praktischer Erfahrungen begreift, welche die theoretisch unüberbrückbare Differenz zwischen Theorie und Praxis anerkennt und die Vermittlung von Theorie und Praxis als unabnehmbare Aufgabe der Praxis selbst versteht. ...
An die Stelle des kausal-analytischen Modells neuzeitlicher Wissenschaft und an die Stelle des hermeneutischen Modells setzt Herbart ein Modell, welches eine ganz andere Zeitstruktur hat, in dem Theorie nicht künftige Entscheidungen normiert und künftige Entscheidungen nicht eine theoretisch normierte Praxis produzieren, in dem Theorie aber auch nicht der Praxis retrospektiv nachfolgt. Herbarts Konzeption handlungstheoretischer Orientierung trägt der produktiven Freiheit und Geschichtlichkeit menschlicher Praxis *und* Theorie Rechnung, indem es den pädagogischen Takt als doppeltes Resultat theoretischer Orientierung *und* praktischer Erfahrung faßt und anerkennt, daß sich das Gewissen pädagogischer Verantwortung weder unmittelbar durch erziehungswissenschaftliche Belehrung noch unmittelbar durch pädagogische Praxis bilden läßt. Dieses Modell nutzt die in der Differenz zwischen Theorie und Praxis liegende Chance, daß sich der „Takt ... erst während der Praxis" bildet, und versteht die wissenschaftliche Pädagogik als eine *„Vorbereitung auf die Kunst"* der Erziehung, welche erst praktisch werden kann, wenn die Erfahrungen der Praxis jenen pädagogischen Takt ausbilden.

Vier Modelle, die von Herbart vorgestellt werden

1. Der Zirkel der Erfahrung

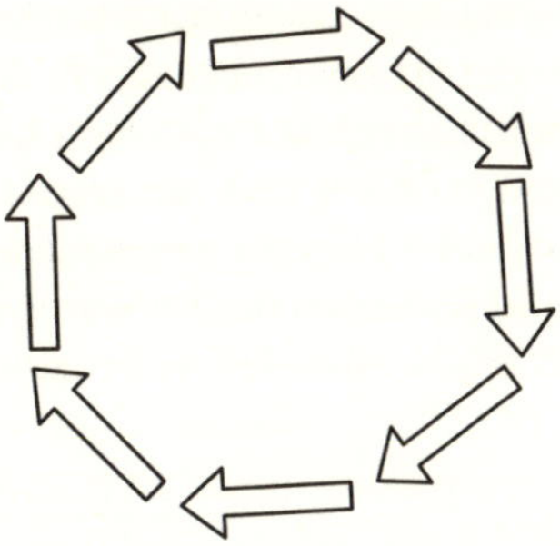

Befangensein in der stets beschränkten und zufälligen eigenen Erfahrung („Schlendrian“)

2. Der hermeneutische Zirkel

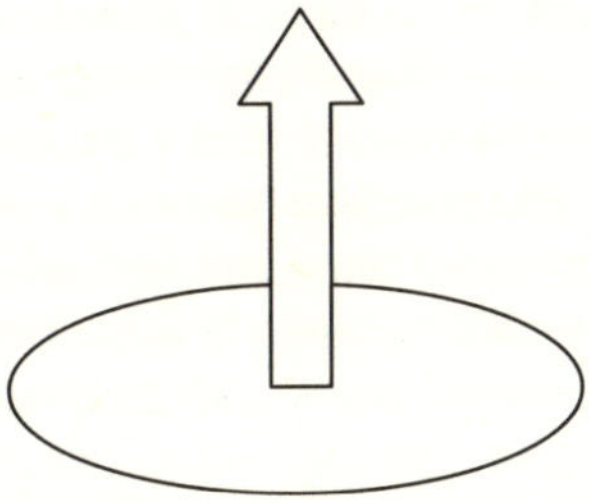

Heraustreten aus dem praktischen Zirkel durch Erkennen seiner Beschränktheit und die Einsicht in dessen Relativität und Veränderbarkeit

3. Das technologische Modell

Gesetzeswissen

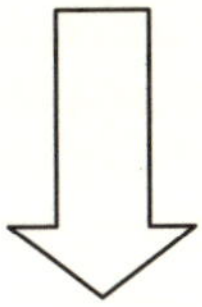

Fall

Streng rationale Anwendung eines auf der Erforschung von Ursache-Wirkungs-Zusammenhängen beruhenden „Gesetzeswissens“ auf individuelle Erziehungsfälle

4. Das praktische Modell des Taktes

Pädagogische Prinzipien

Situationsbedingte Fälle

Der pädagogische Takt wirkt als „Mittelglied“ vermittelnd zwischen Prinzipien der Theorie und den je einmaligen Bedingungen der konkreten Praxis („Urteilskraft“)

3.5.2 Theodor Litt: Die Bedeutung der pädagogischen Theorie für die Ausbildung des Lehrers[3]

In einem 1947 in der Zeitschrift *Pädagogik* veröffentlichten Aufsatz hat Theodor Litt (1880-1962), eine der herausragenden Gestalten der deutschen Pädagogik des 20. Jahrhunderts, die Themenfrage dieses Kapitels im Hinblick auf die Lehrerbildung erörtert. Dabei hat er die Problematik – im Bezug auf den Text von Herbart gesehen – auf eine Gegenüberstellung des technologischen Modells neuzeitlicher Wissenschaft mit dem praktischen Modell der Handlungsorientierung zugespitzt. Dadurch gewinnt das hier zur Debatte stehende Problem eine weitere Präzisierung.

Was durch die Theorie der Erziehung unterstützt und beraten werden soll, das ist eine Form des menschlichen *Handelns*. Die Eigentümlichkeit dieses Handelns wird uns dann am schnellsten offenbar werden, wenn wir es mit den anderen Grundformen menschlichen Handelns vergleichen. Seit langem ist man gewohnt, das Ganze der Wirklichkeit, die dem menschlichen Handeln seine Aufgaben stellt, in vier „Reiche" zu zerlegen: das Reich des Unbelebten, das Reich der Pflanzen, das Reich der Tiere, das Reich der Menschen. Ein jedes dieser Reiche tritt dem Menschen mit gewissen Eigentümlichkeiten entgegen, durch die es sich von den anderen unterscheidet und wird ihm dadurch Anreiz und Aufforderung zu einer Form des Handelns, die diesen Eigentümlichkeiten angemessen ist. Erziehung ist ein Handeln, durch das der Mensch sich auf den *Menschen* bezieht. Wie unterscheidet sich diese Weise des Handelns von denjenigen Herausforderungen, die auf außer- und untermenschliches Sein zielen? Wollten wir in Beantwortung dieser Frage die vier aufgeführten Bereiche durchwandern, so würden wir des stetigen Fortgangs ansichtig werden, der von dem Handeln am Unbelebten zum Handeln am Mitmenschen, zumal dem zuerziehenden Mitmenschen, hinüberleitet. Allein das würde zu weit führen. Wir begnügen uns damit, die beiden äußersten Glieder dieses Stufenbaus, das Handeln am Unbelebten und das Handeln am Mitmenschen, ins Auge zu fassen. Ihre Gegenüberstellung läßt das für unsere Frage Entscheidende mit der wünschenswerten Prägnanz hervortreten.
Eine grundsätzliche Betrachtung des Inhalts ist vor allem deshalb unerläßlich, weil der Unterschied und Gegensatz, den es zu erfassen gilt, erstaunlich spät den Blick auf sich gezogen hat – wodurch bewiesen wird, daß er nur zu leicht der Aufmerksamkeit entgeht. Im Grunde heben die gedanklichen Bemühungen, die ihn zur vollen Klarheit durchdringen ließen, erst mit *Fichte* an. Seitdem ist er dann allerdings durch die vereinten Bemühungen philosophischer und religiöser Denker immer klarer in seiner grundsätzlichen Bedeutung erkannt worden. Auf eine besonders einprägsame Fassung ist er durch *Martin Buber* gebracht worden, indem er in aller Schärfe die Relation „das Ich und das Du" von der Relation „das Ich und das Es" unterscheidet.

---

3 Theodor Litt: Die Bedeutung der pädagogischen Theorie für die Ausbildung des Lehrers (1946), in: Ders.: Pädagogische Schriften, besorgt v. A. Reble, Bad Heilbrunn 1995, S. 74-76.

Die Beziehung des Ich zu dem „Es" ist diejenige, die in dem Gegenüber von „Subjekt" und „Objekt" ihre logische Vollendung erreicht. Das Objekt ist dasjenige Seiende, das durch die Methoden des geordneten Denkens „erkannt" und dann auf Grund und nach Anleitung dieser Erkenntnis so „bearbeitet" wird, wie die vom Subjekt gesetzten Zwecke es verlangen. Die Durchführung dieser Zwecke gelingt immer dann am vollkommensten, wenn die Erkenntnis es fertig bringt, die Beschaffenheit und das Verhalten des Objekts in Form von „Gesetzen" zu bestimmen. Denn die Gesetzeserkenntnis gestattet die sichere Vorausberechnung des Effekts, der durch ein bestimmtes Handeln am Objekt herbeigeführt werden wird. So nimmt diese Relation im Handeln der *Technik* ihre Endgestalt an.

Im Gegensatz hierzu ist die Beziehung des Ich zu dem Du die Beziehung zweier Wesen, die einander in grundsätzlicher Gleichberechtigung gegenüberstehen und von denen keines es verträgt, der Gegenseite als „Objekt" der erkennenden Analyse und der zweckgeleiteten Bearbeitung unterworfen zu werden. An Stelle der Objekterkenntnis tritt das „Verstehen", das das Gegenüber in seiner Eigenständigkeit anerkennt und sich in seine Eigenheit „hineinzuversetzen" sich bemüht. An Stelle der Objektbearbeitung tritt der „Umgang", der die Parteien zu wechselseitiger Belebung zusammenführt und aneinander ihr Wesen entwickeln läßt. Er kann sich bis zur „Beeinflussung" steigern, die dem Gegenüber in seiner personalen Entfaltung vorwärtshilft.

Das menschliche Leben würde von vielen Verwirrungen und Erschütterungen bewahrt bleiben, wenn die beiden hier verglichenen Relationen durchweg in ihrer Eigenart respektiert würden und erhalten blieben. Allein so ist es nicht. Eine tief wurzelnde und im Fortgang der Entwicklung immer stärker hervortretende Neigung bringt den Menschen dahin, die Ich-Du-Relation zugunsten der Ich-Es-Relation zum Verkümmern, wohl gar zum Verschwinden zu bringen. Auch das Verhältnis zum menschlichen Mitwesen gilt als das Verhältnis zu einem zu erkennenden und zweckmäßig zu bearbeitenden Objekt. Der Grund für diese Verkehrung ist leicht einzusehen. Im Ausbau der Ich-Es-Relation sind dem Menschen schätzbare Früchte ohne Zahl in den Schoß gefallen; sie hat ihn in den Stand gesetzt, mit ständig wachsender Sicherheit durch sein Handeln den gewünschten Erfolg herbeizuführen. Wie naheliegend ist da das Verlangen, alle Formen des Handelns, also auch die auf den Menschen bezügliche, in die Formen der Subjekt-Objekt-Relation übergeführt zu sehen! So entwickelt sich die „Erkenntnis", die den Menschen nach seiner Beschaffenheit und seinem Verhalten so genau wie möglich, schließlich in Gesetzesform, zu bestimmen bedacht ist, und in ihrem Gefolge auf „Anwendung" dieser Erkenntnis beruhende „Technik" der Menschenbearbeitung. ... Erziehung ... ist nur dann dasjenige, als was sie mit dem Namen bezeichnet wird, wenn sie dem Mitmenschen *um seiner selbst willen* dient. Daher ihre oft hervorgehobene Verwandtschaft mit der Liebe, der gleichfalls nichts ferner liegt, als das Gegenüber in die Stellung des Objekts herabdrücken zu wollen. Daß die Erziehung an dem Verhältnis der unbedingten Gegenseitigkeit ihre Grundlage hat, das bleibt auch dann bestehen, wenn die eine Seite an Alter, Erfahrung, Gewicht, Wissen und Können hinter der anderen weit zurückbleibt. Für den wirklichen Erzieher ist der Zögling von vornherein die potentielle „Person", die zur „Freiheit", zur „Persönlichkeit", zur selbstverantwortlichen Gestaltung des eigenen Daseins emporzuentwickeln das eigentliche Geschäft der Erziehung ausmacht.

3.5.3 Hannah Arendt: Vita activa oder Vom tätigen Leben[4]

In ihrem bedeutenden Werk *Vita activa oder Vom tätigen Leben* (erstmals in englischer Sprache 1958 erschienen) hat die politische Philosophin Hannah Arendt (1906-1975) in aller Breite die neuzeitliche Transformation des Handelns in das Herstellen und die Dominanz der Poiesis über die Praxis dargestellt und kritisch erörtert. Der folgende Textauszug aus diesem Buch bietet sich an, um die Parallelität des Problems in Politik und Pädagogik bewusst zu machen.

Der durchschlagende Erfolg der Umwandlung des Handelns in eine Form des Herstellens ließe sich leicht an der uns selbstverständlich gewordenen Terminologie politischer Theorie und des praktisch-politischen Denkens erweisen. Sie macht es nämlich nahezu unmöglich, über Fragen der Politik auch nur zu sprechen, ohne uns der Zweck-Mittel-Kategorie zu bedienen. Vielleicht noch überzeugender für diesen Tatbestand ist die Einstimmigkeit, mit der uns die volkstümlichen Sprichwörter und Redensarten aller lebendigen Sprachen sagen, daß wer A gesagt hat, auch B sagen müsse, daß der Zweck die Mittel heilige, daß "he who wants an end must also want the means" oder daß "on ne fait pas d'omelette sans casser des oeufs". Vielleicht hat keine Generation vor uns so reichlich Gelegenheit gehabt, sich von den mörderischen Konsequenzen dieser Vorstellungen zu überzeugen, denen zufolge alle Mittel, sofern sie wirksam sind, berechtigt sind, wenn sie nur einem Zweck dienen, der sie zu rechtfertigen imstande ist. Um diesen gefährlichen Gemeinplätzen des Denkens zu entrinnen, genügt es nicht, sie irgendwie einzuschränken, etwa indem man sagt, es gebe eben auch unerlaubte Mittel, oder unter bestimmten Umständen seien die Mittel wichtiger als die Zwecke. Denn diese Einschränkungen setzen entweder die Gültigkeit einer Moral voraus, die, wie die Einschränkungen gerade beweisen, nicht vorausgesetzt werden kann; oder sie scheitern an der Sprache und dem metaphorischen Gehalt der Worte, deren sie sich bedienen. Denn zu behaupten, es gäbe Zwecke, die nicht alle Mittel, die ihnen dienen, rechtfertigen, heißt in Paradoxen reden, weil man einen Zweck ja nicht anders als in Bezug auf die Mittel, deren Rechtfertigung er ist, definieren kann. Und Paradoxe, wiewohl sie immer darauf hindeuten, daß ein Denken in ernste Schwierigkeiten geraten ist, sind keine Lösungen und überzeugen schließlich niemand. Solange wir uns einbilden, daß wir im Politischen uns im Sinne der Zweck-Mittel-Kategorie bewegen, werden wir schwerlich imstande sein, irgendjemand davon abzuhalten, jedes Mittel zu benutzen, um anerkannte Zwecke zu verfolgen.

Die Hoffnung, Handeln durch Herstellen ersetzen zu können, und die ihr innewohnende Degradierung der Politik zu einem Mittel für die Erreichung eines höheren, jenseits des Politischen gelegenen Zweckes – im Altertum des Schutzes der Guten vor der Herrschaft der Schlechten im Allgemeinen und des Schutzes des Philosophen vor der Herrschaft des Mob im Speziellen, im Mittelalter des Seelenheils, in der Neuzeit der Produktivität und des Fortschritts der Gesellschaft – sind so alt wie die Tra-

4 Hannah Arendt: Vita activa oder Vom tätigen Leben, dt. Stuttgart 1960, S. 223-225.

dition politischen Denkens. Zwar hat die Neuzeit erstmalig den Menschen primär als Homo faber, als einen Werkzeugmacher und Hersteller von Gegenständen, definiert und hat so den gesamten Bereich des fabrizierenden Produzierens von dem tiefen Mißtrauen und der ausgesprochenen Verachtung befreit, die seit dem Altertum auf ihm gelegen und gelastet hatten. Aber hinter solchen, klar zutage liegenden Tatbeständen verbirgt sich die andere, kaum weniger wirksame Tatsache, daß die gleiche Überlieferung, ungeachtet ihrer zur Schau getragenen Verachtung, in Wahrheit das Herstellen immer noch dem Handeln vorgezogen und so die politische Philosophie in die Bahnen gewisser, schließlich zu Selbstverständlichkeiten erstarrten, Begriffs- und Gedankengänge gezwungen hatte, die nun erst in der Neuzeit voll wirksam wurden. In dieser Hinsicht hat die Neuzeit die Tradition nicht nur nicht umgekehrt, sie hat sie sogar von den „Vorurteilen" befreit, die, aus einer älteren Schicht kommend, sie immerhin daran gehindert hatten, offen auszusprechen, daß das Tun eines schlichten Handwerkers mehr wert ist als die „beliebigen" Meinungen, das „Gerede" und die „müßige Betriebsamkeit" derer, die sich um öffentliche Angelegenheiten kümmern, nämlich um Dinge, die sie nichts angehen. Es scheint ein Widerspruch darin zu liegen, daß Plato und in geringerem Maße auch Aristoteles, wiewohl sie sich darüber einig waren, daß man Handwerkern noch nicht einmal das Bürgerrecht geben soll, gleichzeitig vorschlugen, alle öffentlich-politischen Angelegenheiten so zu ordnen, daß sie denselben Kriterien unterstellt werden können, welche für die herstellenden Künste gültig sind. Aber dieser Widerspruch zeigt nur an, wie schwerwiegend und scheinbar unlösbar die Problematik des Handelns ist, und wie groß daher die Versuchung, die ihm eigenen Risiken und Gefahren dadurch zu beseitigen, daß man das allzu zerbrechliche Bezugsgewebe, in dem die Angelegenheiten der Menschen untereinander sich verstricken, durch die so viel verläßlicheren und solideren Tätigkeiten, mit denen wir der Natur entgegentreten und die Welt der Dinge errichten, stützt und verstärkt, bis es zerreißt.

3.6 FRAGEN ZU DEN WEITERFÜHRENDEN TEXTEN

(g) Warum erscheint Benner für die Pädagogik nur das Modell handlungstheoretischer Orientierung im Primat der Praxis tauglich?
(f) Worauf gründet sich Litts Ablehnung des technologischen Modells für die Pädagogik?
(i) Welche Parallele zwischen Pädagogik und Politik zeigt Hannah Arendt auf?

3.7 SCHLUSSFOLGERUNG

Friedrich Daniel Ernst Schleiermacher, der im nachfolgenden Kapitel dieses Buches im Mittelpunkt stehen wird, hat zu Recht darauf hingewiesen, dass die erzieherische Praxis älter ist als die pädagogische Theorie und dass ihr eine eigene, von der Theorie unabhängige Dignität zukommt, ähnlich wie es beim Verhältnis von

Musik und Musikwissenschaft, Literatur und Literaturwissenschaft der Fall ist. Unbeschadet der Tatsache, dass das Nachdenken über Erziehung und damit die pädagogische Theorie den Ursprung bereits in der griechischen Antike hat, entstand das gesellschaftliche Bedürfnis nach einer wissenschaftlichen Theorie der Erziehung erst im Gefolge der Französischen Revolution, genauer: mit der Auswanderung der Erziehung aus Haus und Familie und ihrem Heimischwerden in öffentlichen Erziehungsinstitutionen – im 19. Jahrhundert v.a. in der Schule (das 19. Jahrhundert als das „Jahrhundert der Schule"), im 20. Jahrhundert darüber hinaus in sozialpädagogischen Einrichtungen (das 20. Jahrhundert als das „Sozialpädagogische Jahrhundert"). Im 19. Jahrhundert ging es um die Frage nach einer Berufswissenschaft für den neu entstehenden Lehrerstand, im 20. Jahrhundert weitete sich das Problem zu der Diskussion über eine mögliche Professionalisierung der gesamten Erziehung aus. In beiden Fällen rückte notwendigerweise die Frage nach dem Nutzen der pädagogischen Theorie für die erzieherische Praxis in den Vordergrund. Denn konnte die häuslich-familiäre Erziehung dem Zufall, der Sympathie und der Elternliebe überlassen werden und konnte sie auf einem tradierten Umgangswissen beruhen, verlangte der Lehrerstand nach einem „Berufswissen" und die Kunst des ausgelernten Erziehers nach einem wissenschaftlichen Wissen.

Zur Lösung dieses Problems haben sich vier Modelle angeboten, die bis heute zur Verfügung stehen (und nicht mit den vier Herbartschen verwechselt werden dürfen). Der Begriff *Modelle* macht deutlich, dass keines von ihnen jemals vollständig dem konkreten erzieherischen Tun entsprechen dürfte (und auch nicht umgekehrt); wohl aber erweisen sie sich als nützlich, die Problematik erkennbar und durchschaubarer zu machen.

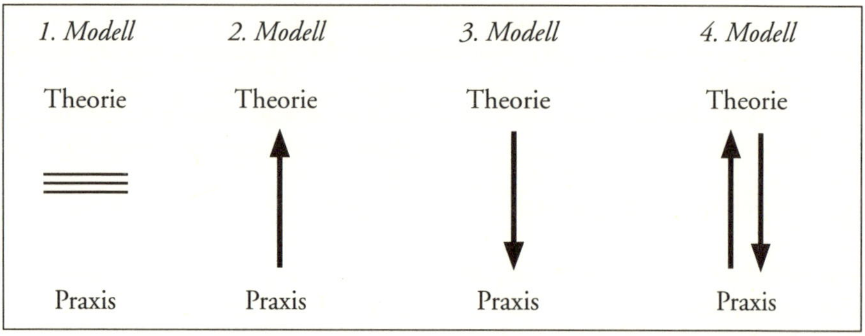

Gemäß dem *ersten Modell* stehen Theorie und Praxis getrennt und beziehungslos nebeneinander. So wie die Selbstbeschränkung der Praktiker und ihre Theorieabstinenz in den von Herbart kritisierten praktischen Zirkel führt, dessen „bloße" Praxis den Schlendrian hervorbringt, gibt es auch eine Selbstgenügsamkeit der Theoretiker, die sich in einen Elfenbeinturm einschließen und aus ihrer distanzierten Beobachterperspektive jede Berührung mit der Praxis verlieren oder sogar bewusst ablehnen. Reine Theorie bleibt aber genauso unfruchtbar, wie bloße Praxis zu unbedachtem Tun verleitet, das dann oft kein Agieren, sondern nur ein Reagieren darstellt. Im *zweiten Modell* erhebt sich die theoretische Reflexion aus dem praktischen Zirkel heraus, kehrt aber nicht orientierend und maßgebend in die Praxis zurück. Ähnlich dem ersten Modell bricht eine Kluft auf zwischen einer wissenschaftlichen Forschung um der reinen Forschung willen („*l'art pour l'art*") und einer dem Alltagsverstand oder einem beliebigen Dezisionismus (willkürliche Wahlfreiheit) überlassenen Praxis. Im *dritten Modell* konvergieren eine technologische Vorstellung von Erziehung und eine ideologische Auffassung von Pädagogik. Beide bedingen einander. Auf der einen Seite diktiert die Ideologie – sei es eine politische, eine religiöse oder eine ökonomische – die Ziele; auf der anderen Seite stellt eine erziehungswissenschaftliche und auf der (im prinzipiell unerreichbaren Idealfall lückenlosen) empirischen Erforschung von Ursache-Wirkungs-Zusammenhängen beruhende Technologie die Mittel, Wege und Methoden bereit, um diese vorgegebenen Ziele auf effektivste Weise und unter möglicher Ausschaltung des Zufalls zu erreichen. Die freie Wahl und Entscheidung des Zöglings wird dann zum „subjektiven Störfaktor", und an die Stelle einer Auffassung der Erziehung als „Versuche" tritt die anonyme „Versuchsperson".

Das *vierte Modell* schließt an die jahrtausendalte akademische Tradition des Abendlandes an, wo die Vorbereitung auf akademische Berufe – traditionell des Richters, Priesters und Arztes in den klassischen Fakultäten Jurisprudenz, Theologie und Medizin – gerade darin gesehen wurde, die spezifische Kompetenz einer Vermittlung von wissenschaftlicher Theorie und konkreter Praxis zu erlernen. Dabei steht diesem handlungsleitenden Modell das unaufhebbare Paradox entgegen, dass die Theorie stets zu allgemein ist und für alle Fälle (sprichwörtlich „auf alle Fälle") gelten soll, während der konkrete Einzelfall viel zu besonders und zudem viel zu wenig vorhersehbar ist, als dass ihn die Theorie schon vorwegnehmen könnte. Gleichwohl hat Herbart recht, dass im Handeln die Kunst nur der lernt, der vorher im Denken die Wissenschaft gelernt hat, welche ihm die allgemeinen Prinzipien und Kriterien anbieten muss, die ihm eine Beurteilung des besonderen Einzelfalles ermöglichen. Herbart hat für diese Vermittlungsaufgabe den Begriff „Takt" eingeführt; im Anschluss an Immanuel Kant hat sich die Rede von der „Urteilskraft" herausgebildet. Wilhelm Flitner hat sie inbegrifflich als „*réflexion engagée*" gefasst bzw. als Denken „am Standort der Verantwortung".

3.8 WEITERFÜHRENDE LITERATUR

Daniel Burghardt/ Dominik Krinninger/ Sabine Seichter (Hrsg.): Pädagogischer Takt. Theorie – Empirie – Kultur, Paderborn 2015.

Dietrich Benner: Allgemeine Pädagogik. Eine systematisch-problemgeschichtliche Einführung in die Grundstruktur pädagogischen Denkens und Handelns, Weinheim ^{7}2012.

Winfried Böhm: Theorie und Praxis. Eine Erörterung des pädagogischen Grundproblems, Würzburg ^{3}2011.

Alfred Langewand: Theorie und Praxis, in: D. Benner/ J. Oelkers (Hrsg.): Historisches Wörterbuch der Pädagogik, Weinheim 2004, Nachdruck 2010, S. 1016-1030.

Birgitta Fuchs/ Christian Schönherr (Hrsg.): Urteilskraft und Pädagogik. Beiträge zu einer pädagogischen Handlungstheorie, Würzburg 2007.

VIERTES KAPITEL

Friedrich Daniel Ernst Schleiermacher

oder: In welchem Maße ist Erziehung planbar und machbar?

4.1 ZUM EINSTIEG

Friedrich Daniel Ernst Schleiermacher (1768-1834), als Pastorensohn in Breslau geboren, in der Herrnhuter Brüdergemeine streng pietistisch erzogen, nach einem aufgeklärten Theologiestudium an der Universität Halle und nach dreijähriger Hauslehrertätigkeit als Prediger an die Charité berufen, ging persönlich in der Berliner Szene der Romantik und in dem intellektuell-gesellschaftlichen Leben der „Salons" auf; wissenschaftlich hat er, ganz abgesehen von der bis heute gültigen Übersetzung des gesamten Platon ins Deutsche, ein imposantes Œuvre vorgelegt, das sowohl von seiner Breite wie von seiner Tiefe her beeindruckt. Sein theologisches Hauptwerk *Der christliche Glaube* lässt sich mit der *Summa Theologica* des Thomas von Aquin vergleichen und stellt eines der Hauptwerke protestantischer Theologie dar. Als Theologe und Philosoph blickte er weit über diese beiden Disziplinen hinaus, schrieb und lehrte über Ethik, Psychologie, Politik, Ästhetik und Pädagogik, begründete die moderne Hermeneutik und beteiligte sich aktiv sowohl an der Kirchenpolitik als auch an der Bildungspolitik, so zum Beispiel auch an der Gründung der Berliner Universität, deren erster Dekan ihrer Theologischen Fakultät er 1810 wurde.

4.2 ZUR EINFÜHRUNG

Schleiermacher, neben Herbart unzweifelhaft einer der Gründungsväter der Pädagogik als Wissenschaft, und zwar – wie jener – nicht nur in Deutschland, sondern auch international gesehen, hat sich – anders als Herbart und anders als seine Zeitgenossen Kant, Schelling oder Hegel – nicht so sehr um einen umfassenden Systementwurf bemüht. Von Grund auf geschichtlich denkend, ist für Schleiermacher Wissen stets im Wandel begriffen, grundsätzlich unabschließbar und in der dialogischen Auseinandersetzung immer neu zu konstruieren. Dabei erkennt Schleiermacher im Hinblick auf die Wissenschaft der originalen Entdeckung und der genialen Einsicht einen weit geringeren Raum zu als der kritischen Aneignung und Auseinandersetzung mit der Tradition.

Michael Winkler hat vor allem Schleiermachers Begabung zur „kleinen Denkform“, also zum Aphorismus, zum Fragment und zum Epigramm hervorgehoben und diese Eigenart seines Denkens an einem zentralen Satz verdeutlicht, der für ihn den ganzen Umriss von Schleiermachers pädagogischen Vorlesungen enthält:

„Die Erziehung setzt den Menschen in die Welt,
insofern sie Welt in ihn hineinsetzt; und sie macht ihn die Welt gestalten,
insofern sie ihn durch die Welt läßt gestaltet werden.“[1]

Während seiner Berliner Lehrtätigkeit hielt Schleiermacher dreimal Vorlesungen über Pädagogik: in den Wintersemestern 1813/14 sowie 1820/21 und im Sommersemester 1826. Diese als „Grundzüge der Erziehungskunst“ angekündigte Veranstaltung war mit 121 Hörern (darunter auch Friedrich Adolph Wilhelm Diesterweg) für damalige Verhältnisse außerordentlich gut besucht.

Bezeichnenderweise liegen uns Schleiermachers pädagogische Vorlesungen von 1826 nicht im Manuskript vor, sondern sie sind uns nur in Nachschriften seiner Hörer verfügbar. Gerade dadurch aber lassen sie seine immer wieder hochgerühmte Vortragskunst und die dialektische Entwicklung seines Denkens erkennen. Dialektik ist dabei für Schleiermacher nicht (nur) eine Form oder Methode des Denkens, sondern sie gründet für ihn in der ontologischen Struktur einer Welt, in der uns die zugängliche Wirklichkeit immer nur in Gegensätzen fassbar wird. Und dieser gegensätzlichen – man könnte auch sagen: polaren – Struktur der Wirklichkeit kann nur ein Denken gerecht werden, das dieser Gegensätzlichkeit Rechnung trägt, insofern sich jeder Gegensatz „aus zwei einander feindselig anmutenden und doch notwendig aufeinander angewiesenen Polen zusammensetzt“[2]. Mit dem Aufweis dieses grundsätzlich polaren bzw. gegensätzlichen Charakters aller pädagogischen Probleme und erzieherischen Handlungen hat Schleiermacher eine überaus erhellende Einsicht in die Dialektik des Projekts Erziehung vermittelt, eine Einsicht, die Johannes Schurr zu der These veranlasst hat, Schleiermacher habe „mit einer bisher nicht mehr erreichten Schärfe das pädagogische Problem in seiner Wurzel aufgefaßt und erkannt“[3]. Von der Perspektive dieser konstitutiven Polarität her stellt sich unumgehbar die zentrale Frage nach der Planbarkeit und Machbarkeit der Erziehung, und die folgenden Texte wollen diese Thematik einerseits in ihrer Grundsätzlichkeit sichtbar machen und zugleich andererseits Anregungen zu ihrer Beantwortung geben.

1 Friedrich Daniel Ernst Schleiermacher: Texte zur Pädagogik. Kommentierte Studienausgabe, hrsg. v. M. Winkler u. J. Brachmann, Bd. 1, Frankfurt a.M. 2000, S. 209.

2 Birgitta Fuchs: Schleiermachers dialektische Grundlegung der Pädagogik, Bad Heilbrunn 1998, S. 7.

3 Johannes Schurr: Schleiermachers Theorie der Erziehung, Düsseldorf 1975, S. 376.

4.3 TEXT VON SCHLEIERMACHER

Die folgenden Ausführungen, in denen Schleiermacher die allgemeinen Grundlagen seiner Erziehungstheorie erläutert, entstammen den Nachschriften seiner Pädagogischen Vorlesungen von 1826.

4.3.1 Friedrich Daniel Ernst Schleiermacher: Grundzüge der Erziehungskunst[4]

Der Mensch ist ein Wesen, welches den hinreichenden Grund seiner Entwicklung vom Anfange des Lebens an bis zum Punkt der Vollendung in sich selbst trägt. Das liegt schon im Begriffe des Lebens, vornehmlich in dem des geistigen, intellektuellen. Wo ein solcher innerer Grund nicht ist, da ist auch keine Veränderung des Subjekts, oder nur Veränderung mechanischer Art. Darin liegt aber nicht, daß die Veränderungen eines lebendigen Wesens nicht dürfen mitbestimmt und modifiziert sein durch Einwirkungen von außen; vielmehr ist eben dieses das Wesentliche im Begriff der Gemeinschaft, oder wollen wir höher hinaufsteigen, im Begriff der Welt. Der Begriff der Gemeinschaft ist kein anderer als der der Gattung; und bildet nun die Summe aller einzelnen Menschen die menschliche Gattung, so wird die Entwicklung der einzelnen bedingt sein durch die gemeinsame Natur, die sie zur Gattung macht, und durch ihre gegenseitige Einwirkung; denn ohne das gibt es eben kein menschliches Geschlecht, keine menschliche Gattung. Nun aber kann das Verhältnis zwischen dem inneren Entwicklungsprinzip und den äußeren Einwirkungen unendlich verschieden gedacht werden; jedes kann Maximum und Minimum sein; und je geringer man das anschlägt, was von den Einwirkungen anderer ausgeht, desto weniger muß angemessen erscheinen, es als Kunstlehre zu betrachten und eine Theorie dafür aufzustellen. Wie aber liegt die Sache? Ist die Einwirkung der älteren Generation auf die jüngere ein solches Minimum, daß es gar nicht der Mühe lohnt, sie als Kunst zu fassen? Das ist die erste Präliminarfrage. Offenbar gibt es zwei Wege, sie zu beantworten; der eine ist der geschichtliche, der andere der a priori, rein aus dem Begriff. Der letzte würde uns aber zu weit zurückführen, wollten wir die rechten Anknüpfungspunkte finden; wir halten uns also hier lieber an den geschichtlichen und entscheiden die Frage aus der Erfahrung. Nun finden wir schon früh sehr ausgebildete Gemeinwesen, in welchen die ältere Generation sehr bestimmt auf die jüngere einwirkte, nur daß keine Theorie darüber aufgestellt wurde. Wir wollen auf zwei Völker zurücksehen, die uns sehr nahe stehen, das eine in religiöser, das andere in wissenschaftlicher Hinsicht, auf das jüdische, innerhalb dessen das Christentum entstanden ist, auf das griechische, auf dessen Kultur die unsrige gebaut ist. ... Großes Gewicht ... wurde bei diesen Völkern auf die äußeren Einwirkungen gelegt, und wenn die Theorie auch erst später entstand, so fehlte der erziehenden

4 Friedrich Daniel Ernst Schleiermacher: Texte zur Pädagogik. Kommentierte Studienausgabe, hrsg. v. M. Winkler u. J. Brachmann, Bd. 2, Frankfurt a.M. 2000, S. 10f., S. 37-39 u. S. 118.

Tätigkeit doch nicht der Charakter der Kunst. Ist doch überhaupt auf jedem Gebiete, das Kunst heißt im engeren Sinne, die Praxis viel älter als die Theorie, so daß man nicht einmal sagen kann, die Praxis bekomme ihren bestimmten Charakter erst mit der Theorie. Die Dignität der Praxis ist unabhängig von der Theorie; die Praxis wird nur mit der Theorie eine bewußtere. ...

Wenn wir den Menschen in seiner persönlichen Vollkommenheit betrachten am Ende der Erziehung, so muß jeder einzelne in dem Ganzen durch eine eigentümliche Bestimmtheit sich von allen anderen, wenn auch nur graduell unterscheiden, so daß der Grad, in welchem er persönlich eigentümlich ausgebildet ist, zugleich das Maß für die Vollkommenheit seiner Entwicklung überhaupt ist; so wie auch die größere oder geringere seltener oder häufiger hervortretende Eigentümlichkeit der einzelnen in einem Volke den Maßstab für die Bildungsstufe des Volkes gibt. Wenn die persönliche Eigentümlichkeit in einem Volke noch zurücktritt, so steht dasselbe auch auf einer untergeordneten Stufe der Entwicklung. Dies gilt auch von den einzelnen Abteilungen des Volkes. Von dem hier aufgestellten Gesichtspunkt aus werden wir sagen müssen: Das Ende der Erziehung ist die Darstellung einer persönlichen Eigentümlichkeit des einzelnen. Wir haben aber nun dieses mit dem, was wir zuerst als Endpunkt der Erziehung fanden, zu vereinigen. Vermöge des ersten sagen wir: Die Erziehung soll den einzelnen ausbilden in der Ähnlichkeit mit dem größeren moralischen Ganzen, dem er angehört. Der Staat empfängt aus den Händen der Erzieher die einzelnen als ihm analog gebildet, so daß sie in das Gesamtleben als in ihr eigenes eintreten können. Vermöge des anderen sagen wir: Die Erziehung empfängt schon den einzelnen in dieser dem Staate homogenen Bildung, und soll in demselben ein eigentümlich ausgebildetes Einzelwesen darstellen. So gestellt wird niemand zwischen beiden einen Widerspruch finden. Die Volkstümlichkeit ist zwar als Anlage gegeben, die sich von selbst entwickelt, aber nicht so, daß die Einwirkung durch Erziehung überflüssig wäre; die persönliche Eigentümlichkeit aber kann keineswegs willkürlich aufgepropft werden, sondern man kann nur den Indizien, welche allmählich sich manifestieren, nachgehen. So teilt sich das Geschäft der Erziehung in die mehr universelle und die mehr individuelle Seite. Wie diese beiden Aufgaben der Erziehung sich zu einander verhalten, ob sie gleich seien, oder die eine der anderen überzuordnen, dazu haben wir nicht alle Data der Entscheidung. ... Bedenken wir dagegen, wie viele Menschen eines Volkes überwiegend nur als Masse erscheinen ohne Eigentümlichkeit, so sieht man, wie der menschlichen Trägheit durch die Erziehung muß entgegengewirkt und der Herausbildung der Eigentümlichkeit zu Hilfe gekommen, dem Übergewicht des Homogenen durch Erregung des Individuellen das Gleichgewicht gehalten werden. Auf der anderen Seite ließe sich folgendes sagen: Weil die persönliche Eigentümlichkeit nicht willkürlich kann eingepflanzt werden, und sehr schwer und spät erkannt wird, so würde es vergeblich sein, die Erziehung darauf zu richten; man müsse nur negativ wirken, daß der Natur kein Hindernis in den Weg gelegt werde; der Natur sei demnach freier Lauf zu lassen. Dagegen vertrage die Erziehung für die Gemeinschaft eine große Menge von Tätigkeiten und Resultate von Tätigkeiten, so daß eine positive Unterstützung von seiten der Erziehung sehr notwendig werde, wenn dieses alles solle geleistet werden. In jedem dieser Gesichtspunkte liegt etwas Wahres, und wir werden nach der jetzigen Lage der Sache weder das eine noch das andere verwerfen können; wir müssen entweder beides kombinieren, oder teilen und sagen, das eine wird richtig sein für einige Gegenstände der Erziehung, das andere für andere. ...

Also Gesinnung und Fertigkeit, beides in seinem ganzen Umfange gedacht, begreifen alle Forderungen, die das Leben an den Zögling, wenn er aus dem Gebiete der Erziehung heraustritt, machen kann; und die unterstützende entwickelnde Tätigkeit hat nur Gesinnung und Fertigkeit zu ihrem Gegenstande, aber so, daß jene nur geweckt und unterstützt werden kann unter der Form der freien Lebenseinwirkungen, diese nur ausgebildet und zur Vollkommenheit gebracht werden können unter der Form des methodischen technischen Verfahrens. Der Gegensatz zwischen dem Gebiete der freien Einwirkungen und dem des methodischen technischen Verfahrens ist ein relativer.

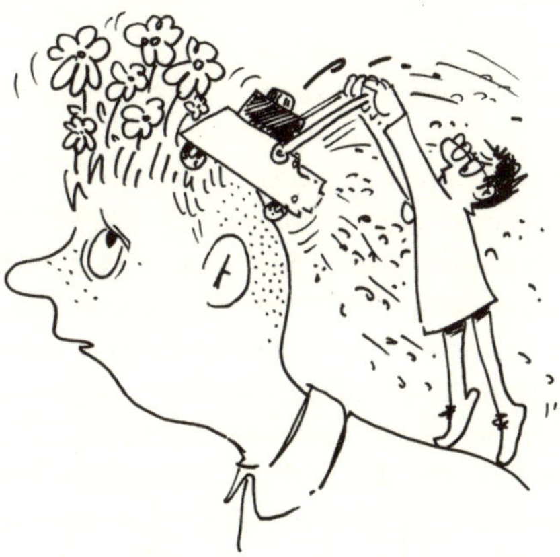

4.4 FRAGEN ZUM TEXT

Um Ihr Verständnis des Textes zu vertiefen, empfehlen wir Ihnen die Beantwortung folgender Fragen:

(a) Schleiermacher spricht im Hinblick auf die Erziehung von einem „inneren Entwicklungsprinzip" und „äußeren Einwirkungen". Wie kann nach Schleiermacher dieses Spannungsverhältnis gedacht werden?

(b) Was versteht Schleiermacher unter der „persönlichen Eigentümlichkeit" des einzelnen als Ziel von Erziehung?

(c) Was meint Schleiermacher mit der Aussage, die Erziehung solle „den einzelnen ausbilden in der Ähnlichkeit mit dem größeren moralischen Ganzen, dem er angehört"?

(d) Würde man den Menschen nicht auch zur „Eigentümlichkeit" erziehen, wie würde dann wohl die Gesellschaft aussehen?

4.5 WEITERFÜHRENDE TEXTE

In den folgenden Texten werden die Gedanken Friedrich Daniel Ernst Schleiermachers weitergeführt. Dabei geht es vor allem um seine Grundeinsicht in die gegensätzliche Struktur pädagogischen Denkens und erzieherischen Handelns, besonders die Polarität zwischen dem inneren Entwicklungsprinzip (der individuellen „Natur") und den äußeren Einwirkungen (der gesellschaftlichen Bedingtheit des Menschen). Die beiden ersten Texte kontrastieren darin, dass sie die beiden Pole anders gewichten. Die drei übrigen Texte wollen (innerhalb des Zusammenhangs von Planung und Machbarkeit) Konsequenzen für Pädagogik und Erziehung aufzeigen, die sich theoretisch und praktisch aus dieser polaren Architektur ergeben. Die Texte stammen von Autoren, die sich an unterschiedlichen Disziplinen (Philosophie, Biologie, Soziologie, Bildungsökonomie) orientieren, so dass sie auch zu einem interdisziplinären Gespräch einladen.

4.5.1 Emile Durkheim: Erziehung als planmäßige Sozialisation[5]

In dem folgenden Text von Emile Durkheim (1858-1917), der als Begründer und Übervater der französischen Pädagogik gelten kann, wird die Erziehung ausdrücklich als *planmäßige Sozialisation* verstanden und die Polarität von Individuum und Gesellschaft stark nach der Gesellschaft hin umgewichtet. Das liegt zum einen methodisch daran, dass Durkheim nicht wie Schleiermacher das Phänomen Erziehung als solches analysiert, sondern die Erziehung in positivistischem Sinne als eine „gesellschaftliche Tatsache" (*fait social*) in den Blick nimmt; zum anderen inhaltlich daran, dass er das „natürliche Sein" des Menschen als egoistisch und asozial betrachtet, so dass es zur Aufgabe der Erziehung wird, dem Menschen ein zweites, nämlich ein „soziales Sein" hinzuzufügen. Sittlichkeit und Moral entspringen für Durkheim nicht dem individuellen Gewissen, sondern dem Kollektivbewusstsein (*conscience collective*).

Erziehung ist die Einwirkung, welche die Erwachsenengeneration auf jene ausübt, die für das soziale Leben noch nicht reif sind. Ihr Ziel ist es, im Kinde gewisse physische, intellektuelle und sittliche Zustände zu schaffen und zu entwickeln, die sowohl die politische Gesellschaft in ihrer Einheit als auch das spezielle Milieu, zu dem es in besonderer Weise bestimmt ist, von ihm verlangen. ...
Aus der vorangegangenen Definition folgt, daß Erziehung in einer planmäßigen Sozialisation der jungen Generation besteht. In jedem von uns, so kann gesagt werden, existieren zwei Seinsweisen, die, obgleich sie gedanklich unterschieden werden können, sich nicht voneinander trennen lassen. Das eine Sein wird aus allen geistigen Zuständen gebildet, die sich nur auf uns selbst und auf die Ereignisse unseres persönlichen Lebens beziehen: dies könnte das individuelle Sein genannt werden. Die

5 Emile Durkheim: Erziehung und Soziologie, Düsseldorf 1972, S. 30f. u. S. 37.

andere Seinsweise ist ein System von Ideen, Gefühlen und Gewohnheiten, die nicht unsere Persönlichkeit ausdrücken, sondern die Gruppe oder verschiedene Gruppen, denen wir angehören. Dies sind religiöse Überzeugungen, sittliche Grundsätze und Praktiken, nationale und berufliche Traditionen, kollektive Meinungen jeglicher Art. Ihre Gesamtheit bildet das soziale Sein. Dieses Sein in jedem von uns zu schaffen, ist das Ziel der Erziehung.

Darüber hinaus wird hier am besten die Bedeutung ihrer Rolle und die Fruchtbarkeit ihres Handelns aufgezeigt. Beachtet werden muß, daß nicht nur dieses voll ausgebildete soziale Sein in der primitiven Konstitution des Menschen nicht vorhanden ist, sondern daß es sich aus ihr auch nicht spontan entwickelt hat. Spontan war der Mensch nicht geneigt, sich einer politischen Autorität zu unterwerfen, eine moralische Disziplin anzuerkennen, sich hinzugeben und sich aufzuopfern. Es gab nichts in unserer angeborenen Natur, das uns notwendigerweise vordisponiert hätte, Diener von Gottheiten, symbolischen Emblemen der Gesellschaft, zu werden, ihnen Verehrung entgegenzubringen, uns selbst zu berauben, um ihnen die Ehre zu geben. Es ist die Gesellschaft selbst, die in dem Maße, in dem sie sich formte und festigte, aus sich selbst jene großen moralischen Kräfte gezogen hat, in deren Angesicht der Mensch seine Unterlegenheit spürte.

Läßt man aber nun die vagen und unbestimmten Tendenzen beiseite, die der Erbmasse zugeschrieben werden können, so bringt das Kind bei Eintritt ins Leben nur seine individuale Natur mit. Die Gesellschaft findet sich also selbst mit jeder neuen Generation im Angesicht einer »tabula rasa«, auf der sie aufbauen muß. Zu dem eben geborenen egoistischen und asozialen Sein muß sie so schnell wie möglich ein anderes Sein hinzufügen, welches fähig ist, ein sittliches und soziales Leben zu führen. Dies ist das Werk der Erziehung. Darin kann man ihre große Bedeutung ermessen. Sie ist nicht begrenzt auf die Entwicklung des individuellen Organismus in die durch die Natur angegebene Richtung und nicht begrenzt darauf, die verborgenen Möglichkeiten, die nur offenbart werden müssen, ans Licht zu bringen. Sie schafft im Menschen ein neues Sein. ... Der Antagonismus, der allzu oft zwischen Individuum und Gesellschaft angenommen wurde, entspricht demnach nicht den Tatsachen. Diese beiden Begriffe sind weit davon entfernt, in Opposition zueinander zu stehen, weit davon entfernt, daß ein jeder sich nur auf Kosten des andern entwickeln könne, sie schließen sich vielmehr gegenseitig ein. Indem das Individuum die Gesellschaft will, will es sich selbst. Der Einfluß, den die Gesellschaft vor allem durch Erziehung auf es ausübt, hat keineswegs zum Ziel oder zur Folge, es zu unterdrücken, es zu verringern, es zu denaturieren, sondern im Gegenteil, es wachsen zu lassen und ein wirklich menschliches Wesen aus ihm zu machen. Zweifelsohne kann es demnach nur wachsen, indem es sich anstrengt. Aber gerade die Fähigkeit, willentlich Anstrengung hervorzubringen, gehört zu den wesentlichsten Eigenschaften des Menschen.

4.5.2 Maria Montessori: Die Erziehung und das Kind[6]

Die stark von Lamarck und Haeckel beeinflusste italienische Anthropologin Maria Montessori (1870-1952) verlagert aufgrund ihres evolutionsbiologischen Denkens die Gewichte entgegengesetzt zu Durkheim. Sie weist der kindlichen Individualität eindeutig den Vorrang vor dem Einfluss der Erwachsenengesellschaft zu. Schon in ihren lange vor der Eröffnung des ersten Kinderhauses (1907) an der Universität Rom gehaltenen Vorlesungen über Pädagogische Anthropologie[7] hatte sie im denkbar schärfsten Gegensatz zu Emile Durkheim erklärt, die Erziehung könne die kindliche Entwicklung zwar vervollkommnen und lenken, aber das Individuum, so wie es von der Natur geschaffen ist, nicht verändern.

Es ist ... weder die Erziehung noch die Methode und auch nicht das Erziehungssystem, welche unsere Aufmerksamkeit verdienen, sondern allein »das Kind«. Dieses verschwindet als Person fast völlig hinter »der Erziehung«, und das nicht nur in der Schule, sondern überall dort, wo das Wort Erziehung Einzug hält, also im Haus, in der Familie, bei den Eltern und bei allen Erwachsenen, denen eine gewisse Sorge und Verantwortung für Kinder übertragen ist. Etwas zugespitzt könnte man sagen, dass in ihrem Bewusstsein die Erziehung an die Stelle des Kindes getreten ist.

Wenn ich von Erziehung rede, meine ich damit jede Form der Beeinflussung, und ich will dabei gar keinen Unterschied machen zwischen einer liebevollen und einer harten Behandlung des Kindes, denn solche Unterscheidungen bewegen sich innerhalb des Begriffsrahmens »Erziehung«, und sie bezeichnen nur unterschiedliche Formen von ihr. Mein Konzept ist dagegen viel einfacher als jenes gewaltige Gebäude, in dem man verschiedene Methoden, unterschiedliche philosophische Grundsätze und andersartige Erziehungspraktiken miteinander vergleicht.
Ich möchte mich von alledem lösen und auf diese Weise die Frage sehr vereinfachen. Ich möchte in den Mittelpunkt das Kind stellen, wie es sich rein und schlicht selbst darbietet.
Ohne Zweifel haben wir unbewusst jenen menschlichen Kern vergewaltigt, der so rein und voller Energie hervorspriesst. Wir haben uns ihm gleichsam übergestülpt und gestehen ihm sein Bedürfnis nach geistiger Ausdehnung nicht zu. Die Seele des Kindes ist dadurch fast vollständig verborgen und von dem unbewussten Egoismus der Erwachsenen überschattet geblieben. Es mag eine nicht gerne gehörte Feststellung sein, aber man könnte durchaus sagen, dass der Erwachsene nur allzu oft ein Hindernis statt eine Hilfe für die Entwicklung des Kindes darstellt. Was man am schwersten eingestehen will, ist die Tatsache, dass es mitunter gerade die übertriebene Sorge für das Kind ist, die es daran hindert, seine eigenen Kräfte zu erproben

---

6 Maria Montessori: L'educazione e il bambino, in: L'Idea Montessori, 1 (1927) 1-2, S. 11. Aus dem Italienischen übersetzt v. W. Böhm.

7 In deutscher Sprache bisher nur als Diss.-Druck erschienen. Angelika Hanisch: Maria Montessoris *Antropologia Pedagogica*. Übers. u. Kommentar, Diss. Bayreuth 2012.

und seine eigene Persönlichkeit zu entfalten. Wer sich aber in diese Frage vertieft, wird rasch verstehen, wo das wirkliche Problem sitzt. Dem Kind darf dabei geholfen werden, selber zu handeln und sich auszudrücken, aber niemals darf der Erwachsene »an seiner Statt handeln«, außer es besteht dazu eine absolute Notwendigkeit. Jedesmal, wenn der Erwachsene dem Kind ohne Notwendigkeit hilft, behindert er dessen Entfaltung, und als Folge dieses Irrtums, der auf den ersten Blick doch so gering und unbedeutend erscheint, bremst er in irgendeiner Weise die kindliche Entwicklung oder lenkt sie in eine falsche Bahn. Das geschieht, wenn wir in der allerbesten Absicht und mit dem ehrlichsten Willen ihm zu helfen, das Kind anziehen, es waschen, es mit Gewalt auf den Stuhl setzen, es füttern, es in jenen Käfig sperren, den wir Kinderbett nennen, usw. usw. Und wenn es älter wird, wiederholen wir dem älteren Kind gegenüber dieselben Fehler. Weil wir annehmen, es könnte ohne Hilfe nichts lernen, füttern wir es nun mit intellektueller Kost, sperren es in enge Schulbänke, strengen uns an, seine moralischen Fehler auszumerzen, und brechen seinen Willen; dabei sind wir überzeugt, dass wir das alles nur zum Wohle des Kindes tun.
Eine solche Sicht der Erziehung rührt aus einem instinktiven Hochmut, über den wir uns immer mehr verwundern, je tiefer wir jenes Phänomen begreifen, das so große Auswirkungen auf das individuelle und soziale Leben hat.
Auf der einen Seite glauben wir, alles für das Kind tun zu müssen, und wenn wir alles für das Kind getan haben, dünken wir uns als seine Schöpfer. Diese Wahnvorstellung steht nicht nur in scharfem Gegensatz zu dem, was wir gewöhnlich erreichen, sondern sie widerspricht auch allen unseren Lebenserfahrungen und unserem Wissen. Wir können nichts schaffen, sondern nur dem Leben helfen. Und dem Leben helfen, heißt nicht es unterdrücken, sondern seine Entfaltung erleichtern und es vor jenen Gefahren beschützen, die es einengen und schmälern könnten. Nur Gott allein kommt die Macht zu, etwas zu schaffen und hervorzubringen, und nur ihm ist die Vorsehung eigen, das Leben zu erhalten; und Menschen obliegt es nur, dem Leben liebevoll beizustehen und seine Entfaltung zu ermöglichen. Es ist deshalb notwendig, dass wir als erstes das Kind betrachten, es von den zahllosen Hindernissen befreien, die seiner Entwicklung im Wege stehen, und ihm helfen zu leben. Wenn wir uns dieses grundlegenden Prinzips eingedenk sind, dann muss es zu einem fundamentalen Wandel in der Einstellung des Erwachsenen zum Kind kommen.

4.5.3 Karl Jaspers: Über die Grenzen der Planbarkeit von Erziehung[8]

Es erscheint nicht verwunderlich, dass der Philosoph Karl Jaspers (1883-1969) sich ausführlich der Frage nach den Grenzen der Planbarkeit in der Erziehung zugewendet hat. Zum einen verstand er sein ganzes literarisches Werk als einen Appell an den Menschen, sich selber zu erziehen. Zum anderen ließ ihn sein existentialistischer Standpunkt den Menschen nicht zuerst als Teil oder Glied eines größeren

8 Karl Jaspers: Was ist Erziehung? Ein Lesebuch, München 1981, S. 61-63 u. S. 56.

Ganzen sehen, sondern als den grundsätzlich „Einzelnen“, der in seiner Endlichkeit unermüdlich nach unendlicher Erkenntnis, Wahrheit und Vervollkommnung strebt. Dieses Streben ist unlösbar an seine Existenz gebunden, und er kann darin von niemandem vertreten werden – auch nicht von seinen Lehrern und Erziehern, erst recht nicht von der Gesellschaft. Diese kann wohl einige äußere Lernerfolge bewirken und am Ende auch evaluieren, nicht aber die eigentliche Erziehung, die immer auch Chance, Geschenk und Zufall (im Sinne von etwas „Zufallendem“) ist.

Wohl kann man in der Erziehung überall nachsinnen und planen, aber wichtiger ist, die Grenzen dieses Planens einzusehen und mit Gewissenhaftigkeit einzuhalten. Die Instanz, die über der Planung steht, kann nicht selber geplant werden. Sie ist da oder nicht da. Daß sie heute noch da ist, darauf beruhen unsere Hoffnungen. Aber sie ist nicht da in der äußerlichen Greifbarkeit von Leistungen und Zahlen und Lehrplänen. Das Entscheidende geschieht durch den einzelnen Lehrer zwischen den vier Wänden seiner Klasse, wo er frei ist zu eigener Verantwortung. Da findet dann jenes wirkliche Leben statt, das den bürokratischen Planern und Reglementierern und Schulfürsten manchmal ein Greuel ist. Da ist Menschenfreundlichkeit eins mit der Verantwortung für die geistigen Gehalte. Hier bleibt trotz allen Planens ein Raum ursprünglicher Wirklichkeit. Hat der Planende sie vor Augen, so kann er nur denken, sie möglichst wenig zu stören. Ob sie da ist, das wissen im unreflektierten Bewußtsein die Kinder, das weiß der Lehrer in der Klarheit gewissenhafter Erfüllung seiner Aufgabe, wo immer ihm der gute Geist zu Hilfe kommt. Er darf die Ruhe haben, daß etwa schon durch die Lektüre der wunderbaren Texte mit seiner bescheidenen didaktischen Hilfe Keime in die Kinder gelegt werden, die ein Leben lang wachsen können. ...
Allem Planen und Machen ist dort die Grenze gesetzt, wo der Mensch sich frei geben muß in seine Chance. Hier ist das, was er erreichen kann, wesentlich unberechenbar, als zweckhaft gewollt wird es gerade gestört oder zerstört. Es kommt aus der Zukunft entgegen, überraschend, einfach und überwältigend, jenseits und vor aller Technik, die Technik selber in sich schließend.
In der Spannung von Berechenbarkeit und Wunder liegt die Verantwortung des Handelns vor der Transzendenz. ...

In der totalitären Welt wird auch die Erziehung total geplant, daher bis in das Kleinste geregelt, nivelliert und erzwungen. Hier ist die Sache ihrer selbst gewiß, klar und eindeutig. Die Totalitäten wissen, wie sie es machen wollen. Sie organisieren die Erziehung wie maschinelle Apparatur nach wissenschaftlich-technischen, (insbesondere psychologischen Gesichtspunkten). Die Reduktion der Erziehung auf die Herrichtung des Menschen zu einem brauchbaren Arbeitswerkzeug und zur gehorsamen Funktion erzeugt im ganzen einen vitalen Schwung der Teilnahme an einer Macht, die eine großartige Zukunft herbeizuführen verspricht. Es gibt einen die Massen ergreifenden Drang, sich hineinzustürzen in den Strom, in der Funktionalisierung sich selbst preiszugeben, Material zu werden und die andern zum Material zu machen. Es kommt nur auf den geplanten, gewaltigen Menschenbau an, nicht auf Individuen, nicht auf Persönlichkeiten. Diese sind beliebig ersetzbar. Sie sind nach vitaler Kraft intellektueller Begabung, nach technischer Geschicklichkeit und ihrer Funktionalisierbarkeit zu bewerten. Sie sind zu verschwenden in der Arbeit, auszurotten, wenn sie unbrauchbar sind. Denn dieses Material wächst trotz aller Vergeudung immer noch in größerer Menge nach, als man brauchen kann.

4.5.4 Niklas Luhmann: Sozialisation und Erziehung[9].

Der Gesellschaftswissenschaftler Niklas Luhmann (1927-1998), dessen soziologischer Systemtheorie in der deutschen Erziehungswissenschaft vorübergehend eine quasi apodiktische Rezeption zuteil geworden ist, hat sich in dem erst aus dem Nachlass herausgegebenen Buch *Das Erziehungssystem der Gesellschaft* von einigen seiner früheren Zuspitzungen befreit und, wie Dietrich Benner in seiner trefflichen Rezension des Buches festgestellt hat, enthält der Band Korrekturen, Zurücknahmen und Neubewertungen „dessen, was Luhmanns Systemtheorie der theoretischen Pädagogik und forschenden Erziehungswissenschaft, der professionellen pädagogischen Praxis und der bildungspolitisch interessierten Öffentlichkeit an Auskünften über die Grundstruktur des Erziehungssystems in den zurückliegenden 25 Jahren hat zukommen lassen“[10]. In diese Richtung verweist auch der folgende kurze Text, in welchem Luhmann, der lange Zeit das vermeintliche „Technologiedefizit“ der Pädagogik angeprangert hat, die Einseitigkeiten einer auf Transmission (also auf äußere „Beeinflussung“ und bloße „Übertragung“) verkürzten Sozialisationstheorie offen legt.

Die Transmissionstheorie ist wegen der unterstellten strukturellen Asymmetrie von Sozialisator und Sozialisand kritisiert worden. Vor allem in verdichteten Sozialisationsverhältnissen wie Familien oder Schulen kann man Wechselwirkungen beobachten, so daß das asymmetrische Modell durch ein zirkuläres ersetzt werden muß, das dann aber die Brechung der Symmetrie berücksichtigen muß. Die Kinder werden, wie immer sie ihre Eltern oder Lehrer tyrannisieren mögen, schließlich doch stärker sozialisiert als die Eltern oder die Lehrer; und jedenfalls wird die Vorstellung einer Kulturguttransmission durch solche Schleifen nicht aufgehoben, sondern nur näher an die empirische Wirklichkeit herangebracht.

Eine weitere Einseitigkeit der Transmissionstheorie liegt darin, daß nur die gelungene Transmission als Sozialisation angesehen wird. Die andere Seite der Form bleibt unbeleuchtet. Es gibt aber durchaus auch die Fälle, in denen ein Angebot Widerstand erregt. Gerade durch die Vorstellung »richtigen« Wissens und »angemessenen« Verhaltens kann die Frage Form finden: warum so, warum nicht anders? Dieser Weg des Widerstandes ist besonders deshalb attraktiv, weil er Chancen bietet, Individualität zu entwickeln. Beim bloßen Copieren von Kulturmustern unterscheidet man sich nicht von

---

9 Niklas Luhmann: Das Erziehungssystem der Gesellschaft, Frankfurt a.M. 2002, S. 49f.

10 Dietrich Benner: Rezension von Niklas Luhmann: Das Erziehungssystem der Gesellschaft, in: Zeitschrift für Pädagogik, 49 (2003), S. 151-155; Zit. auf S. 151.

anderen; man reproduziert nur, was von allen erwartet wird. Zu den Kulturmustern der Moderne gehört aber nicht zuletzt die hohe Bewertung individueller Besonderheit, ja Einzigartigkeit. Das führt zu der Frage, wie im Sozialisationsprozeß zugleich für Individualisierung gesorgt werden kann unter Einschluß der Verweigerung von Konformität. Schließlich, und das ist vielleicht der wichtigste Punkt und die wichtigste Korrektur an der klassischen Sozialisationstheorie, hat die Sozialisation es mit Menschen zu tun, von denen man nicht wissen kann, welche Einstellungen sie jeweils aktualisieren und wie sie handeln werden. Sozialisation muß daher auf ein Leben in permanenter Unsicherheit vorbereiten. Das mag eines der Motive sein, die zur Übernahme von Normen anregen, die auch dann gelten, wenn gegen sie verstoßen wird. Man kann dann, bei allen hinzunehmenden Enttäuschungen, wenigstens sicher sein, richtig erwartet zu haben und in seinen Erwartungen die Unterstützung Dritter zu finden. Ebenso vermag ein innen verankertes Selbstbewußtsein zu helfen und nicht zuletzt die Einstellung auf sozial institutionalisierte Individualität, die es als normal erscheinen lässt, daß der eine so, der andere anders denkt und handelt.

4.5.5 Ernesto Schiefelbein: Pädagogische Planung und Technologie[11]

Der chilenische Erziehungswissenschaftler und Bildungsforscher Ernesto Schiefelbein (geb. 1934) transponiert die Frage nach der Plan- und Machbarkeit von Erziehung auf eine praktische Ebene, indem er den Fokus auf das Technische bzw. Technologische der Planung richtet. Von seinem Erziehungsverständnis als der von außen provozierten Initiierung und Weiterführung der Selbstrealisation der menschlichen Person stellt sich ihm die Frage, ob jemand anderes als ich selbst mein Leben planen und programmieren kann. Im Hinblick auf die Erziehung zieht sich für ihn von daher das Problem der Planbarkeit auf die Schwierigkeit zusammen, wie die Welt pädagogisch so zu transformieren sei, dass es zu einer Passung zwischen dem komplexen Bedürfnis sich zu vervollkommnen und den in der pädagogisch gestalteten Umgebung vorhandenen Provokationen und Mitteln kommt.

Es ist leicht zu beobachten, dass stets eine Spannung besteht zwischen dem, was jemand ist (dem realen – individuellen oder kollektiven – Ich), und dem, was er bzw. sie sein möchte oder zu sein erhofft (das ideale Ich oder die Vollkommenheit), unabhängig davon, welche menschliche Tätigkeit man auch betrachtet. Genau in dieser Spannung oder Distanz breitet sich das Feld der Bedürfnisse aus. Diese können materieller oder geistiger Art sein. ...

Der Mensch hat jene komplementären Elemente zu suchen, die es ihm erlauben, seine volle Persönlichkeit zu erreichen. Diese Bedürfnisse findet er in sich selbst

11 Ernesto Schiefelbein: Teoría, técnica, procesos y casos en el planeamiento de la educación, Buenos Aires 1974, S. 1-5; 13; 19-20 u. S. 26. Aus dem Spanischen übersetzt v. S. Seichter.

und trägt sie an die ihn umgebende Welt heran. Die Welt (Dinge, Mittel, „Wirklichkeiten") stellt sich in ihrem natürlichen Gegebensein aber nicht immer so dar, wie es für die Befriedigung der Bedürfnisse angemessen und notwendig wäre. Also muss man versuchen, sie zu verändern, um sie für jene nutzbar zu machen. Das Objekt wird so verändert, dass es sich schließlich dazu eignet, die Bedürfnisse des Subjekts zu erfüllen. Dabei verfolgt man ein Ziel, ein Gut (oder eine Dienstleistung), nämlich die Vervollkommnung des Menschen. Was uns zur wissenschaftlichen Erkenntnis der Welt als einer solchen nützlichen führt, nennen wir technologische Umformung; ihr charakteristisches Kriterium ist die Effizienz.
Wenn die effiziente Umwandlung des Objekts in ein technologisches Objekt geleistet ist, wird dieses in einem zweiten Schritt (aus dem Blickwinkel der Welt) assimiliert und appliziert; man macht sich dabei die technologisch umgeformte Welt zunutze. Vom Subjekt aus gesehen könnte man (was das gleiche wäre) auch von einer Befriedigung von Bedürfnissen sprechen. ...
Es erscheint wichtig, darauf hinzuweisen, dass, wenn man nicht nur von Planung, sondern auch von Technologie sprechen will, man das Subjekt von seiner Idealität (seiner möglichen Vollkommenheit) her betrachten muss. Andererseits kann gesagt werden, dass die Bedürftigkeit des Menschen aus sich heraus in die Welt drängt. Sie wird als Distanz empfunden zwischen dem, was ich (realiter) bin, und dem, was ich (idealiter) sein soll. Würde man einen der beiden Pole – die mögliche Vollkommenheit – tilgen, würde auch die Bedürftigkeit verschwinden.
Von der möglichen Vollkommenheit des Menschen handeln Moral und Ethik. Ihr Materialobjekt ist das, was sein soll (die sittliche Norm), ihr Formalobjekt die Übereinstimmung des Willens mit dem höchsten Ziel des Menschen (das gute Handeln). Folglich ist die Vollkommenheit das Maß für die Bedürftigkeit. Je nach dem, was man unter der Vollkommenheit des Menschen versteht, wandelt sich das Verständnis der Bedürftigkeit, und man kann eine Unterscheidung treffen zwischen wahren und falschen Bedürfnissen. Der Planer stößt hier auf ein zentrales Problem, das er gründlich analysieren und sorgfältig im Auge behalten muss. ...
Bei der Analyse von Voraussicht und Planung hat man tunlichst zwei Ebenen (nicht zwei Sektoren) zu unterscheiden. Die eine befindet sich im Bereich des Theoretischen (oder der „Doktrin"), die andere im Bereich des Praktischen (oder der Ideologie und der Politik). Mit „Doktrin" meine ich ein abstraktes Programm des Handelns, das sich aus den Normen und deren Anordnung (bzw. Hierarchisierung) ergibt, die wiederum aus „abstrakten" Disziplinen stammen. Um einer Harmonisierung etwaiger Konflikte willen, die aus der Gegensätzlichkeit der Disziplinen entstehen, ist eine größtmögliche Annäherung und Koordinierung der theoretischen und praktischen Ebene notwendig. ...
Erziehungspolitisch tätig zu werden verlangt danach, pädagogische Urteile über Normen und Ziele, Tatsachenurteile über die konkret gegebene erzieherische Situation und technologische Beurteilungen der vorhandenen Handlungsmöglichkeiten aufeinander zu beziehen und miteinander zu vermitteln. Dabei ist dem Erziehungsplaner und -technologen abzuverlangen, dass er zunächst Rechenschaft über seine pädagogischen Vorstellungen und Zielsetzungen gibt. Ortega y Gasset hat gezeigt, dass die Technik, wie jede Veränderung oder Mutation, eine Bewegung zwischen zwei Termi-

nals ist. Das eine ist die Natur, wie sie gegeben ist, das andere der Zielpunkt, auf den hin sie verändert werden soll. Jede Veränderung bedarf eines begründeten Zieles.
Aber es geht nicht nur um Planung, sondern auch um deren konkrete Realisierung (im Hinblick auf bestimmte Bedürfnisse, wie wir gesagt haben). Deshalb muss zwischen den beiden Terminals möglichst jeder einzelne Schritt festgelegt werden, der zur Erreichung des gesteckten Zieles notwendig ist, ähnlich einer Kette, bei der ein Glied in das andere greift. Das aber heißt, das Programm Schritt für Schritt je an die gegebenen Bedingungen der konkreten Situation anzupassen.
Das Programm wird aber erst dann zu einer Technik, wenn sein Design nicht nur auf ganz bestimmte, sondern auf möglichst unterschiedliche Situationen übertragen werden kann. Eine solche Technik der Erziehungsplanung[12] unterscheidet sich aber wesentlich von der Vorbereitung eines chemischen Experiments, beispielsweise im Chemieunterricht. Während dieses immer den gleichen Verlauf nimmt, muss die Planung im Bereich der Erziehung stets auf Unerwartetes gefasst sein, das an jeder Stelle des Weges eintreten kann. ...
Zusammenfassend lässt sich also sagen, dass ein wohlgeplantes Erziehungshandeln auf der gelungenen Synthese von normativen, situationsanalytischen und strategischen Urteilen beruht, bei dem jeder einzelne Schritt eine (unerwartete) Modifikation des Programms herausfordern kann, ohne dass freilich das Globalziel aus dem Auge verloren werden darf.

4.6 FRAGEN ZU DEN WEITERFÜHRENDEN TEXTEN

(e) Die Schaffung des „sozialen Seins" ist das Ziel der Erziehung. Was ist nach Durkheim damit gemeint, und wie soll das geschehen?
(f) Montessori kritisiert den „instinktiven Hochmut" der erzieherischen Absicht und meint damit jede Art der direkten und planmäßigen Beeinflussung auf das Kind. Wie sieht nach ihr dagegen die ideale Erziehung des Kindes aus?
(g) Wo liegen für Jaspers die Grenzen der Planbarkeit in der Erziehung?
(h) Warum ist nach Luhmann eine einseitige Transmissionstheorie pädagogisch unhaltbar?
(i) Was versteht Schiefelbein unter Planung und Technologie, und worin sieht er das charakteristische Merkmal von pädagogischer Planung?

12 Der Begriff „Erziehungsplanung" mag befremden, da wir im Deutschen neuerdings von „Bildungsplanung" sprechen, auch wo es nur um die Planung von Erziehung und Unterricht geht. Der Autor spricht von „planeamiento de la educación", was richtigerweise als Erziehungsplanung zu übersetzen ist. Anm. d. Übers.

4.7 SCHLUSSFOLGERUNG

Der Text Schleiermachers wurde für dieses Kapitel ausgewählt, weil er eine wesentliche Grundeinsicht in die Erziehung vermittelt, die in keinem erzieherischen Projekt übersehen oder gar vergessen werden darf: ihre polare Gegensätzlichkeit. Schleiermachers *Pädagogische Vorlesungen von 1826* sind voll von solchen unaufhebbaren Polaritäten. So erörtert er dort beispielsweise die Dialektik von Gegenwart und Zukunft, von Spontaneität und Rezeptivität, von Behüten und Gegenwirken oder von Erhalten und Verbessern. Die allem zugrundeliegende Polarität von innerlichem Entwicklungsprinzip und äußeren Einwirkungen zieht unmittelbar die Frage nach der Machbarkeit und Planbarkeit von Erziehung nach sich. Das von Schleiermacher gewählte Beispiel erscheint sehr anschaulich: Fertigkeiten sind planbar, Gesinnungen nicht.

Die Texte dieses Kapitels haben die Problematik dieses Gedankens von verschiedenen Seiten her beleuchtet. Eine abschließende Antwort auf die Frage scheint weder möglich noch notwendig zu sein, wenn nur die Bedeutung der Frage selbst klar geworden ist. Dennoch scheinen die Überlegungen des Kapitels auf eine Erkenntnis hinzuführen, die Karl Jaspers so zusammengefasst hat: „In der Spannung von Berechenbarkeit und Wunder liegt die Verantwortung des Handelns vor der Transzendenz."[13]

4.8 WEITERFÜHRENDE LITERATUR

Frank-Olaf Radtke: Ökonomisierung, in: S. Andresen u.a. (Hrsg.): Handwörterbuch Erziehungswissenschaft, Weinheim 2009, S. 621-637.

Ursula Frost (Hrsg.): Unternehmen Bildung. Sonderheft der Vierteljahrsschrift für wissenschaftliche Pädagogik, Paderborn 2006.

Johanna Hopfner (Hrsg.): Schleiermacher in der Pädagogik, Würzburg 2001.

Friedrich Daniel Ernst Schleiermacher: Texte zur Pädagogik. Kommentierte Studienausgabe, hrsg. v. M. Winkler u. J. Brachmann, 2 Bde., Frankfurt a.M. 2000.

Birgitta Fuchs: Schleiermachers dialektische Grundlegung der Pädagogik, Bad Heilbrunn 1998.

13 Karl Jaspers: Was ist Erziehung? Ein Lesebuch, München 1981, S. 63.

FÜNFTES KAPITEL

Johann Heinrich Pestalozzi

oder: Erziehung zwischen Fremd- und Selbstbestimmung?

5.1 ZUM EINSTIEG

Johann Heinrich Pestalozzi (1746-1827), von dem Wilhelm Flitner sagt, er habe neben Comenius schon vor der Entstehung der Pädagogik als Wissenschaft „einen universalen Gedankengang, in dem alle erzieherischen Fragen ihren Ort erhielten“[1], entwickelt, ist den meisten Lesern als der Schöpfer der „Elementarmethode“ und als Theoretiker der sittlichen Erziehung bekannt. Im Zusammenhang dieses Kapitels interessiert uns jedoch ein anderer Aspekt seines Denkens, nämlich seine *Anthropologie als Grundlage des Nachdenkens über Erziehung.*

Wenn in der deutschen Sprache üblicherweise zwischen *Bildung* und *Erziehung* unterschieden wird, versteht man diese gewöhnlich im Sinne einer Fremdbestimmung, jene dagegen im Sinne einer Selbstbestimmung. Die Beschäftigung mit Pestalozzis pädagogischer Anthropologie, die er in seiner Schrift von 1797 *Meine Nachforschungen über den Gang der Natur in der Entwicklung des Menschengeschlechts* entfaltet und in der er den Menschen unter der dreifachen Rücksicht als Werk der Natur, als Werk der Gesellschaft und als Werk seiner selbst in den Blick nimmt, ist hervorragend dazu geeignet, die Polarität von Fremd- und Selbstbestimmung bewusst zu machen und ihre Konsequenzen für die Erziehung aufzuzeigen. Das Anregende und Lehrreiche an Pestalozzis dreifacher Sicht auf den Menschen liegt darin, dass die drei (von ihm explizierten) Sichtweisen des Menschen drei grundverschiedene Auffassungen von Erziehung nach sich ziehen. Diese sollen in diesem Kapitel verdeutlicht und in ihrer wechselseitigen Ergänzungsbedürftigkeit erörtert werden.

1 Wilhelm Flitner: Gesammelte Schriften, Bd. 3 (Das Selbstverständnis der Erziehungswissenschaft in der Gegenwart), hrsg. v. K. Erlinghagen u.a., Paderborn 1989, S. 310-349; hier S. 316.

5.2 ZUR EINFÜHRUNG

Als sich die Französische Revolution ihrem Ende zuneigt, ohne ihr gesellschaftspolitisches Projekt einer sozialen Neuordnung der Gesellschaft verwirklicht zu haben, schwinden bei Pestalozzi, der als „alter Republikaner" leidenschaftlich für das progressive Leitbild der Revolution – Freiheit, Gleichheit, Brüderlichkeit – eingetreten war, seine politischen Hoffnungen. An ihre Stelle treten zunehmend pädagogische Hoffnungen und erzieherische Bemühungen, um die drohende Enthumanisierung der Gesellschaft abzuwenden.

Zeigt sich Pestalozzi nun als ein zuvörderst pädagogischer Denker, so bezieht er die politischen Gegebenheiten weiterhin in seine pädagogischen Überlegungen ein. Sein Postulat, den Menschen nicht länger als einen Spielball politischer Mächte zu verdinglichen und für Staatszwecke zu instrumentalisieren, bleibt der Ausgangspunkt seiner pädagogischen Reflexionen und erzieherischen Aktionen.

Bei seinem ersten Erziehungsversuch in den frühen 1770er Jahren auf dem Gut Neuhof im Aargau verfolgte er das doppelte Ziel, die Kinder auf die neue sozioökonomische Wirklichkeit (Industrialisierung, Verstädterung, Umstrukturierung der Familie, erhöhte Ungewissheit der Zukunft) vorzubereiten und gleichzeitig jedes von ihnen seine individuelle Freiheit und personale Menschenwürde gewinnen zu lassen. Als das Neuhof-Experiment vor allem an der Selbstsucht und den Eigeninteressen der Beteiligten und des sozialen Umfeldes scheiterte, erkannte Pestalozzi den durch den gesellschaftlichen Wandel verschärften Konflikt zwischen individueller Freiheit und gesellschaftlicher Brauchbarkeit als die eigentliche pädagogische Herausforderung. Diese Problematik verdichtete sich für Pestalozzi darin, dass die Menschen im gesellschaftlichen Leben eine Befriedigung suchten, die ihnen die Natur nicht (mehr) geben konnte, und sie gleichzeitig den sozialen Status als eine Bedrohung und Einschränkung ihrer natürlichen Freiheit erfuhren. In seinem anthropologischen Hauptwerk geht Pestalozzi von der Frage aus: „Was bin ich, und was ist das Menschengeschlecht?". Damit ist nicht eine rein subjektive Sicht des Menschen gemeint, sondern Pestalozzi fragt, von der Grundlage seiner inneren Selbsterfahrung ausgehend, nach dem Menschen nicht als einer namenlosen und unbekannten Masse, sondern als einer konkreten und einmaligen Person. Im Zentrum seines Buches steht die auf Marx vorausweisende Erkenntnis: „Soviel sahe ich bald, die Umstände machen den Menschen, aber ich sahe eben sobald, der Mensch macht die Umstände, er hat eine Kraft in sich, selbige vielfältig nach seinem Willen zu lenken."

Seine pädagogische Hoffnung gründet sich fortan darauf, dass der Mensch nicht an den passiv formenden und prägenden tierischen (natürlichen) und gesellschaftlichen Zustand gefesselt ist, sondern für den prokreativen Akt der sittlichen Personwerdung freigesetzt werden kann und soll. Das eigentliche Dilemma der Erziehung, das Pestalozzi in seinem späten *Schwanengesang* erörtern wird, besteht dann darin, die Selbstständigkeit der Person und den Aufschwung zur Sittlichkeit hervorbringen zu wollen, ohne dass sich das je methodisch bewirken und allein von außen bewerkstelligen lässt.

5.3 TEXT VON PESTALOZZI

Der folgende Text aus Pestalozzis *Nachforschungen* findet sich dort gegen Ende des Buches, wo der Autor zu einer Zusammenfassung seiner Gedanken ansetzt. (Wir übernehmen in diesem Fall die altertümliche Schreibweise Pestalozzis nach der Kritischen Gesamtausgabe seiner Werke.)

5.3.1 Johann Heinrich Pestalozzi: Meine Nachforschungen über den Gang der Natur in der Entwiklung des Menschengeschlechts[2]

Wenn ich nun zurückschlage, und mich frage, wo bin ich an dem Faden, an dem ich den Gang der Natur in der Entwicklung des Menschengeschlechts verfolgte, endlich hingekommen, so finde ich in folgenden Säzzen das wesentliche Resultat meiner Nachforschungen. Meine Natur vermag es nicht auf dem Punkt des blossen Sinnengenusses stehen zu bleiben, ich muß vermöge meines Wesens, diesen Sinnengenus zum Mittel meines Strebens, und der Zwecke, worauf dieses Streben ruhet, machen.

Daraus entstehen Verhältnisse, die ohne dieses Streben nicht in der Natur wären, die ich aber durch dasselbe, und also durch meinen Willen, in die Natur hinein bringe.

So wie dieses geschehen, höre ich auf das einfache Wesen zu seyn, das ich aus der Hand der Natur in die Welt kam.

Ich kan nicht mehr als dieses einfache Wesen empfinden, denken und handeln.

Ich muß iezt übereinstimmend sowohl mit den Verhältnissen handeln, die ich selbst in die Welt hineingebracht habe, als auch mit mir, in sofern ich mich durch diese Verhältnisse verändert habe. Ich werde selbst Welt – und die Welt wird durch mich Welt – ich ungesondert von ihr, bin ein Werk der Welt – sie ungesondert von mir, ist mein Werk.

Aber ich habe eine Kraft in mir, mich von der Welt und die Welt von mir zu sondern, durch diese Kraft werde ich ein Werk meiner selbst.

Ich fühle mich also auf eine dreifache Art in der Welt.

I. Als Werk der Natur

Als solches bin ich ein Werk der Nothwendigkeit, das gleiche thierische Wesen, das nach Jahrtausenden kein Haar auf seinem Haupt, und keine auch die leiseste Neigung seines Wesens in sich selbst auszulöschen vermöchte. Als solches lenkt mich die Natur, ohne Kunde der Verhältnisse, die ich selber erschaffen, als lebte ich im schuldlosen thierischen Zustande, mit dem Gesez ihrer Allmacht zum Sinnengenus hin, wie den Adler zum Aas, das Schwein in die Pfüzze, den Ochsen auf die Triften, die Ziege auf den Felsen, und den Haasen unter die Staude.

---

2 Johann Heinrich Pestalozzi: Meine Nachforschungen über den Gang der Natur in der Entwiklung des Menschengeschlechts, in: Pestalozzi: Sämtliche Werke, hrsg. v. A. Buchenau et al., Bd. 12, Berlin 1938, S. 121-125.

II. Als Werk meines Geschlechts, als Werk der Welt
Als solches bin ich ein Tropfen der von der Spizze der Alpen in einen Bach fällt. Unsichtbar, ein nichtiges Wesen, falle ich belastet mit dem Staub seines Mooses von meinem Felsen, glänze bald in silbernen Strahlen der Sonne, fliesse bald im Dunkel der Höhlen, stehe hier im reinen Wasser der Seen, dort im Koth der Sümpfe gleich still, falle aus Sümpfen und Seen dann wieder ins Treiben der Flüsse, und schwimme in der Gewalt ihrer Wogen bald hell bald trüb, bald sanftwallend, bald wirbelsprudelnd, bald zwischen reinen Gefilden, bald zwischen stinkenden Stätten, bald zwischen gräßlichen Ufern dahin, bis ich in den ewigen Meeren des Todes meine Auflösung finde.

III. Als Werk meiner selbst
Als solches grabe ich mich selbst in mich selbst; ein unveränderliches Werk - keine Welle spühlt mich von meinem Felsen, und keine Zeit löscht die Spur meines Werks aus, das ich als sittliches Wesen in mir selber vollende.
Wenn brennende Klüfte den Moder der Meere troknen, und aus ihren Tiefen Berge aufthürmen, so graben sie also die vergängliche Schnekke, und den faulenden Fisch in die werdenden Steine, keine Welle spühlt iezt die ewigen Thiere weg, und keine Zeit löscht ihre Spur in dem vesten Stein aus.
Also bin ich ein Werk der Natur. Ein Werk meines Geschlechts. Und ein Werk meiner Selbst.
Diese drei Verschiedenheiten meiner selbst aber sind nichts anders, als einfache und nothwendige Folgen der drei verschiedenen Arten alle Dinge dieser Welt anzusehen, deren meine Natur fähig ist.
Als Werk der Natur, stelle ich mir die Welt als ein für mich selbst bestehendes Thier vor.
Als Werk meines Geschlechts, stelle ich mir dieselbe als ein mit meinem Mitmenschen in Verbindung und Vertrag stehendes Geschöpf vor.
Als Werk meiner Selbst, stelle ich mir dieselbe unabhängig von der Selbstsucht meiner thierischen Natur und meiner gesellschaftlichen Verhältnisse, gänzlich nur in dem Gesichtspunkt ihres Einflusses auf meine innere Veredlung vor.
Ich habe daher als Werk der Natur eine thierische, als Werk des Geschlechts eine gesellschaftliche, und als Werk meiner Selbst eine sittliche Vorstellung von Wahrheit und Recht.
Mein Instinkt macht mich zum Werk der Natur. Der gesellschaftliche Zustand zum Werk meines Geschlechts, und mein Gewissen zum Werk meiner Selbst.
Als Werk der Natur sträube ich mich gegen das Werk meines Geschlechts und gegen das Werk meiner Selbst, das ist, ich habe als solches kein Gewissen und erkenne als solches kein Recht.
Als Werk meiner Selbst erhebe ich mich selbst über den Irrthum und das Unrecht meiner Selbst, insofern ich ein Werk der Natur, und ein Werk des Geschlechts bin, das ist, ich erkenne durch die Kraft meines Gewissens das Unrecht meiner thierischen Natur und meiner gesellschaftlichen Verhärtung. Als Werk des Geschlechts stehe ich schwankend und von beiden Seiten gedrängt zwischen dem Werk meiner Natur und dem Werk meiner Selbst, das ist, im gesellschaftlichen Zustand als solchen, mangelt mir sowohl die Reinheit meines thierischen Wohlwollens, als diejenige meines unverhärteten Gewissens.

Durch das Werk meiner Natur bin ich physische Kraft, Thier. Durch das Werk meines Geschlechts bin ich gesellschaftliche Kraft, Geschicklichkeit. Durch das Werk meiner Selbst bin ich sittliche Kraft, Tugend.

Als reines Werk der Natur, als thierisches Geschöpf, bin ich in meinem unverdorbenen Zustand ein friedliches, gutmüthiges und wohlwollendes Wesen. Meine Kraft steht in diesem Zustande mit meiner Begierde im Gleichgewicht, ich lebe in demselben in völliger Harmonie mit mir selbst.

Mein Wohlwollen ist mit meiner Selbstsucht innigst vereinigt, ich kenne in diesem Zustand selbst die Schwächen meiner Natur nicht. Aber ich finde mein Geschlecht nirgend in diesem Zustande, das erste Leiden eines Uebels von meines Gleichen hebt ihn auf. Ich finde es allenthalben thierisch verdorben und mißtrauisch, gewaltsam, und nur in soweit wohlwollend, als es sich durch dieses Wohlwollen in der Befriedigung seiner Begierden, die mit seiner Kraft nicht mehr in Harmonie stehen, nicht zurückgesezt glaubt.

Als Werk des Geschlechts, als gesellschaftlicher Mensch, als Bürger, lebe ich in vollkommner Anerkennung des Mißverhältnisses meiner thierischen Kraft mit meiner thierischen Begierde, folglich ohne Harmonie meiner Selbstsucht mit meiner Begierde, aber ich will durch eben diesen Zustand die Harmonie in mir selbst wieder herstellen.

Die ganze Kunst desselben ist ein beständiges Streben nach diesem Zweck, aber freilich ein mit tausendfältigen Fehlgriffen gebrandmarktes Streben.

Nur als Werk meiner Selbst vermag ich die Harmonie meiner Selbst, mit mir selbst wieder herzustellen. Ich erkenne als solches, daß kein thierisches Gleichgewicht zwischen meiner Kraft und meiner Begierde in mir selbst, wie ich wirklich bin, haltbar ist; daß meine Selbstsucht und mein Wohlwollen im gesellschaftlichen Menschen wesentlich nicht harmonisch existiren kan; daß ich in diesem Zustande aufhören müsse, selbstsüchtig unwohlwollend, und wohlwollend unselbstsüchtig existiren zu können.

Also komme ich als Werk meiner selbst durch meinen Willen dahin, auf den Ruinen der zertrümmerten thierischen Harmonie meiner Selbst das Wohlwollen meiner Natur auf die Unterjochung meiner Selbstsucht unter meine sittliche Kraft zu gründen, und also mitten im Verderben eines Zustandes, der meine Selbstsucht wesentlich verhärtet, mich selbst dennoch wieder zu dem friedlichen, gutmüthigen und wohlwollenden Geschöpf zu machen, das ich als Werk der Natur nicht bleiben, und als Werk des Geschlechts nicht werden kann.

Ich bin als Werk der Natur, als Thier, vollendet. Als Werk meiner selbst strebe ich nach Vollendung. Als Werk des Geschlechts suche ich mich auf einem Punkt, auf welchem die Vollendung meiner Selbst nicht möglich ist, zu beruhigen. Die Natur hat ihr Werk ganz gethan, also thue auch du das deine. Erkenne dich selbst und baue das Werk deiner Veredlung auf inniges Bewußtseyn deiner thierischen Natur, aber auch mit vollem Bewußtseyn deiner innern Kraft, mitten in den Banden des Fleisches göttlich zu leben.

Wer du auch bist, du wirst auf diesem Wege Mittel finden, deine Natur mit dir selbst in Übereinstimmung zu bringen. Willst du aber dein Werk nur halb thun, da die Natur das ihre ganz gethan hat? Willst du auf der Zwischenstufe deines thierischen und deines sittlichen Daseyns, auf welcher die Vollendung deiner Selbst nicht möglich ist, stehen bleiben, so verwundere dich dann nicht, daß du ein Schneider, ein Schuhmacher, ein Scheerenschleifer und ein Fürst bleibst, und kein *Mensch* wirst. Verwundere dich dann nicht, daß dein Leben ein Kampf ist ohne Sieg, und daß du nicht einmal das wirst, was die Natur ohne dein Zuthun aus dir gemacht hat, sondern gar viel weniger, ein bürgerlicher *Halbmensch*.

5.4 FRAGEN ZUM TEXT

Um Ihr Verständnis des Textes zu vertiefen, empfehlen wir Ihnen die Beantwortung folgender Fragen:

(a) In welchem doppelten Sinne gebraucht Pestalozzi den Begriff „Werk", wenn er einerseits vom Menschen als Werk der Natur und der Gesellschaft und andererseits als Werk seiner Selbst spricht?

(b) Strebt Pestalozzi ein harmonisches Miteinander der drei „Zustände" an?

(c) Welche Bedeutung kommt nach Pestalozzi dem eigenen Willen innerhalb der „Zustände" zu?

(d) Als Resultat einer verkürzten Entwicklung der beschriebenen „Zustände" sieht Pestalozzi den Menschen als einen „bürgerlichen Halbmenschen". Was könnte er mit dieser Bezeichnung als Charakterisierung des Menschen meinen?

(e) Wenn Pestalozzi von „Zuständen" spricht – einem natürlichen, einem gesellschaftlichen und einem sittlichen –, welches Modell der menschlichen Entwicklung hat er dabei vor Augen: ein linerares oder ein dialektisches?

Bei der Beantwortung dieser Frage kann ihnen das folgende Schaubild behilflich sein:

Modell einer linear-harmonischen Entwicklung (des Menschen)

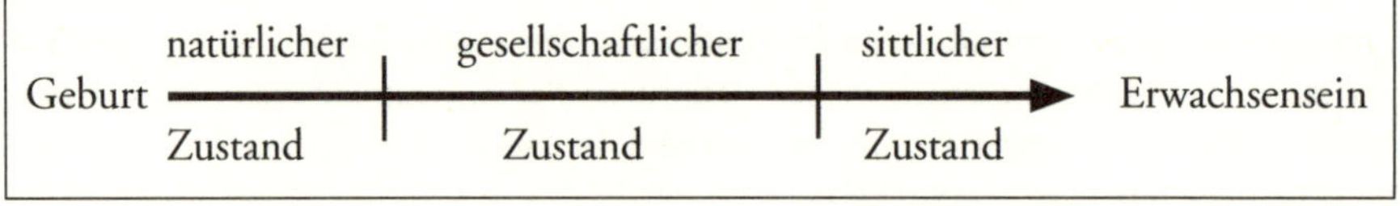

Modell einer dialektisch-konfliktualen Entwicklung (des Menschen)

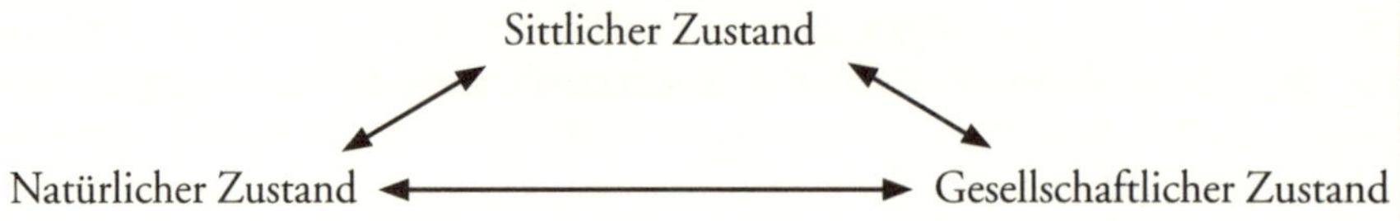

5.5 WEITERFÜHRENDE TEXTE

Zur Fundierung und Erweiterung unserer hier angeführten Thematik bieten wir vier Texte an: einen interpretativen Text des geisteswissenschaftlichen Pädagogen Albert Reble, zwei weiterführende Texte des italienischen Renaissance-Humanisten Giovanni Pico della Mirandola und dessen spanischem Zeitgenossen Juan Luis Vives sowie einen praktisch-anschaulichen Text des Berliner Erziehungswissenschaftlers und Reformschulgründers Rainer Winkel.

5.5.1 Albert Reble: Pestalozzis Menschenbild und die Gegenwart[3]

In seiner Schrift *Pestalozzis Menschenbild und die Gegenwart* erörtert Albert Reble (1910-2000) die Frage nach der bleibenden Gültigkeit von Pestalozzis pädagogisch-anthropologischen Einsichten. Dabei geht es ihm besonders darum zu klären, was Pestalozzi mit „Stufen“ bzw. mit „Zuständen“ meint.

Seine Lehre von den drei Stufen ... läßt sich in folgender Weise veranschaulichen:

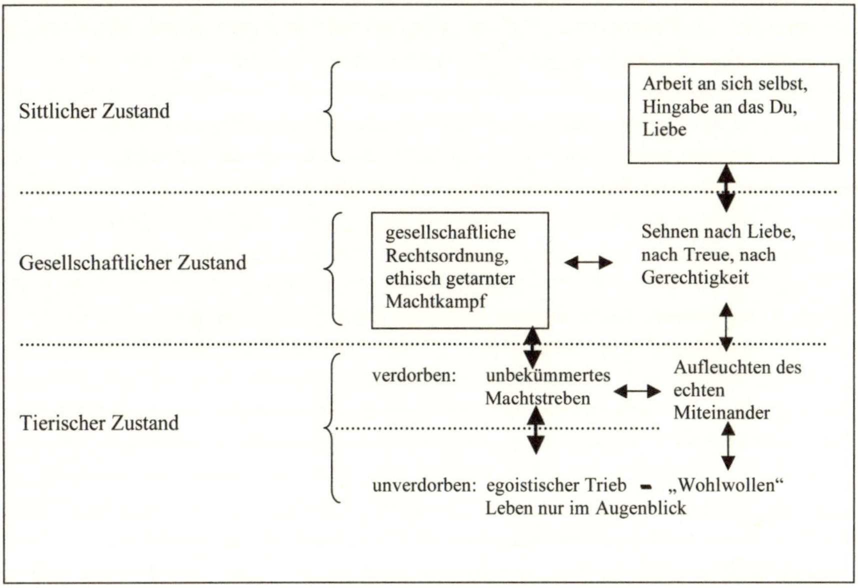

Der Bindestrich zwischen Trieb und Wohlwollen soll andeuten, daß zwischen beiden ein harmonisches Wechselspiel besteht, während die waagrechten Doppelpfeile auf den beiden höheren Stufen die wachsende Spannung zwischen den beiden Po-

3 Albert Reble: Pestalozzis Menschenbild und die Gegenwart, Stuttgart 1952, S. 30-32 u. S. 32f.

len anzeigen. Die aufsteigenden Pfeile aber geben die Entwicklung von einer Stufe zur anderen wieder, und zwar entspricht die Stärke des Pfeils jedesmal der Durchschlags- und Prägekraft, die die Tendenzen im Menschen für die verschiedenen Stufen haben. In dem Schema wird sowohl die durchgehende Polarität der menschlichen Existenz wie auch die naturhaft-„tierische" Verwurzelung des höheren Lebens, sogar des Ethischen, sichtbar. Es erhebt sich nun allerdings die Frage, was dieses Übereinander und Nacheinander von „Zuständen" für das tiefere Verständnis des menschlichen Daseins wirklich leisten kann und wie der oben ausgesprochene Gedanke zu verstehen ist, daß es sich bei dem Nacheinander nur um eine methodische Hilfskonstruktion handele.
Pestalozzi selbst gibt darauf eine klare Antwort. Er entwickelt ja den Gedanken von den Stufen, um daraus die Widersprüche verständlich zu machen, die in der menschlichen Natur zu liegen scheinen, wie er sagt, und er findet eben, daß sie ihren Hauptgrund haben in verschiedenen Ansichten von Wahrheit, Recht, Freiheit usw., je nachdem, unter welchem Aspekt, d.h. von welcher Stufe aus sie gesehen werden. Urteil und Haltung der Menschen kann durchaus entsprechend den drei „Zuständen" variieren. Pestalozzi führt selbst als Beispiel dafür das Verhältnis eines Betriebsherrn zu seinen Arbeitern an. Der kann sich gemäß dem „tierischen Zustand" verhalten; dann sieht er seine Arbeiter nur als Mittel zur eigenen Bereicherung, als Lakaien und Erwerbsquellen für sich an und nutzt sie brutal aus, ohne sich um die Gesetze zu kümmern. So etwas klingt zwar für uns heute ziemlich utopisch, eine solche Haltung liegt aber einer Unzahl von Gesetzesübertretungen zugrunde, die sich auch heute ereignen, und es ließen sich leicht Beispiele dafür finden. Verhält sich der Betriebsherr entsprechend dem „gesellschaftlichen Zustande", so folgt er selbstverständlich den Gesetzen; und wenn die ihn in seinem Lande etwa nötigen zu bestimmter Entlohnung und zu einer menschenwürdigen Behandlung, so wird er sich dazu bereit finden, aber eben nur, weil das Gesetz ihn dazu zwingt. Und falls die Gesetze ihm z.B. erlauben würden, seine Arbeiter nicht menschenwürdig zu behandeln, so würde er das sofort tun und sich zu nichts anderem verpflichtet fühlen. Der Betriebsherr jedoch, der sich entsprechend dem „sittlichen Zustand" verhält, behandelt sie menschenwürdig *ohne Zwang der Gesetze*; in dem Falle, daß die Gesetze seines Landes despotisch wären und ihm die brutale Ausnutzung seiner Arbeiter ohne weiteres gestatten oder gar gebieten würden, würde er sogar mit vollem Bewußtsein *gegen* die Gesetze handeln und das als sein Recht, ja als seine Pflicht ansehen.

Allgemein läßt sich im Sinne Pestalozzis sagen: Unser Leben ist ein Ineinander aller drei „Zustände", wobei der tierische Zustand sozusagen die naturhafte Verwurzelung unseres Lebens – die Grenze, von der wir herkommen – und der sittliche Zustand das zu erstrebende Ziel darstellt. Der gesellschaftliche Zustand aber ist das, wovon wir nicht loskommen und wobei wir uns doch nicht beruhigen können und nicht beruhigen dürfen. Es handelt sich aber im Grunde nicht um räumlich voneinander getrennte Stockwerke, zwischen denen der Mensch hin- und hersteigt. Sondern das tiefste Anliegen Pestalozzis auf diesem ganzen Gebiet ist doch wohl, daß er eine *Urpolarität der menschlichen Strebungen* aufweist, die vom ersten Augenblick an im Menschen steckt und die ihre volle Prägung in dem enthält, was Pestalozzi staatlichgesellschaftliche Rechtssphäre und Sittlichkeit nennt (also in unserem Schema die eckig umrandeten Positionen). Der zentrale Punkt all seiner anthropologischen Gedanken ist die These, daß der Mensch in sich selbst zwiespältig ist und infolgedessen ständig in einer Spannung lebt, deren Pole die Endpunkte unseres Schemas sind, und daß es sich bei dem einen Pol mehr um die öffentlich-gesellschaftliche Seite unseres Daseins handelt, bei dem anderen Pol um die persönlich-private. Dabei bringt das Stufenschema gut zum Ausdruck, daß die beiden Pole sehr verschiedenen Rang haben. Beim späteren Pestalozzi hat sich der Grundgedanke der Polarität, der in den „Nachforschungen“ durch die Drei-Stufen-Theorie etwas verdeckt und wie alles andere hier infolge der unklaren Gedankenführung und Ausdrucksweise nicht leicht zu entwirren ist, immer klarer herausgearbeitet. In der Schrift „An die Unschuld“ (1814/15) ist jene Polarität der Angelpunkt aller Erörterungen, Ratschläge und Forderungen, von ihr aus wird die ganze Kultur, insbesondere die damalige Zeitlage analysiert. Die Erscheinungen der menschlich-geschichtlichen Welt werden hier dadurch noch schärfer unterschieden, daß Pestalozzi nun die gesellschaftlich-staatliche Existenz als „Zivilisation“, die persönlich-sittliche Existenz aber als „Kultur“ im engeren Sinne bezeichnet und den Gegensatz auf den Nenner Kollektiv – Individuell bringt. Daraus ergibt sich folgende Gegenüberstellung der Lebensformen und Kulturgebiete:

„ZIVILISATION“	↔	„KULTUR“
Beruf, bürgerliche Seite des Daseins, Rechtsordnung, Staat, gesetzlich gezügelter Egoismus, der „öffentliche“ Mensch		Dienst am Du, Liebe, persönliche Seite des Daseins, Religion, Familie, persönliche Bildung, Erziehung

Wiederum betont Pestalozzi, und zwar jetzt mit aller Schärfe, daß damit eine echte, unaufhebbare Polarität für unser aller Dasein gegeben ist. Niemand kann ihr ausweichen, weder in den Himmel, noch in die Hölle hinein, sofern er wirklich Mensch sein will. Denn sieht er *nur* die gesellschaftliche Seite des Lebens, so ist er nicht *Mensch*, sondern nur Berufs- und Staatskrüppel, über den Pestalozzi auch in dieser Schrift strenges Gericht hält. Wollte der Mensch aber „rein sittlich“ handeln *außerhalb* der bürgerlichen Welt, so wäre er wieder nicht Mensch, nämlich kein soziales, geschichtliches Wesen, das ja doch hineingeboren ist in Gesellschaft, Staat usw. Also liegt in der menschliche Welt selbst der Widerspruch. „Die kollektive Existenz unsers Geschlechts hat als solche Erfordernisse, die mit den Ansprüchen der Individuen und mit den höheren Ansichten der Menschennatur und ihrer wesentlichen Bestimmung in einem ewigen Widerspruch stehen.“ (Pestalozzi)

5.5.2 Giovanni Pico della Mirandola: Der Mensch als Architekt seiner selbst[4]

Giovanni Pico della Mirandolas (1463-1494) Rede *Über die Würde des Menschen* wurde ursprünglich 1486 zur Eröffnung für ein in Rom geplantes, dann aber vom Papst abgesagtes Weltkonzil der Philosophien und Religionen geschrieben. Dieser Text wurde wiederholt als die Geburtsurkunde der pädagogischen Anthropologie oder gar der modernen Pädagogik bezeichnet. In einem typisch Renaissance-humanistischen Geist sieht Pico die (neu entdeckte) Würde des Menschen in seiner Freiheit, seinen Platz in der Welt selbst zu bestimmen und vom Naturwesen zum Kulturwesen aufzusteigen. Das Raffinierte und Einfallsreiche ist dabei, dass Pico dieses revolutionär neue Menschenbild Gottvater selbst am Ende seines Schöpfungswerkes in den Mund legt.

Daher beschloß denn der höchste Künstler, daß derjenige, dem etwas Eigenes nicht mehr gegeben werden konnte, das als Gemeinbesitz haben sollte, was den Einzelwesen ein Eigenbesitz gewesen war. Daher ließ sich Gott den Menschen gefallen als ein Geschöpf, das kein deutlich unterscheidbares Bild besitzt, stellte ihn in die Mitte der Welt und sprach zu ihm: „Wir haben dir keinen bestimmten Wohnsitz noch ein eigenes Gesicht, noch irgendeine besondere Gabe verliehen, o Adam, damit du jeden beliebigen Wohnsitz, jedes beliebige Gesicht und alle Gaben, die du dir sicher wünschst, auch nach deinem Willen und nach deiner eigenen Meinung haben und besitzen mögest. Den übrigen Wesen ist ihre Natur durch die von uns vorgeschriebenen Gesetze bestimmt und wird dadurch in Schranken gehalten. Du bist durch keinerlei unüberwindliche Schranken gehemmt, sondern du sollst nach deinem eigenen freien Willen, in dessen Hand ich dein Geschick gelegt habe, sogar jene Natur dir selbst vorherbestimmen. Ich habe dich in die Mitte der Welt gesetzt, damit du von dort bequem um dich schaust, was es alles in dieser Welt gibt. Wir haben dich weder als einen Himmlischen noch als einen Irdischen, weder als einen Sterblichen noch als einen Unsterblichen geschaffen, damit du als dein eigener, vollkommen frei und ehrenhalber schaltender Bildhauer und Dichter dir selbst die Form bestimmst, in der du zu leben wünschst. Es steht dir frei, in die Unterwelt des Viehes zu entarten. Es steht dir ebenso frei, in die höhere Welt des Göttlichen dich durch den Entschluß deines eigenen Geistes zu erheben."
Müssen wir darin nicht zugleich die höchste Freigebigkeit Gottvaters und das höchste Glück des Menschen bewundern? Des Menschen, dem es gegeben ist, das zu haben, was er wünscht, und das zu sein, was er will. Denn die Tiere, sobald sie geboren werden, tragen vom Mutterleibe an das mit sich, was sie später besitzen werden, wie Lucilius sagt. Die höchsten Geister aber sind von Anfang an oder bald darauf das gewesen, was sie in alle Ewigkeiten sein werden. In den Menschen aber hat der Vater gleich bei seiner Geburt die Samen aller Möglichkeiten und die Lebenskeime jeder Art hineingelegt. Welche er selbst davon pflegen wird, diejenigen werden heranwachsen und werden in ihm ihre Früchte bringen. Wenn er nur die des Wachsens

4 Giovanni Pico della Mirandola: Über die Würde des Menschen. Aus dem Neulateinischen übertragen v. H. W. Rüssel, Zürich [4]1996, S. 10-12.

pflegt, wird er nicht mehr denn eine Pflanze sein. Pflegt er nur die sinnlichen Keime, wird er gleich dem Tiere stumpf werden. Bei der Pflege der rationalen wird er als ein himmlisches Wesen hervorgehen. Bei der Pflege der intellektualen wird er ein Engel und Gottes Sohn sein. ... Wer möchte nicht dies unser Chamäleon bewundern? Oder wer möchte überhaupt irgend etwas anderes mehr bewundern?

5.5.3 Juan Luis Vives: Der Mensch als Schauspieler[5]

Bei dem folgenden Text des spanischen Humanisten Juan Luis Vives (1492-1540) handelt es sich um eine lebendige Veranschaulichung des Gedankens von der schöpferischen Selbstgestaltung des Menschen, indem er diesen Gedanken auf das Theater transponiert. Dabei benutzt er einen schon in der Antike beliebten Topos: das Gleichnis von Welt und Bühne. Bei einem Fest der Götter spielen die Menschen ihre eigenen Schicksale, ahmen sie tierische Verhaltensweisen nach und wagen sich am Schluss sogar daran, wie Götter zu handeln. Bezeichnenderweise fehlt bei Vives ebenso wie bei Pico jeder Hinweis auf die *miseria hominis*. Die Theatermetapher erinnert jedoch an die Zeitlichkeit und Vergänglichkeit des Menschen.

Einstmals veranstaltete die oberste Göttin, Juno, zur Feier ihres Geburtstages ein prachtvolles und reichliches Gelage für alle Götter. Diese, ihrer Sorgen ledig und vom Nektar erhitzt, baten Juno, sie möchte ihnen nun, nach dem Gelage, ein Schauspiel bieten, auf dass zur vollkommen göttlichen Festfreude nichts mehr fehle. Um ihnen auch diesen Wunsch zu erfüllen, bat Juno inständig ihren Bruder und Gemahl, den allmächtigen Jupiter, alsogleich ein Amphitheater zu erschaffen und darauf kunstgerecht neue Figuren zu erstellen, wie's bei den Spielen üblich ist; denn an diesem Festtag sollte in den Augen der Götter nichts auszusetzen sein. Auf einen Wink des allmächtigen Jupiter, der allein alles vermag, entstand da auf einmal diese unsere ganze Welt, so gross, so wunderbar, so mannigfaltig und schön, wie ihr sie vor euch seht. Dies war das Amphitheater; obenan, nämlich im Himmel, die Zuschauerplätze und Sitze der Götter, unten – manche sagen: in der Mitte – die Erde: das ist die Bühne für die handelnden Personen, für alle belebten und unbelebten Wesen.

Kaum war alles bereit und die Tafel aufgehoben, als Mercurius Braubeta auch schon verkündete, die Schauspieler seien auf der Bühne erschienen. Freudig erhoben sich die Götter und begaben sich auf ihre Plätze, ein jeder nach dem Rang seiner Würde. Jupiter Maximus stand den Spielen selber vor und gab, als er sah, dass die Götter vollständig versammelt waren, das Zeichen zum Beginn.

Er als Schöpfer ordnete alles an und erklärte es den Anwesenden. Damit sich alles aber so entwickle, wie es ihm beliebte, schrieb er Reihenfolge und Ordnung der

5 Luis Vives: Eine Fabel vom Menschen, in: Humanistische Geisteswelt – von Karl dem Großen bis Philip Sidney, hrsg. v. J. von Stackelberg, Baden-Baden 1956, S. 252-258.

Spiele sämtlichen Schauspielern so genau vor, dass sie auch nicht einen Fingerbreit, wie man sagt, davon abweichen durften.
Sobald die auf der Bühne Versammelten das Zeichen und die Stimme Jupiters vernommen hatten, traten sie der Reihe nach an die Rampe und führten dort so trefflich und wohlgelungen, so gut wie ein Roscius, Tragödien, Komödien, Satyrspiele, Pantomimen, Atellanen und anderes der Art auf, dass die Götter schworen, sie hätten noch nie ein schöneres und erfreuenderes Schauspiel gesehen. Ausser sich vor Genugtuung und Freude fragte Juno selbst einen Gott nach dem andern, wie ihm das Spiel gefalle. Alle waren der gleichen Meinung, nichts Wunderbareres, nichts der Juno und ihrem Festtage Würdigeres je erschaut zu haben. Die erhabene Gattin des höchsten Gottes vermochte sich nicht zu beruhigen, sie durcheilte die Reihen der Unsterblichen und fragte freudig erregt unter anderem immer wieder, welcher Schauspieler für den besten gehalten würde. Die allerweisesten Götter aber entgegneten, keiner könne es besser als der Mensch - und der Vater der Götter selbst bestätigte dieses Urteil. Je aufmerksamer sie nämlich die Gesten, die Worte und das ganze Verhalten des Menschen beobachteten, desto grösser und grösser ward das Erstaunen der Götter. Es gefiel Jupiter wohl, dass der Mensch, sein Geschöpf, von allen Göttern so sehr gelobt und bewundert wurde.
Die Jupiter zur Seite sassen, erkannten leicht an dem grossen Gefallen, das dieser an dem Erzschauspieler Mensch fand, er sei von ihm selber erschaffen, ja, bei näherem Hinschauen erkannten sie eine grosse Ähnlichkeit zwischen Jupiter und den Menschen, so dass es auch dem Dümmsten klar werden musste, dass der Mensch Gottes Kind ist. In der Tat, der Mensch, welcher öfters unter seiner Maske hervorschaute und fast ganz zu sehen war, tat sich in vielen Dingen herrlich hervor; er erwies sich als gottähnlich, als der Unsterblichkeit, Weisheit, Klugheit, Gedankenfülle Jupiters so sehr teilhaft, dass leicht zu erkennen war, er habe diese höchsten Gaben aus Jupiters reichem Schatz, ja aus seiner Person selbst erhalten.

Wie der höchste der Götter in seiner Kraft alles umfasst und alles ist, so schien es auch dieser sein Pantomime zu tun und zu sein. Er verwandelte sich derart, dass er einmal in der Gestalt einer Pflanze erschien, ein Leben ohne jegliche Empfindung mimend. Dann verschwand er eine kurze Weile und erschien als Satyrspieler auf der Bühne, der die Gestalt von tausend verschiedenen Tieren annimmt: er zeigte sich als zorniger, brüllender Löwe, als reissender, gieriger Wolf, als wilder Eber, listiger Fuchs, als wollüstiges, schlammiges Schwein, als furchtsamer Hase, neidischer Hund, törichter Esel. Nachdem er dies vorgeführt hatte, verschwand er wieder ein wenig und trat als Mensch wieder auf, sobald sich der Vorhang hob; er

erschien als kluger, gerechter, geselliger, gütiger und freundlich gebildeter Mensch, er verkehrte mit anderen brüderlich, gehorchte und befahl, je nachdem, was an der Reihe war. Er kümmerte sich um das gemeinsame Werk und Wohl zusammen mit anderen, in jeder Hinsicht ein Bürger seines Staatswesens.
Die Götter glaubten nicht, ihn in noch anderen Rollen zu sehen, da trat er plötzlich wieder auf in ihrer, der Götter, Gestalt, den Menschengeist selbst übertreffend, ganz der Weisheit hingegeben. O höchster Jupiter, welch ein Schauspiel! Zunächst meinten sie voll Staunen, sich selbst auf der Bühne von diesem Meistermimen dargestellt und ausgedrückt zu finden und nannten ihn einen vielgestaltigen Proteus, des Okeanos Sohn. Darauf sagten sie unter unglaublichem Beifall, sie liessen nicht zu, dass dieser beste Darsteller noch länger auf der Bühne spiele, und forderten Juno auf, ihn seine Maske ablegen und in den Reihen der Götter selbst Platz nehmen zu lassen: er solle nicht länger mehr Schauspieler, sondern selber Zuschauer sein. Schon schickte sich Juno an, dies von ihrem Gemahl zu erbitten, als im selben Augenblick der Mensch als höchster und bester der Götter, als Jupiter Maximus, auf der Bühne erschien und das Bild des Vaters so unbeschreiblich echt wiedergab, dass er die geringeren Götter überflügelte und in jenes unzugängliche Licht eindrang, das von Dunkel umgeben ist, und darin Jupiter, der König der Könige und Götter, thront. Die Götter erblickten es und meinten, erregt und verwirrt, ihr Herr und Vater sei auf der Bühne erschienen: dann jedoch besannen sie sich und richteten ihren Blick zu Jupiters Sitz empor, um zu sehen, ob er dort selbst sässe, oder ob er maskiert auf der Bühne erschienen sei; und als sie ihn dort oben erblickten, wandten sie ihre Augen wieder dem Menschen zu, darauf wieder hinauf zum Höchsten der Götter. Denn so vorzüglich und so geschickt spielte der Mensch Jupiters Rolle, dass die Götter wieder und wieder hinauf und hinab schauen mussten, um vom Abbild und von der ähnlichen Nachahmung des Mimen nicht hintergangen zu werden. Unter den anderen Schauspielern gab es einige, die schworen, dies sei kein Mensch, sondern Jupiter selbst. Ob solch grossen Irrtums wurden sie strenge bestraft.

Die Götter aber beschlossen einmütig aus Hochachtung vor dem Bild des Göttervaters, dem Menschen göttliche Ehren zukommen zu lassen. Und, von Juno selbst unterstützt, erbaten sie sich von Jupiter aus, dass, wer die Rollen der Götter und Jupiters so trefflich gespielt hatte, seine Maske ablegen und in der Mitte der Götter Platz nehmen solle. Jupiter gewährte es ihnen denn er hatte selbst lange zuvor schon für seinen Menschen das gleiche beschlossen. Der Mensch wurde also von der Bühne abgerufen und von Merkur zu den Göttersitzen geführt. Er wurde zum Sieger erklärt und nicht mit lauter Stimme, sondern voll schweigender Bewunderung in ihrer Mitte aufgenommen. Ganz unverhüllt bot der Mensch da den Göttern seine gottähnliche Natur dar, welche in der körperlichen Hülle und unter der Maske solch ein wandelbares, solch ein vielgestaltiges und mannigfaltiges Wesen, einem Polyp oder einem Chamäleon gleich, auf der Bühne zur Schau getragen hatte. Jupiter selbst wurde daraufhin anerkannt und begrüsst, nicht nur als Vater der Götter, sondern auch als Vater der Menschen, welchen Titel er von beider Seite mit gnädiger und wohlgefälliger Miene annahm und sich gern begrüssen und verehren liess unter dieser hehren

Bezeichnung als „Vater der Götter und Menschen". Und so nennen wir ihn noch heute mit diesem Namen.

5.5.4 Rainer Winkel: Erziehung zur Selbstbestimmung[6]

Im Anschluss und zugleich im Kontrast zu den Renaissance-Humanisten soll dieses Kapitel ein Text von Rainer Winkel (geb. 1943) abschließen, der uns aus den Visionen der beiden Humanisten in die konkrete Wirklichkeit von Schule heute führt. Aus den Tagebüchern, die Rainer Winkel als Gründungsdirektor der Evangelischen Gesamtschule Gelsenkirchen geführt hat, bringen wir hier seinen Eintrag vom 7. Januar 2001. Darin kommt ein pädagogisches Engagement zum Ausdruck, das unmittelbar an Pestalozzi erinnert und gleichzeitig die Würde der menschlichen Person unter den Bedingungen heutiger Sozialisation zur Geltung bringt.

Sonntag, am 7. Januar 2001
Morgen ist der erste Schultag im neuen Jahr. Zwei Erlebnisse begleiten mich. Das eine hat mit dem Verhältnis von „Politik und Pädagogik", das andere mit dem „Pädagogischen Bezug" zu tun, den Herman Nohl (1933) als „das leidenschaftliche Verhältnis eines reifen Menschen zu einem werdenden Menschen" definiert hat, „und zwar um seiner selbst willen, dass er zu seinem Leben und seiner Form komme".
In der Silvesternacht ging ich gegen 20 Uhr zur Schule; dumpfe Befürchtungen im Kopf. Ein gutes Dutzend (z.T. mir fremde) Jugendliche hatte sich schon versammelt – Alkohol und Zigarette, Knallkörper und laute Musik bildeten das Milieu. Was tun? Wache schieben? Vorsichtshalber die Polizei informieren? Vor allem die Feuerwehr? Den Hausmeister benachrichtigen? Nur das Letztere tat ich: Herr Füllgraf wusste Bescheid. ...
Eine Zeitlang beobachtete ich das Treiben und die sich von nah und fern vermehrenden Jugendlichen. Dann redete ich die einen an und scherzte mit den anderen; wies diskret auf die vielen Holzbauten hin und den eingefrorenen Teich – die drei Wortführer lud ich kurz in die Schule ein, um mit ihnen etwas auszuhandeln. Unsicher und verlegen (also sehr laut!) folgten sie mir. Dann erläuterte ich noch einmal meinen Wunsch, dass alle hier und jetzt (wenn sie denn wollen) eine feuchtfröhliche Silvesternacht erleben können, dass ich andererseits aber auch eine Gewähr brauche, dass nichts zerstört und nichts abgefackelt wird. „Okay, Chef! Aber wie soll das geschehen?" Ich schlug ihnen vor, dass sie selbst (diese drei also) gemeinsam die Sheriffs heute Nacht sind und gegen einen gewissen Lohn die Aufsicht übernehmen. „Ich hab jedenfalls keinen Bock" (ein fürchterliches Wort), „hier die ganze Nacht herumzustehen und aufzupassen, dass nichts passiert", so meine Begründung.
Gesagt – getan: Wir einigten uns auf 50 Mark, für jeden versteht sich, 20 Mark jetzt sofort, 30 Mark gegen 1 Uhr. „Okay, Chef!" Handschlag, ab nach draußen, die Meute

6 Rainer Winkel: Die Schule neu machen, Band 2, Hohengehren 2009, S. 336-337.

nahm's zustimmend-gelassen auf. Ich blieb noch ein Stündchen drin und draußen, ging dann nach Hause und kam kurz nach 1 Uhr zurück. Knapp die Hälfte der Jugendlichen waren noch da – natürlich auch meine drei Sheriffs. Sie erhielten den restlichen Sold, klatschten mich ab und meinten, nicht mehr so nüchtern wie noch drei Stunden vorher: „Alles klar, Chef! Nichts kaputt und, vor allem, kein Feuer!" Billiger hätte dies kein Wachdienst gewährleistet, aber darauf kam es mir gar nicht an. Entscheidend war eine pädagogische Absicht: Die Grundlage der Erziehung ist in der Tat ein personales Verhältnis, das ein Erwachsener einem jungen Menschen anbietet und das ihm etwas *zu*traut, indem es ihm *ver*traut. Dies mag man ein „leidenschaftliches Verhältnis" nennen, ich bevorzuge es, von einem personalen Bezug zu sprechen, ohne den niemand zu seiner möglichen Entwicklung kommt: zu seinem Leben und seiner Form.

5.6 FRAGEN ZU DEN WEITERFÜHRENDEN TEXTEN

(f) Worin sieht Albert Reble die zentrale Aussage von Pestalozzis pädagogischer Anthropologie?
(g) In welchem Sinne bezeichnet Pico den Menschen als einen „vollkommen frei und ehrenhalber schaltenden Bildhauer und Dichter"?
(h) Welche Fähigkeit des Menschen ist es, die ihn nach Vives die Bewunderung der Götter gewinnen lässt?
(i) Versuchen Sie, Pestalozzis „Zustände" auf den Text von Winkel zu übertragen. An welchen „Zustand" hat Winkel in der beschriebenen Situation appelliert?

5.7 SCHLUSSFOLGERUNG

Die meisten Erziehungstheorien aus der rund 2500-jährigen Geschichte der abendländischen Pädagogik stimmen darin überein, dass es im wesentlichen drei Faktoren sind, die in die Erziehung hineinwirken und sie bestimmen: Natur, Gesellschaft, schöpferisches Ich. Unterschiede zwischen den einzelnen Theorien treten dann hervor, wenn es darum geht, die drei Faktoren hierarchisch zu gliedern bzw. zwei Faktoren oder gar nur einen der drei mit besonderem Akzent zu thematisieren. Von Pestalozzis pädagogischer Anthropologie ausgehend, lassen sich dessen „Zuständen" jeweils drei verschiedene Erziehungsverständnisse zuordnen.

Isoliert man die Natur oder spricht ihr die Priorität zu, entsteht die Theorie einer „natürlichen" Erziehung. Sie legt den Schwerpunkt einseitig auf die natürlichen Prozesse von Wachstum und Entwicklung. Entsprechend werden „natürliche" Bedürfnisse, vitale Triebe, subjektive Neigungen, „ursprüngliche" Interessen als das angesehen, was den als Entwicklungsvorgang gedachten Prozess der Menschwerdung bewegt und steuert. Analog dem relativ spannungsfreien Wachstumsprozess vom Samen zur Pflanze oder vom Löwenjungen zum Löwen wird auch das kindliche Wachsen als natürlich angesehen, so dass es von außen allenfalls gestört oder

– bei genauer Kenntnis der Wachstumsgesetzlichkeiten – gefördert, aber nicht wesentlich geändert werden kann.

Isoliert man die Gesellschaft oder spricht ihr die Priorität zu, entsteht die Theorie einer „gesellschaftlichen" Erziehung. Diese stellt sowohl den Gedanken an eine natürliche Individualität und an eine allgemeine menschliche Natur zurück und versteht Erziehung umgekehrt als die Vergesellschaftung des „natürlichen" Menschen und – von der Gesellschaft her gesehen – als die Reproduktion der Gesellschaft durch die soziale Assimiliation der heranwachsenden Generation. Dieser soziologischen Position erscheint eine Erziehungstheorie, die von der individuellen Natur des Menschen ausgeht, zu bio-psychologisch, und eine, welche eine allgemeine menschliche Natur voraussetzt, zu philosophisch. Aus dieser Perspektive wird das „natürliche" Individuum als eine *tabula rasa* angesehen, auf welche die Gesellschaft im Verlaufe der Sozialisation ihre kulturellen Traditionen, Normen und Werte einschreibt.

Fokussiert man den Blick allein auf den sittlichen Zustand, entsteht eine Theorie der sittlichen Erziehung. Diese hat Pestalozzi in dem hier ausgewählten Text nicht ausgeführt. Sie findet sich – quasi als Meisterstück seiner Elementarmethode – in seinem sog. *Stanser Brief* von 1799. Dort erläutert er als Elemente der sittlichen Erziehung die „allseitige Besorgung" der notwendigsten Bedürfnisse, das gemeinsame Handeln in sittlich relevanten Situationen und schließlich die Reflexion darüber. Mit Pestalozzis eigenen Worten: „Der Umfang der sittlichen Elementarbildung beruht überhaupt auf den drey Gesichtspunkten, der Erzielung einer sittlichen Gemüthsstimmung durch reine Gefühle, sittlicher Uebungen durch Selbstüberwindung und Anstrengung in dem, was recht und gut ist; und endlich der Bewirkung einer sittlichen Ansicht durch das Nachdenken und Vergleichen der Rechts- und Sittlichkeitsverhältnisse, in denen das Kind schon durch sein Daseyn und seine Umgebungen steht."[7]

Die Beschäftigung mit Pestalozzis Anthropologie hat deutlich gemacht, dass es sich bei den drei „Zuständen" nicht um Stufen einer linearen Entwicklung handelt, sondern um „Widersprüche" und Polaritäten, die dem menschlichen Dasein innewohnen. Wenn dies zutrifft, dann dürfen weder die natürliche noch die gesellschaftliche, aber auch nicht die sittliche Erziehung isoliert und verabsolutiert werden. Sie verlangen im Gegenteil nach einer klaren und wohlbegründeten Vermittlung und gegenseitigen Zuordnung. Diese Frage wird im abschließenden Ka-

7 Siehe dazu Pestalozzis Brief an einen Freund über seinen Aufenthalt in Stans (1799), in: Pestalozzi über seine Anstalt in Stans, hrsg. v. W. Klafki, Weinheim [7]1997, S. 23.

pitel dieses Buches eine Beantwortung finden, in dem es um ein „Maß“ für die Erziehung gehen wird.

Der Einfluss der drei anthropologischen „Sichtweisen“ auf das Verständnis von Erziehung

„Zustände“ des Menschen	Theorie-konzept	Erziehungsbegriff	Bild (Metapher) des Lehrers und Erziehers
Natürlicher Zustand	„natürliche“ Erziehung	Wachsenlassen/ Entwicklungshilfe	Gärtner/ Pfleger
Gesellschaftlicher Zustand	„gesellschaft-liche“ Erzie-hung	Sozialisation/Verge-sellschaftung	Lerningenieur/ Sozialtechniker
Sittlicher Zustand	„sittliche“ Erziehung	„Allseitige Besor-gung“/ Handeln/ Reflexion	Dialogpartner

5.8 WEITERFÜHRENDE LITERATUR

Sabine Seichter: Pädagogische Beziehungsformen, in: Ch. Wulf/ J. Zirfas (Hrsg.): Handbuch Pädagogische Anthropologie, Wiesbaden 2014, S. 227-236.

Sabine Seichter: Pädagogische Liebe. Erfindung, Blütezeit, Verschwinden eines pädagogischen Deutungsmusters, Paderborn 2007.

Fritz-Peter Hager/ Daniel Tröhler (Hrsg.): Pestalozzi. Wirkungsgeschichtliche Aspekte, Bern 1996.

Jürgen Oelkers/ Fritz Osterwalder (Hrsg.): Pestalozzi – Umfeld und Rezeption, Weinheim 1995.

Pestalozzianum (Hrsg.): Pestalozzi im internationalen Gespräch. Beiträge zu Leben, Werk und Wirkung Johann Heinrich Pestalozzis, Zürich 1990.

Michel Soëtard: Johann Heinrich Pestalozzi. Sozialreformer – Erzieher – Schöpfer der modernen Volksschule. Eine Bildbiographie, dt. Zürich 1987.

SECHSTES KAPITEL

Jean-Jacques Rousseau

oder: Erziehung als Weg zum Fortschritt?

6.1 ZUM EINSTIEG

Im Mittelpunkt dieses Kapitels stehen Texte von Jean-Jacques Rousseau (1712-1778), die das abendländische Denken über Erziehung revolutioniert haben und bis heute irritieren und provozieren. Keine andere Figur in der Geschichte der Pädagogik dürfte so umstritten gewesen sein wie Rousseau, und an ihm scheiden sich noch immer die Geister. In seiner Jugend weitgehend auf sich selbst gestellt, lernte er als Sechszehnjähriger Madame de Warrens kennen, die seine langjährige Mentorin und spätere Geliebte wurde. Unter ihrer Obhut las er sich als Autodidakt ein enormes Wissen an; als Mensch führte er ein ruheloses und widersprüchliches Leben, das er in seinen zur Weltliteratur zählenden *Bekenntnissen* mit großer Offenheit dargestellt hat; als Autor besticht er nicht nur durch die Kühnheit seiner Gedanken, sondern ebenso durch brillante Rhetorik und anschauliche Klarheit. Hartmut von Hentig rät: „Man vergleiche entsprechende Schriften von Kant und Hegel, Herder und Herbart, Gadamer und Habermas mit denen Rousseaus, und man wird dessen Vorzüge jedenfalls für die deutschen Leser und in heutiger Zeit leicht erkennen.“[1]

1750 wurde Rousseau buchstäblich über Nacht berühmt, als er in seinem *Discours sur les sciences et les arts* die Preisfrage der Akademie von Dijon, ob die Neubelebung der Wissenschaften und Künste dazu beigetragen habe, die Sitten zu läutern, negativ beantwortete und diese Antwort auf eine sehr ambivalente Einschätzung von Wissenschaften und Künsten stützte. Seine These, dass nicht jeder wissenschaftliche und technische Fortschritt auch einen menschlichen (sozialen, kulturellen, politischen, moralischen) Fortschritt bedeutet, und die ihr zugrunde liegende Einsicht, dass der technische Fortschritt stets nur die Mittel betrifft und also nur die Effizienz steigert (und nicht notwendig eine andere Art von Fortschritt in sich trägt), hat Rousseau zwangsläufig auf die für sein ganzes Werk zentrale Frage nach der Erziehung geführt. Dabei richtet er dieses Fragen nicht darauf, was die Erziehung leisten und wozu allem sie gebraucht werden kann, sondern er stellt die pädagogische Kernfrage, was die Erziehung eigentlich *ist* und wie sie selbst (*juxta*

1 Hartmut von Hentig: Rousseau oder Die wohlgeordnete Freiheit, München 2003, S. 98.

propria principia) gedacht werden muss, wenn man sie nicht nur als Magd, als Dienerin oder gar als Dirne anderer Mächte und Zwecke begreifen will.

6.2 ZUR EINFÜHRUNG

In seinem Brief an Malherbes vom 12. Januar 1762, in dem Rousseau lebhaft über sein sog. „Erleuchtungserlebnis" berichtet, das er auf dem Weg zu dem in Vincennes eingesperrten Diderot hatte, stellt Rousseau deutlich fest, dass die „Menge großer Wahrheiten", die ihn „eine Viertelstunde unter diesem Baum erleuchteten", in drei seiner Hauptschriften verstreut festgehalten sind, nämlich in den beiden *Preisschriften* und in seinem *Emile*, die „zusammen ein einziges Ganzes bilden"[2].

Die erste Preisschrift von 1750 ist zugleich das erste seiner philosophischen Hauptwerke und eine bis heute unerschöpfliche Quelle der Kulturkritik. Mit fast beklemmender Radikalität problematisiert Rousseau die bisherige Entwicklung von Wissenschaften und Künsten und stigmatisiert sie als Degenerationserscheinungen, welche unausbleiblich zum Verlust von Freiheit und Tugend und zur Förderung von Müßiggang und Luxus führen.

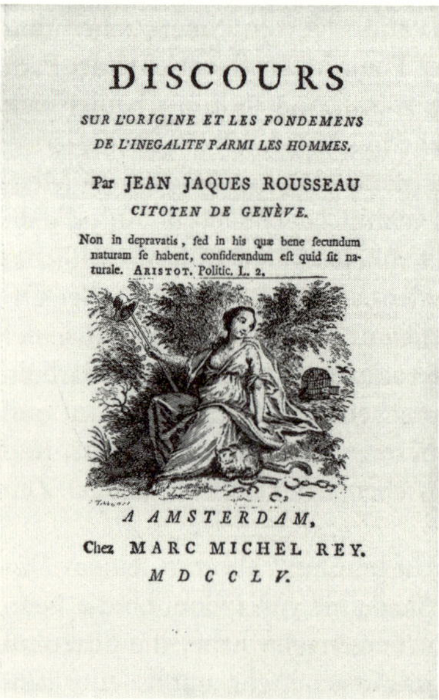
DISCOURS
SUR L'ORIGINE ET LES FONDEMENS
DE L'INEGALITE' PARMI LES HOMMES.
Par JEAN JAQUES ROUSSEAU
CITOYEN DE GENÈVE.
Non in depravatis, ſed in his quæ bene ſecundum naturam ſe habent, conſiderandum eſt quid ſit naturale. ARISTOT. Politic. L. 2.
A AMSTERDAM,
Chez MARC MICHEL REY.
MDCCLV.

Die zweite Preisschrift von 1755, sein *Diskurs über den Ursprung und die Grundlagen der Ungleichheit unter den Menschen*, musste seinen Zeitgenossen ebenso verwegen wie revolutionär erscheinen, weil Rousseau im Gegensatz zu den aufklärerischen Naturrechtslehren, welche die soziale Bestimmtheit der menschlichen Natur immer schon voraussetzen, die Vergesellschaftung und damit auch die Erziehung des Menschen als einen kontingenten geschichtlichen Prozess beschrieb, der nicht notwendig so verlaufen musste, wie es geschah, sondern durchaus anders gestaltet werden könnte. In seiner originellen genetischen Darstellungsweise setzte er hypothetisch einen anfänglichen Naturzustand des Menschen an, „der nicht mehr besteht, vielleicht überhaupt nicht bestanden hat, wahrscheinlich nie mehr bestehen wird, und für den dennoch zutreffende Begriffe nötig sind, um unseren jetzigen Zustand richtig zu beurteilen."[3]

In diesem Naturzustand sieht Rousseau den Menschen in seiner Animalität (*état d'animalité*) durch zwei Prinzipien gekennzeichnet: die Selbstliebe (*amour de soi*) und ein Gefühl der Existenz (*sentiment de l'éxistence*) und des Mitleids (*compassion*) mit anderen, ehe der Mensch auf Grund der ihm eigenen *perfectibilité* (ungenau

2 Jean-Jacques Rousseau: Schriften, hrsg. v. H. Ritter, Bd. 1, Frankfurt a.M. 1981, S. 483.
3 Jean-Jacques Rousseau: Zweiter Diskurs, in: Ebda., S. 58.

übersetzt als „Vervollkommnungsfähigkeit") seine geschichtliche Menschwerdung vollzieht. Im zweiten Teil seiner Schrift bietet Rousseau eine Erklärung für die Ungleichheit der Menschen, die bis heute nichts von jener Faszination verloren hat, welche sie sowohl auf die deutschen Idealisten von Kant bis Hegel, aber auch auf Marx, Adorno u.a. ausgeübt hat, indem sie als die *differentia specifica* des Menschen nicht seinen Verstand bestimmt, sondern seine Eigenschaft, frei handeln zu können. „Die Natur befiehlt jedem Wesen, und das Tier gehorcht. Der Mensch empfindet den gleichen Impuls, aber er erkennt sich frei, zuzustimmen oder Widerstand zu leisten; und gerade in dem Bewußtsein dieser Freiheit zeigt sich die Geistigkeit seiner Seele; denn die Physik erklärt auf irgendeine Art den Mechanismus der Sinne und die Bildung der Begriffe; aber in dem Vermögen des Wollens oder vielmehr des Wählens und in dem Gefühl dieser Macht findet man nur rein geistige Handlungen, an denen man nichts durch die Gesetze der Mechanik erklären kann."[4]

Als Ursachen der Ungleichheit zeigt Rousseau – Marx vorwegnehmend – die Arbeitsteilung und das Privateigentum auf und, in deren Schatten und für die Erziehung folgenreich, das Entstehen der Eigenliebe (*amour propre*); das Begehren nach gesellschaftlichem Ansehen; den Wunsch, seinen Kontrahenten vorgezogen zu werden; und schließlich die Abhängigkeit der eigenen Selbsteinschätzung von der Meinung der anderen; „der Wilde lebt in sich selbst; der zivilisierte Mensch, der sich selbst immer fern ist, kann nur leben im Spiegel der Meinung der anderen, und er leitet sozusagen allein aus ihrem Urteil das Gefühl für seine eigene Existenz ab"[5].

Die pädagogischen Konsequenzen aus den beiden *Preisschriften* hat Rousseau 1762 in seinem *Gesellschaftsvertrag* (*Contrat social*) im Hinblick auf Politik und Staatslehre gezogen und in seinem *Emile oder Über die Erziehung* (*Emile ou de la éducation*) im Hinblick auf die Erziehung. In diesem Buch – einer Mischung aus theoretischer Abhandlung und fiktivem Roman – stellt er sehr detailliert das ideale Erziehungsprogramm eines „*élève imaginaire*", und zwar eines mittelmäßig begabten und verwaisten Zöglings aus einer reichen Adelsfamilie dar, der von einem feinfühligen Erzieher (*gouverneur*) durch die Phasen seiner Kindheit und Jugendzeit bis zum 25. Lebensjahr begleitet wird und als Beruf das Tischlerhandwerk erlernt.

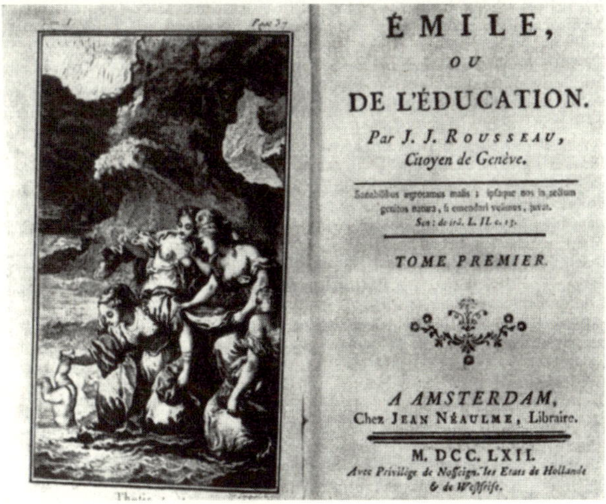

4 Ebda., S. 70.
5 Ebda., S. 110.

6.3 TEXTE VON ROUSSEAU

Aus den rund 500 Seiten des *Emile* haben wir zwei größere Passagen aus dem 1. und dem 4. Buch ausgewählt. Entgegen einem weit verbreiteten Vorurteil hat Rousseau nicht nur das Modell einer „natürlichen" (negativen) Erziehung entworfen, sondern im 4. und 5. Buch erklärt er dieses ausdrücklich nur als eine Vorstufe für die erst mit der Pubertät einsetzende „eigentliche" Erziehung. Erst diese ist die von Rousseau anvisierte Erziehung zur Freiheit und zum reflektierten Gebrauch der theoretischen und praktischen Vernunft.

6.3.1 Jean-Jacques Rousseau: Emile oder Über die Erziehung[6]

[Erstes Buch]
Alles ist gut, wie es aus den Händen des Schöpfers kommt; alles entartet unter den Händen des Menschen. Der Mensch zwingt ein Land, die Erzeugnisse eines anderen hervorzubringen, einen Baum, die Früchte eines anderen zu tragen. Er vermengt und vertauscht das Wetter, die Elemente und die Jahreszeiten. Er verstümmelt seinen Hund, sein Pferd, seine Sklaven. Alles dreht er um, alles entstellt er. Er liebt die Mißgeburt, die Ungeheuer. Nichts will er haben, wie es die Natur gemacht hat, selbst den Menschen nicht. Man muß ihn, wie ein Schulpferd, für ihn dressieren; man muß ihn nach seiner Absicht stutzen wie einen Baum seines Gartens.
Ohne das wäre alles noch schlimmer, denn der Mensch gibt sich nicht mit halben Maßnahmen ab. Unter den heutigen Verhältnissen wäre ein Mensch, den man von der Geburt an sich selbst überließe, völlig verbildet. Vorurteile, Macht, Notwendigkeit, Beispiel und alle gesellschaftlichen Einrichtungen, unter denen wir leben müssen, würden die Natur in ihm ersticken, ohne etwas anderes an ihre Stelle zu setzen. Sie gliche einem Baum, der mitten im Wege steht und verkommt, weil ihn die Vorübergehenden von allen Seiten stoßen und nach allen Richtungen biegen. ...

Pflanzen werden gezogen: Menschen werden erzogen. Käme der Mensch groß und stark zur Welt: seine Stärke und Größe nützten ihm so lange nichts, bis er gelernt hätte, sich ihrer zu bedienen. Sie wären sogar sein Schaden, weil sie andere daran hinderten, für ihn zu sorgen und ihm beizustehen. So ginge er, sich selbst überlassen, zugrunde, ehe er sein Bedürfnis erkannt hätte. Man beklagt den Kindstand, aber man sieht nicht, daß die Menschheit zugrunde gegangen wäre, wenn der Mensch nicht als Kind begonnen hätte.
Wir werden schwach geboren und brauchen die Stärke. Wir haben nichts und brauchen Hilfe; wir wissen nichts und brauchen Vernunft. Was uns bei der Geburt fehlt und was wir als Erwachsene brauchen, das gibt uns die Erziehung.

---

6 Jean-Jacques Rousseau: Emil oder Über die Erziehung, hrsg. v. L. Schmidts, Paderborn [13]1993, S. 9-14.

Die Natur oder die Menschen oder die Dinge erziehen uns. Die Natur entwickelt unsere Fähigkeiten und unsere Kräfte; die Menschen lehren uns den Gebrauch dieser Fähigkeiten und Kräfte. Die Dinge aber erziehen uns durch die Erfahrung, die wir mit ihnen machen, und durch die Anschauung.
Wir haben also dreierlei Lehrer. Widersprechen sie sich, so ist der Schüler schlecht erzogen und wird immer uneins mit sich sein. Stimmen sie aber überein und streben sie auf ein gemeinsames Ziel hin, so erreicht er sein Ziel und lebt dementsprechend. Er allein ist gut erzogen.
Von den drei Arten der Erziehung hängt die Natur gar nicht, die der Dinge nur in gewisser Hinsicht von uns ab. Die der Menschen ist die einzige, die wir in unserer Gewalt haben; und auch da nur unter gewissen Voraussetzungen, denn wer kann hoffen, die Reden und die Handlungen derer überwachen zu können, die das Kind umgeben?
Sieht man die Erziehung als Kunst an, so scheint ein voller Erfolg unmöglich zu sein, weil das nötige Zusammenwirken von Natur, Dingen und Menschen nicht von uns abhängt. Was man bei größter Sorgfalt erreichen kann, ist, dem Ziel mehr oder weniger nahe zu kommen. Es völlig zu erreichen, ist ein Glücksfall.
Das Ziel der Erziehung? Es ist das Ziel der Natur selber; das habe ich eben bewiesen. Da die drei Faktoren aber zusammenwirken müssen, wenn die Erziehung gelingen soll, so müssen wir die beiden anderen nach dem Faktor ausrichten, über den wir nichts vermögen. ...
Wir werden empfindsam geboren und von Geburt an auf verschiedene Weise durch unsere Umwelt beeinflußt. Sobald wir unserer Eindrücke bewußt werden, suchen wir die betreffenden Gegensätze zu erstreben oder zu fliehen; anfangs je nachdem sie uns angenehm oder unangenehm sind, später je nach der Zuneigung oder der Abneigung, die wir zwischen uns und jenen Dingen finden; schließlich urteilen wir vernünftig über ihren Wert für unser Glück und unsere Vollkommenheit. Diese Anlagen wachsen und festigen sich in dem Maße, in dem wir empfindsamer und vernünftiger werden. Werden sie jedoch von Gewohnheiten gezwungen, so ändern sie sich mehr oder weniger nach unseren Meinungen. Vor dieser Veränderung sind sie das, was ich die Natur in uns nenne. ...

Auf diese ursprüngliche Veranlagung müßte man alles zurückführen. Und das könnte geschehen, wenn die drei Erziehungsmächte nur verschiedenartig wären. Was aber, wenn sie einander widersprechen? Wenn man einen Menschen für andere erzieht, statt für sich selbst? Dann ist Übereinstimmung unmöglich. Man bekämpft dann entweder die Natur oder die sozialen Einrichtungen und muß wählen, ob man einen Menschen oder einen Bürger erziehen will: beides zugleich ist unmöglich. ...
Der natürliche Mensch ruht in sich. Er ist eine Einheit und ein Ganzes; er bezieht sich nur auf sich oder seinesgleichen. Als Bürger ist er nur ein Bruchteil, der vom Nenner abhängt, und dessen Wert in der Beziehung zum Ganzen liegt, d.h. zum Sozialkörper. Gute soziale Einrichtungen entkleiden den Menschen seiner eigentlichen Natur und geben ihm für seine absolute eine relative Existenz. Sie übertragen sein *Ich* in die Allgemeinheit, so daß sich der einzelne nicht mehr als Einheit, sondern als Glied des Ganzen fühlt und angesehen wird. ...

Wer innerhalb der bürgerlichen Ordnung seine natürliche Ursprünglichkeit bewahren will, der weiß nicht, was er will. Im Widerspruch mit sich selbst, zwischen seinen Neigungen und Pflichten schwankend, wird er weder Mensch noch Bürger sein. Er ist weder sich noch anderen nützlich. Er wird ein Mensch von heute sein, ein Franzose, ein Engländer, ein Spießbürger: ein Nichts. ...

In der natürlichen Ordnung sind alle Menschen gleich; ihre gemeinsame Berufung ist: Mensch zu sein. Wer dafür gut erzogen ist, kann jeden Beruf, der damit in Beziehung steht, nicht schlecht versehen. Ob mein Schüler Soldat, Priester oder Anwalt wird, ist mir einerlei. Vor der Berufswahl der Eltern bestimmt ihn die Natur zum Menschen. Leben ist ein Beruf, den ich ihn lehren will. Ich gebe zu, daß er, wenn er aus meinen Händen kommt, weder Anwalt noch Soldat noch Priester sein wird, sondern in erster Linie Mensch. Alles, was ein Mensch zu sein hat, wird er genau so sein wie jeder andere auch; und wenn das Schicksal ihn zwingt, seinen Platz zu wechseln, er wird immer an seinem Platz sein.

6.3.2 Jean-Jacques Rousseau: Emile oder Über die Erziehung[7]

[Viertes Buch]
Der Mann ist aber nicht geschaffen, um in der Kindheit stehenzubleiben. Zu gegebener Zeit läßt er sie hinter sich. Dieser Augenblick der Krise ist zwar kurz, aber von weitreichendem Einfluß. ...

Das ist die zweite Geburt, von der ich gesprochen habe. Jetzt erwacht der Mann zum wirklichen Leben. Jetzt bleibt ihm nichts Menschliches mehr fremd. Unsere Sorgen waren bisher nur Kinderspiel, jetzt gewinnen sie größte Bedeutung. In diesem Zeitraum, in dem gewöhnlich die Erziehung abgeschlossen wird, beginnt unsere erst richtig. Um diesen Plan deutlich darlegen zu können, müssen wir auf Früheres zurückgreifen, das damit in Beziehung steht. ...

Die Quelle unserer Leidenschaften und der Ursprung aller anderen ist die Selbstliebe, die mit dem Menschen geboren wird und die ihn nicht verläßt, solange er lebt. Sie ist die Urleidenschaft, angeboren und vor jeder anderen. Alle anderen sind in einer gewissen Weise nur Spielarten, und in diesem Sinn sind sie, wenn man will, alle natürlich. Allein die meisten dieser Spielarten haben fremden Ursprung, ohne den sie nie zustande kämen. Statt uns zu nützen, sind diese Spielarten schädlich. Sie ändern das Urziel und verstoßen gegen ihr eigenes Prinzip: dann steht der Mensch außerhalb seiner Natur und setzt sich in Widerspruch zu sich selbst. ...

Die Selbstliebe, die sich selbst genügt, ist zufrieden, wenn unsere wahren Bedürfnisse befriedigt sind. Die Eigenliebe aber stellt immer Vergleiche an und ist nie zufrieden. Sie

7 Ebda., S. 210-213; 238f.; 241f.; 257 u. S. 263.

kann es auch nicht sein, weil sie verlangt, daß uns andere sich ebenso vorziehen, wie wir uns ihnen vorziehen, und das ist unmöglich. Die sanften und liebenswerten Leidenschaften kommen also aus der Selbstliebe, die haß- und zornerfüllten aus der Eigenliebe. Wenige Bedürfnisse haben und sich wenig mit anderen vergleichen, das macht den Menschen wahrhaft gut. Viele Bedürfnisse haben und sich nach der Meinung anderer richten macht ihn wahrhaft schlecht. Mit Hilfe dieses Prinzips ist leicht zu erkennen, wie man alle Leidenschaften der Kinder und der Erwachsenen zum Guten und zum Bösen lenken kann. Da wir nicht immer allein leben können, können wir folglich auch nicht immer gut sein. Diese Schwierigkeit wird notwendigerweise mit den Beziehungen größer. Die Gefahren der Gesellschaft machen es darum um so notwendiger und dringender, der Verderbnis des Herzens vorzubeugen, die aus seinen neuen Bedürfnissen entsteht. ...
Damit treten wir in die moralische Ordnung ein und haben einen zweiten Männerschritt getan. Wenn es hier angebracht wäre, würde ich zu zeigen versuchen, wie aus den ersten Herzensregungen die ersten Regungen des Gewissens entstehen und wie aus den Gefühlen der Liebe und des Hasses die ersten Begriffe von Gut und Böse hervorgehen. Ich würde zeigen, daß *Gerechtigkeit* und *Güte* nicht nur abstrakte Worte und verstandesmäßig geformte Moralbegriffe sind, sondern wirkliche, durch die Vernunft erhellte Seelenregungen, die nichts anderes sind als ein geordneter Fortschritt unserer primitiven Neigungen. Ferner, daß man durch die Vernunft allein und unabhängig vom Gewissen kein natürliches Gesetz aufstellen kann; daß das ganze Naturrecht nur ein Hirngespinst ist, wenn es nicht auf ein natürliches Bedürfnis des menschlichen Herzens gründet. ...
Da mein Emile bisher nur auf sich selbst geachtet hat, veranlaßt ihn der erste Blick auf seinesgleichen zu einem Vergleich, und die erste Empfindung, die der Vergleich auslöst, ist der Wunsch nach dem ersten Platz. Das ist der Augenblick, in dem sich die Selbstliebe in Eigenliebe verwandelt und alle damit zusammenhängenden Leidenschaften emporkeimen. Um zu entscheiden, ob die Leidenschaften, die seinen Charakter beherrschen, menschlich und sanft oder grausam und schädlich sind, ob es Wohlwollen und Mitgefühl oder Neid und Habsucht ist, muß er wissen, welchen Platz er unter den Menschen einnehmen wird und welche Hindernisse er voraussichtlich überwinden muß, um den Platz zu erreichen, den er einnehmen will.
Um ihn bei dieser Suche zu leiten, muß man ihm, nachdem man ihm die Menschen in ihren gemeinsamen Eigenschaften gezeigt hat, die Menschen in ihrer Unterschiedlichkeit zeigen. Hier beginnt sich die natürliche und gesellschaftliche Ungleichheit auszuwirken; das Bild der ganzen gesellschaftlichen Ordnung. ...

Im Naturzustand gibt es eine echte und unzerstörbare Gleichheit, da es in diesem Zustand unmöglich ist, daß der bloße Unterschied zwischen Mensch und Mensch groß genug wäre, um sie voneinander abhängig zu machen. In der bürgerlichen Gesellschaft ist die Rechtsgleichheit trügerisch und eitel, weil die Mittel, die zu ihrer Erhaltung bestimmt sind, selbst dazu dienen, sie zu zerstören, und weil die öffentliche Macht dem Starken hilft, um den Schwachen zu unterdrücken und dadurch die Art von Gleichgewicht zerstört, die die Natur zwischen ihnen vorgesehen hatte. Aus diesem ersten Widerspruch ergeben sich alle jene, die man in der bürgerlichen Gesellschaft zwischen Sein und Wirklichkeit beobachtet. ...

Wenn es sich nur darum handelte, den jungen Leuten den Menschen in seiner Maske zu zeigen, brauchte man nicht zu suchen: sie sehen sie immerfort. Aber da die Maske nicht der Mensch ist und der Firnis ihn nicht täuschen darf, so malt ihnen die Menschen, so wie sie sind, nicht um sie zu hassen, sondern um sie zu bedauern und ihnen nicht gleichen zu wollen. Meiner Ansicht nach ist dies das vernünftigste Gefühl, das der Mensch von seiner Gattung haben kann.
Von diesem Standpunkt aus erscheint es wichtig, nunmehr den entgegengesetzten Weg einzuschlagen und den jungen Mann dadurch zu belehren, daß er von nun ab mehr mit anderen als mit sich umgeht. Wenn ihn die Menschen täuschen, so wird er sie hassen. Sieht er aber, daß sie ihn achten, sich selbst aber gegenseitig täuschen, dann wird er sie bemitleiden. Das Schauspiel der Welt, sagt Pythagoras, gleicht Olympischen Spielen: die einen haben ihre Buden aufgeschlagen und denken nur an ihren Gewinn; die anderen setzen sich selbst ein und suchen Ruhm; wieder andere begnügen sich damit, den Spielen zuzusehen, und das sind nicht die schlechtesten. ...

Ich wünschte, daß man die Gesellschaft eines jungen Mannes so auswählt, daß er nur Gutes von denen denkt, die mit ihm leben; daß er die Welt so gut kennenlernt, daß er von allem, was er darin sieht, nur Schlechtes denkt. Er soll wissen, daß der Mensch von Natur aus gut ist, daß er es selbst fühlt und seinen Nächsten nach sich beurteilt; daß er aber sieht, wie die Gesellschaft den Menschen verdirbt und widernatürlich macht; daß er in ihren Vorurteilen die Quelle aller ihrer Fehler entdeckt; daß er lieber den einzelnen achtet, während er die Masse verachtet; daß er sieht, daß fast alle Menschen die gleiche Maske tragen; daß er aber genausogut weiß, daß es Gesichter gibt, die schöner sind als die Maske, die sie tragen. ...

Diese Methode hat, ich gebe es zu, ihre Nachteile und ist in der Praxis nicht leicht anzuwenden. Denn wenn er zu früh Beobachter wird, wenn ihr ihn daran gewöhnt, die Handlungen der anderen aus zu naher Sicht zu prüfen, macht ihr ihn zum Verleumder und zum Beckmesser, der im Urteil leichtfertig und vorschnell ist. Es wird ihm einen diebischen Spaß machen, auf alles eine boshafte Erklärung zu suchen und selbst im Guten nur Böses zu sehen. Er gewöhnt sich an den Anblick des Lasters und sieht ohne Schaudern den schlechten Menschen, so wie man sich daran gewöhnt, den Unglücklichen ohne Mitleid zu sehen. Und bald dient ihm die allgemeine Entartung weniger als Lehre denn als Entschuldigung: er sagt sich, daß der Mensch nicht anders sein will, wenn er so ist.
Wollt ihr ihn aber nach Grundsätzen unterrichten und ihn mit der Natur des menschlichen Herzens auch mit den äußeren Ursachen bekanntmachen, die unsere Neigungen in Laster verkehren, indem ihr ihn mit einem Schlag von sinnenhaften auf geistige Dinge lenkt, dann treibt ihr eine Metaphysik, die er nicht verstehen kann. Ihr verfallt in den Fehler, den ihr bisher so sorgsam vermieden habt, ihm Lehren zu geben, die Lektionen ähneln. Damit setzt ihr die Erfahrung und die Autorität des Lehrers an die Stelle seiner eigenen Erfahrung und seines geistigen Fortschritts.
Um beide Hindernisse gleichzeitig zu überwinden und ihm das menschliche Herz verständlich zu machen, ohne in Gefahr zu kommen, seines zu verderben, möchte ich ihm die Menschen von ferne zeigen, in anderen Zeiten und anderen Orten, daß

er zwar die Szene vor sich sieht, aber niemals selber mitspielen kann. Hier setzt die Geschichte ein. Durch sie lernt er, ohne die Lektionen der Philosophie in den Herzen zu lesen. Durch sie sieht er sie als einfacher Zuschauer, mit Abstand und leidenschaftslos, als ihr Richter, nicht aber als ihr Mitschuldiger und ihr Ankläger.
Um die Menschen kennenzulernen, muß man sie handeln sehen. In der Gesellschaft hört man sie sprechen: sie verbergen mit ihren Reden die Taten. In der Geschichte fällt der Schleier, und man kann sie nach ihren Taten beurteilen. Ihre Reden selbst helfen, sie einzuschätzen. Denn wenn man vergleicht, was sie tun und was sie sagen, sieht man gleichzeitig, was sie sind und was sie erscheinen wollen. Je mehr sie sich verkleiden, desto besser erkennt man sie. ...

Wenn ich sehe, wie man im Alter der größten Aktivität die jungen Leute auf rein spekulative Studien beschränkt und wie sie dann ohne die geringste Erfahrung mit einem Schlag in die Welt und in die Geschäfte geworfen werden, finde ich darin einen Verstoß gegen die Natur wie gegen die Vernunft, und es überrascht mich nicht mehr, daß sich so wenige Menschen benehmen können. Aus welch seltsamen Einfällen heraus lehrt man uns so unnütze Dinge, während die Gabe zu handeln nichts zählt? Man behauptet, uns für die Gesellschaft zu bilden und unterrichtet uns so, als ob jeder von uns sein Leben in einer Zelle verbringen oder Luftprojekte mit gleichgültigen Leuten behandeln müßte. Ihr glaubt, eure Kinder leben zu lehren, wenn ihr ihnen beibringt, den Körper zu verrenken und Formeln herzusagen, die nichts bedeuten. Ich habe Emile auch leben gelehrt, denn ich habe ihn gelehrt, mit sich selbst zu leben, und außerdem, sein Brot zu verdienen. Aber das ist nicht genug. Um in der Welt zu leben, muß man mit den Menschen umgehen können. Man muß die Mittel kennen, mit denen man Einfluß auf sie gewinnt; man muß die Wirkung der Gesellschaft berechnen und die Ereignisse so genau voraussehen können, daß man in seinen Unternehmungen nur selten getäuscht wird oder doch wenigstens die besten Mittel zum Erfolg anwendet. ...

Man muß aber zunächst bedenken, daß es sich nicht darum handelt, einen Menschen, den man zum natürlichen Menschen bilden will, zu einem Wilden zu machen und ihn in die Tiefen der Wälder zu verbannen. Es genügt, daß er sich im Strudel des sozialen Lebens weder durch die Leidenschaften noch durch die Meinung der Menge fortreißen läßt; daß er mit eigenen Augen sieht, daß er mit seinem Herzen fühlt; daß ihn keine Autorität außer der seiner eigenen Vernunft beherrscht. Es ist klar, daß in dieser Lage die Menge dessen, was auf ihn einwirkt, die häufigen Gefühle, von denen er bewegt wird, die verschiedenen Mittel, seine wirklichen Bedürfnisse zu befriedigen, ihm viele Begriffe vermitteln, die er niemals gehabt oder die er nur langsamer erworben hätte.
Der dem Geist natürliche Fortschritt wird beschleunigt und nicht zurückgehalten. Derselbe Mensch, der in den Wäldern dumm bleiben muß, muß in der Stadt vernünftig und verständig werden, selbst wenn er nur Zuschauer bleibt. Nichts ist geeigneter, einen Weisen zu machen, als die Torheiten, die man sieht, ohne sie zu teilen. Und selbst der, der sie teilt, lernt noch daraus, wenn er sich nicht durch sie betören läßt und nicht dem Irrtum derer verfällt, die sie begehen.

6.4 FRAGEN ZU DEN TEXTEN

Um Ihr Verständnis der Texte zu vertiefen, empfehlen wir Ihnen die Beantwortung folgender Fragen:

(a) Welche Bedeutung kommt Rousseaus Eingangssatz im *Emile* zu?
(b) Rousseau unterscheidet drei „Lehrer" des Menschen. Wer sind sie, und in welcher Ordnung stehen sie zueinander?
(c) Warum erscheint Rousseau ein „voller Erfolg" der Erziehungskunst unmöglich?
(d) Was meint Rousseaus Unterscheidung zwischen Mensch und Bürger?
(e) Zu welchen erzieherischen (methodischen) Schritten kommt Rousseau aufgrund des Widerspruchs von Sein und Schein in der Gesellschaft?

6.5 WEITERFÜHRENDE TEXTE

Im Folgenden bringen wir zwei weiterführende Texte, die sich beide – jeder auf unterschiedliche Weise – darum bemühen, Rousseaus in die Zukunft weisende gesellschaftspolitische und pädagogische Gedanken aus gegenwärtiger Sicht neu zu bewerten. Während der Text des renommierten französischen Pädagogen Michel Soëtard mit Rousseau über Rousseau hinausdenkt, steht der Text des Philosophen und Soziologen Theodor W. Adorno im Kontext seiner mit Max Horkheimer verfassten *Dialektik der Aufklärung* (1947) und der dort geleisteten kritischen Revision von Rationalitätsglauben und Fortschrittsoptimismus.

6.5.1 Michel Soëtard: Rousseau heute[8]

Michel Soëtard (geb. 1939), der sich vor allem durch seine grundlegenden Studien über Rousseau, Pestalozzi und Fröbel einen internationalen Namen gemacht hat, geht es v.a. um die unauflöslichen Widersprüche, die für die Erziehung wesentlich sind. Ihnen stellt er Rousseaus Idee einer Erziehung zur Freiheit als Aufgabe entgegen.

Rousseau ist wirklich einer von uns. Er ist es, weil die Widersprüche, die sein Innerstes zerrissen haben, auch uns noch zutiefst erschüttern. Wir werden vom Fortschritt in Wissenschaft und Technik an die äußersten Grenzen der Rationalität getrieben, entziehen uns ihr aber nur um so ungestümer, um die äußersten Grenzen der Sensibilität, des Gefühls und der »Natürlichkeit« anzustreben. In unserer Welt gärt immer noch überall diese Freiheit, der Rousseau alles geopfert hat, sobald aber der Traum geträumt ist, drängen sich regelmäßig die Realitäten und die Institutionen als unaus-

---

8 Michel Soëtard: Jean-Jacques Rousseau. Philosoph – Pädagoge – Zerstörer alter Ordnung, dt. Zürich 1989, S. 150f.

weichlich und notwendig auf. Keinem Regime, nicht einmal einem demokratischen, bleiben die in der »Abhandlung über den Ursprung der Ungleichheit« diagnostizierten gesellschaftlichen Spasmen erspart, und alles deutet darauf hin, daß sich die Zyklen, die unsere Gesellschaften in den Zustand natürlicher Gewalt zurückführen, stetig verkürzen. ...

Den gesellschaftlichen Institutionen – Familie, Staat, Schule – gelingt es nicht mehr, ihre Künstlichkeit zu verschleiern, sie geraten unablässig ins Kreuzfeuer der Kritik, aber sie erweisen sich um so klarer als unvermeidlich, als der Mensch nicht dem Drang nach Anarchie ausgeliefert und im Spiel eigennütziger Interessen gefangen sein möchte. ... Der »*Emile*«, der ausdrücklich behauptet, auf dem Weg über die Erziehung das Prinzip der Freiheit an die Stelle der Autorität zu setzen, bringt den Erzieher praktisch in eine unmögliche Situation: kann er zur Freiheit zwingen?

Die vorher bestehenden Philosophien haben den Angriffen der Rousseauschen Fragestellung nicht standgehalten, den Fragen, die uns noch unablässig beschäftigen: Mit welchem Recht kann ein Mensch sich in dieser Welt hinstellen und, wie Gott, ernsthaft *Endgültiges* über den Sinn der Menschheit verkünden? Rousseau war vielleicht der erste wahre »Existentialist«, gewiß auch der letzte, so sehr spürte er in der Realität seiner eigenen Existenz das Element, das jeden Diskurs über die Existenz relativiert. ...

Rousseau ist auch mitten unter uns, wenn er den philosophischen Diskurs durch das aus der Phantasie Erschaffene ersetzt, wenn er der Träumerei die Fähigkeit zuspricht, die auf den einzelnen abgestimmten, vernünftigen Fiktionen entstehen zu lassen, die einem jeden gestatten, sinnvoll zu leben. Er ist all jenen modernen kreativen Menschen nahe, nicht nur im Bereich der Literatur, deren Werke sich darum bemühen, letzten Endes die der Menschheit geschlagene Wunde zu schließen. Dem Menschen, der sein Problem vor sich her trägt, dem begegnen wir in unserer heutigen Welt auf Schritt und Tritt.

Aber Rousseau ist nicht nur der Zeuge eines unheilbaren Leidens, das an uns nagt. Er ist auch der Denker, der durch sein Werk hindurch davon zeugt, daß ein Ausweg vorhanden, daß Heilung möglich ist.

So ist denn sein historischer Pessimismus die Kehrseite eines ungeheuren Glaubens an die Befähigung des Menschen, sich in dieser Welt eine sinnvolle Existenz aufzubauen. Wenn er auch kein Philosoph im klassischen Sinne des Wortes war, so bleibt er dennoch ein von philosophischen Überlegungen und existentiellen Fragen Verfolgter. Auch die Art und Weise, in der er hier oder dort vom Kind spricht, zeugt von seinem Vertrauen in die Zukunft des Menschen: »Habe ich in der Kenntnis des menschlichen Herzens nur einige Fortschritte gemacht«, gesteht er schließlich im *Neunten Spaziergang*, »so verdanke ich sie dem Vergnügen, mit dem ich stets Kindern zusah und sie betrachtete.«

Der Fixpunkt, von dem dieser anthropologische Optimismus ausgeht, ist im Naturbegriff zu suchen. Die »natürliche Güte« des Menschen ist keine moralische Kategorie, sondern ein Prinzip von »metaphysischer« Tragweite: Indem er jegliche Perversität im Kern der Natur des Menschen leugnet, befreit er seine Natur radikal von aller Autorität (was den Zwang nicht ausschließt), von aller Unterwürfigkeit (was vorhandene Abhängigkeiten nicht aufhebt), von jeglicher Veräußerung des Rechts. Die mensch-

liche Natur kann – und mit Rousseau hat sie es bereits verwirklicht – einen neuen Kurs einschlagen: den der Freiheit.
Aber diese Freiheit muß erst durchgesetzt werden. Sie existiert nur in dem Maß, in dem der einzelne bereit ist, sich in voller Verantwortung vor Gott und den Menschen »zum Werk seiner selbst zu machen«. Rousseau verweist auf eine *Verpflichtung zur Menschlichkeit.* Daß er sich gehütet hat, uns den Weg dorthin konkret vorzuzeichnen, liegt gewiß in der Originalität seiner Botschaft: Jeder einzelne muß sich künftig seinen Weg in dieser Welt selbst bahnen.

6.5.2 Theodor W. Adorno: Erziehung nach Auschwitz[9]

Der folgende Text Adornos (1903-1969) ist seinem aufrüttelnden Rundfunkvortrag *Erziehung nach Auschwitz* von 1966 entnommen, in dem der Autor angesichts des nationalsozialistischen Rückfalls in die Barbarei die Frage nach der Erziehung als Weg zum Fortschritt neu erörtert, ohne dass das Thema ausdrücklich genannt wird.

Die Forderung, daß Auschwitz nicht noch einmal sei, ist die allererste an Erziehung. Sie geht so sehr jeglicher anderen voran, daß ich weder glaube, sie begründen zu müssen noch zu sollen. Ich kann nicht verstehen, daß man mit ihr bis heute so wenig sich abgegeben hat. Sie zu begründen hätte etwas Ungeheuerliches angesichts des Ungeheuerlichen, das sich zutrug. Daß man aber die Forderung, und was sie an Fragen aufwirft, so wenig sich bewußt macht, zeugt, daß das Ungeheuerliche nicht in die Menschen eingedrungen ist, Symptom dessen, daß die Möglichkeit der Wiederholung, was den Bewußtseins- und Unbewußtseinsstand der Menschen anlangt, fortbesteht. Jede Debatte über Erziehungsideale ist nichtig und gleichgültig diesem einen gegenüber, daß Auschwitz nicht sich wiederhole. Es war die Barbarei, gegen die alle Erziehung geht. Man spricht vom drohenden Rückfall in die Barbarei. Aber er droht nicht, sondern Auschwitz *war* er; Barbarei besteht fort, solange die Bedingungen, die jenen Rückfall zeitigten, wesentlich fortdauern. ...

Spreche ich von der Erziehung nach Auschwitz, so meine ich zwei Bereiche: einmal die Erziehung in der Kindheit, zumal der frühen; dann allgemeine Aufklärung, die ein geistiges, kulturelles und gesellschaftliches Klima schafft, das eine Wiederholung nicht zuläßt, ein Klima also, in dem die Motive, die zu dem Grauen geführt haben, einigermaßen bewußt werden. Ich kann mir selbstverständlich nicht anmaßen, den Plan einer solchen Erziehung auch nur im Umriß zu entwerfen. ...

Bei dem Typus, der zur Fetischisierung der Technik neigt, handelt es sich, schlicht gesagt, um Menschen, die nicht lieben können. Das ist nicht sentimental und nicht

9 Theodor W. Adorno: Erziehung zur Mündigkeit, Frankfurt a.M. 1970, S. 88; 91; 100f. u. S. 104.

moralisierend gemeint, sondern bezeichnet die mangelnde libidinöse Beziehung zu anderen Personen. Sie sind durch und durch kalt, müssen auch zuinnerst die Möglichkeit von Liebe negieren, ihre Liebe von anderen Menschen von vornherein, ehe sie sich nur entfaltet, abziehen. Was an Liebesfähigkeit in ihnen irgend überlebt, müssen sie an Mittel verwenden. Die vorurteilsvollen, autoritätsgebundenen Charaktere, mit denen wir es in der »*Authoritarian Personality*« in Berkeley zu tun hatten,[10] lieferten manche Belege dafür. Eine Versuchsperson – das Wort ist selber schon ein Wort aus dem verdinglichten Bewußtsein – sagte von sich »I like nice equipment« (...), ganz gleichgültig, welche Apparaturen das sind. Seine Liebe wurde von Dingen, Maschinen als solchen absorbiert. Das Bestürzende ist dabei – bestürzend, weil es so hoffnungslos erscheinen läßt, dagegen anzugehen –, daß dieser Trend mit der gesamten Zivilisation verkoppelt ist. Ihn bekämpfen heißt soviel, wie gegen den Weltgeist zu sein; aber damit wiederhole ich nur etwas, was ich zu Eingang als den düsteren Aspekt einer Erziehung gegen Auschwitz vorwegnahm. ...

Aller politischer Unterricht endlich sollte zentriert sein, daß Auschwitz nicht sich wiederhole. Das wäre möglich nur, wenn zumal er ohne Angst, bei irgendwelchen Mächten anzustoßen, offen mit diesem Allerwichtigsten sich beschäftigt. Dazu müßte er in Soziologie sich verwandeln, also über das gesellschaftliche Kräftespiel belehren, das hinter der Oberfläche der politischen Formen seinen Ort hat. Kritisch zu behandeln wäre, um nur ein Modell zu geben, ein so respektabler Begriff wie der der Staatsraison: indem man das Recht des Staates über das seiner Angehörigen stellt, ist das Grauen potentiell schon gesetzt.

Walter Benjamin fragte mich einmal in Paris während der Emigration, als ich noch sporadisch nach Deutschland zurückkehrte, ob es denn dort noch genug Folterknechte gäbe, die das von den Nazis Befohlene ausführten. Es gab sie. Trotzdem hat die Frage ihr tiefes Recht. Benjamin spürte, daß die Menschen, die es *tun*, im Gegensatz zu den Schreibtischmördern und Ideologen, in Widerspruch zu ihren eigenen unmittelbaren Interessen handeln, Mörder an sich selbst, indem sie die anderen ermorden. Ich fürchte, durch Maßnahmen auch einer noch so weit gespannten Erziehung wird es sich kaum verhindern lassen, daß Schreibtischmörder nachwachsen. Aber daß es Menschen gibt, die unten, eben als Knechte das tun, wodurch sie ihre eigene Knechtschaft verewigen und sich selbst entwürdigen; daß es weiter Bogers und Kaduks gebe, dagegen läßt sich doch durch Erziehung und Aufklärung ein Weniges unternehmen.

---

10 Gemeint ist hier das von Theodor W. Adorno, Else Frenkel-Brunswik, Daniel J. Levinson und R. Nevitt Sanford 1950 in New York veröffentliche Buch über *The Authoritarian Personality*, das verschiedene empirische und theoretische Studien zum Verständnis von Menschen enthält, die potentiell faschistisch sind und faschistischen Bewegungen zuneigen.

6.6 FRAGEN ZU DEN WEITERFÜHRENDEN TEXTEN

(f) Worin sieht Soëtard die bleibende Aktualität Rousseaus und was ist nach seiner Meinung der Grund, warum Rousseau dem einzelnen Menschen seinen Weg nicht konkret vorzeichnen kann und will?
(g) Wie müsste nach Adorno eine „fortschrittliche“ Erziehung aussehen, die Rückfälle in die „Barbarei“ vermeiden helfen könnte?

6.7 SCHLUSSFOLGERUNG

An der Schwelle zur Moderne wird sich Rousseau der Tatsache bewusst, dass sich in einer Gesellschaft, in der überlieferte Gewissheiten im Hinblick auf die Zukunft fragwürdig werden, die Erziehung nicht mehr an einer künftigen Bestimmung des Kindes ausrichten kann. Wenn aber die Zukunft als grundsätzlich offen erfahren und die prinzipielle Unvorhersehbarkeit der Anforderungen wahrgenommen wird, muss die Frage nach der Erziehung von Grund auf neu gestellt werden. Das Gleichgewicht zwischen einer Erziehung zum Bürger (und zur gesellschaftlichen Brauchbarkeit) und einer Erziehung zum Menschen (gemäß seiner Natur und zum reflexiven Gebrauch seiner theoretischen und praktischen Vernunft) gerät ins Wanken. Während die Erziehung zum Bürger stärker im Dienste des technischen Fortschritts zu stehen scheint, hat die Erziehung zum Menschen mehr dessen sittlich-moralischen Fortschritt im Auge und gewinnt die Aufgabe, der Barbarisierung von Mensch und Gesellschaft entgegenzuwirken. Gleichwohl handelt es sich bei den beiden Erziehungsweisen um einen unaufhebbaren Widerspruch, denn der Mensch kann nur in Gesellschaft leben und hat sich dort als Bürger zu bewähren. Nach Reinhart Koselleck hat Rousseau Fortschritt und Niedergang auf eine Komplementärformel gebracht, die auch die Erziehung in der Moderne besser verstehen lässt. „Der Mensch ist dazu verurteilt fortzuschreiten, alle seine Anstrengungen darauf zu richten, die Naturkräfte zu beherrschen, zivilisatorische Stützen in seinen Alltag einzuziehen, politisch sich zu organisieren, um leben zu können, und mit dem wachsenden Vernunftgebrauch seine Industrie zu entfalten. Aber diese Summe der Fortschritte ist nur die eine Seite der Bilanz. Die andere lautet: Verlust der natürlichen Unschuld, Verfall der Sitten, Instrumentalisierung der Sprache auf Kosten der Einheit von Gefühl und Vernunft.“[11]

11 Reinhart Koselleck: Begriffsgeschichten, Frankfurt a.M. 2006, S. 177.

6.8 WEITERFÜHRENDE LITERATUR

Winfried Böhm/ Michel Soëtard: Jean-Jacques Rousseau, der Pädagoge. Einführung mit zentralen Texten, Paderborn 2012.

Michel Soëtard: Jean-Jacques Rousseau. Leben und Werk, München 2012.

Hans Michael Baumgartner/ Winfried Böhm/ Martin Lindauer (Hrsg.): Fortschritt als Schicksal? Weder Verheißung noch Verhängnis? Stuttgart 1997.

Frithjof Grell: Der Rousseau der Reformpädagogen. Studien zur pädagogischen Rousseaurezeption, Würzburg 1996.

Otto Hansmann: Der pädagogische Rousseau, 2 Bde., Weinheim 1993 und 1996.

Jean Starobinski: Jean-Jacques Rousseau. Eine Welt von Widerständen, dt. München 1988, Nachdruck Frankfurt a. M. 2012.

SIEBTES KAPITEL

Paulo Freire vs. Burrhus F. Skinner

oder: Emanzipation oder Konditionierung als Zweck der Erziehung?

7.1 ZUM EINSTIEG

In diesem Kapitel soll es um die zentrale Frage gehen: Ist die Erziehung als eine menschliche Praxis zu denken, also als ein – im traditionellen Sinne des Wortes – ideengeleitetes und verantwortliches *Handeln*; oder ist sie als Poiesis zu fassen, also als ein handwerklich-technologisches herstellendes *Machen*? Im ersten Fall bedarf es für das erzieherische Handeln einer leitenden und grundlegenden *Idee*, im zweiten Falle verlangt das erzieherische Verfertigen nach einer operationalen Theorie bzw. einer *Technologie*. Es liegt nahe, dass im einen Falle das erzieherische Handeln sein Vertrauen auf die Freiheit und die Vernunft (von Erzieher und Zögling) setzt und Erziehung geradewegs als eine „Praxis der Freiheit" bestimmt werden kann. Im anderen Falle gründet sich das erzieherische Tun auf die Wissenschaft und setzt auf Steuerung und Kontrolle; denn wenn das Verhalten gesteuert und kontrolliert werden kann, dann lässt sich auch die Zukunft steuern und kontrollieren.

Beide extremen Positionen haben sich im 20. Jahrhundert jeweils in einer herausragenden Figur inkarniert, deren beider Konfrontation in mehrfacher Hinsicht aufschlussreich und lehrreich erscheint: Paulo Freire (1921-1997) und Burrhus F. Skinner (1904-1990). Der eine verkörpert auf idealtypische Weise die Mentalität und die soziale Situation Lateinamerikas; aus dem anderen spricht unverhohlen der Geist des nordamerikanischen Pragmatismus und Szientismus. Gleichwohl haben beider Konzepte die Pädagogik weltweit maßgeblich und wirkungsvoll beeinflusst, und ihre Spuren lassen sich bis in die erziehungswissenschaftliche Gegenwartsdiskussion, aber auch in die aktuelle Ratgeberliteratur und die Alltagsrede über Erziehung verfolgen.

Freire sowohl als auch Skinner sind insofern typische „Pädagogen", als ihr Denken bei einer kritischen Analyse der (kulturellen, politischen, sozio-ökonomischen und wirtschaftlichen) Zeitlage einsetzt, die zentralen Gegenwartsprobleme identifiziert und pädagogische Lösungsmöglichkeiten erwägt und vorschlägt.

7.2 ZUR EINFÜHRUNG

Der aus dem Norden Brasiliens stammende Rechtsanwalt, politische Aktivist und Pädagoge Paulo Freire geht von der desolaten Lage der öffentlichen Erziehung auf dem lateinamerikanischen Subkontinent aus; er beschreibt diese, auch wo sie erfolgreich ist, als eine abgewirtschaftete „Bankierserziehung" (*educação bancaria)*[1], und er stellt sich selbst mit persönlichem Engagement der politischen Herausforderung einer „Befreiungspädagogik" für die Unterdrückten und sozial Randständigen. Da – wie er bei Marx gelesen hat – die herrschenden Ideen stets die Ideen der Herrschenden sind, durchschaut er die Herrschaftsstrukturen der Schule und die kapitalistischen Grundlagen des Bankiersmodells von Erziehung. Er begreift, dass eine Beifreiung der Unterdrückten und Machtlosen nicht „von oben" kommen wird, sondern „unten" ansetzen muss, also bei der konkreten Lebenspraxis der Eigentumslosen, Entrechteten und von Bildung Ausgeschlossenen. Weniger den Programmen des Marxismus als Marx selbst vertrauend und stark von dem politischen und gesellschaftsreformerischen Impetus des modernen Personalismus ergriffen, entwirft Freire in seinem Konzept einer „Erziehung als Praxis der Freiheit" das Programm einer aufklärerischen Bewusstseinsbildung, in seiner portugiesischen Muttersprache *conscientizaçáo* genannt.

Der nordamerikanische Psychologe und Erziehungstheoretiker Burrhus F. Skinner ist zutiefst unzufrieden mit dem Stand einer Wissenschaft vom Menschen. Während es die Wissenschaft, insbesondere die neuzeitliche Naturwissenschaft, zu hervorragenden Ergebnissen gebracht hat, habe sie nicht zu verhindern vermocht, dass es weiterhin Armut, Überbevölkerung, Krieg, Kriminalität, Arbeitslosigkeit, Alkoholismus und Drogensucht gibt. Offensichtlich wenden die Menschen wissenschaftliche Erkenntnisse oft zum eigenen Schaden an, so dass die üblichen Verhaltenskontrollen und -manipulationen nicht ausreichen.

Auf der Basis des von John Watson begründeten Behaviorismus hat Skinner die aktuellen Erziehungsprobleme technologisch umgedeutet und das Programm einer wissenschaftlichen Verhaltenssteuerung an die Stelle der traditionellen Idee von Pädagogik installiert. Mit Watson beklagt er, dass Psychologie und Erziehung noch immer kryptoreligiösen Auffassungen anhängen, von Bewusstsein und Seele reden und einem „inneren Menschen" huldigen, statt dass sie den Menschen wie ein Naturding und wie einen Gegenstand unter anderen betrachteten und behandelten. Statt vom Handeln (*action*) eines autonomen Menschen zu sprechen, sollten sie sich auf das (natur)wissenschaftlich zu fassende Problem des menschlichen Verhaltens (*behavior*) konzentrieren.

---

1 Darunter versteht Freire eine Erziehung, die – metaphorisch gesprochen – als eine Art Fütterungsvorgang bzw. in der Bankierssprache als eine Depotanlage verstanden wird, von deren Zinsen sowohl der Anleger als auch die Volkswirtschaft profitieren. Bei dieser „depositären Erziehung" treten in den Gestalten von Erzieher und Zögling Wissen und Unwissen, Fülle und Leere, Macht und Ohnmacht, Besitz und Besitzlosigkeit einander gegenüber; die erzieherische Beziehung ist dabei eine ganz und gar eindimensionale und anti-dialogische.

Hatte die Psychoanalyse im Gefolge von Sigmund Freud die *Gründe* des Verhaltens in der „Tiefe" der Psyche aufgesucht, vertritt der Behaviorismus die These, dass die *Ursachen* des menschlichen Verhaltens durch Umweltbedingungen und durch genetische Evolution gesetzt werden. Statt also die Gründe unerwünschten Verhaltens in der Vergangenheit zu vermuten, habe es dem Erzieher darum zu gehen, ein erwünschtes Verhalten in der Zukunft zu verursachen, indem er die Umwelt in entsprechender Weise verändert und gestaltet. Da es Skinners Grundüberzeugung ist, dass kein einziges der die Menschheit bedrängenden Probleme dadurch gelöst werden kann, dass man an die Vernunft, das Gewissen und die Verantwortung von einzelnen oder Gruppen appelliert, formuliert er den bis heute wirksamen Gedanken, dass solche Lösungen allein eine Wissenschaft versprechen könne, die eine effektive Technologie zur Kontrolle und zur Manipulation des menschlichen Verhaltens liefert.

7.3 TEXTE VON FREIRE UND SKINNER

Um die gegensätzlichen Positionen von Freire und Skinner deutlich zu machen, haben wir drei Texte – zwei von Freire, einen von Skinner – aus ihren pädagogischen Hauptwerken ausgewählt, anhand derer die Leser selbständig herausarbeiten können, was ihre je spezifischen Besonderheiten und was die unvereinbaren Gegensätze sind.

7.3.1 Paulo Freire: Pädagogik der Unterdrückten[2]

Der folgende Text ist Freires meistgelesenem Buch entnommen, in dem er sein Erziehungsprinzip der „Bewusstmachung" begründet und erläutert. Im Gegensatz zur sog. „Bankierserziehung" versteht Freire Erziehen und Lehren nicht als Fremdbestimmung und nicht als „Programmierung" mit fremdem Wissen, sondern als ein *aufklärendes Problematisieren.*

Um die Situation der Unterdrückung zu überwinden, muß der Mensch zunächst ihre Ursachen kritisch erkennen, damit er durch verändernde Aktion eine neue Situation schaffen kann, eine, die das Streben nach vollerer Menschlichkeit ermöglicht. Aber der Kampf darum, noch vollkommener Mensch zu sein, hat schon begonnen, wo in echter Weise darum gekämpft wird, die Situation zu verändern. Die Situation der Unterdrückung ist zwar eine enthumanisierte und enthumanisierende Totalität, die auf die Unterdrücker ebenso wirkt wie auf die von ihnen Unterdrückten, aber es sind doch die letzteren, die aus ihrer zerstörten Menschlichkeit heraus den Kampf um vollkommeneres Menschsein für beide führen müssen. Der Unterdrücker, der selber

2 Paulo Freire: Pädagogik der Unterdrückten. Bildung als Praxis der Freiheit, dt. Hamburg 1973, S. 34-37 u. S. 41.

enthumanisiert ist, weil er andere enthumanisiert, ist nicht in der Lage, diesen Kampf zu führen. ...

Die Unterdrückten leiden an dem Zwiespalt, der sich in ihrem innersten Sein breit gemacht hat. Sie entdecken, daß sie ohne Freiheit nicht existieren können. Aber indem sie sich nach echter Existenz sehnen, fürchten sie sie. Sie sind zu ein und derselben Zeit sie selbst und der Unterdrücker, dessen Bewußtsein sie internalisiert haben. Der Konflikt liegt in der Wahl, entweder ganz sie selbst zu sein oder aber gespalten – entweder den Unterdrücker aus sich zu vertreiben oder ihn nicht zu vertreiben, entweder menschliche Solidarität zu üben oder Entfremdung zu erfahren, entweder den Vorschriften zu folgen oder freie Wahl zu besitzen, entweder Zuschauer oder selbst Handelnde zu sein, zu handeln oder die Illusion zu haben, als handle man durch die Aktion des Unterdrückers, zu reden oder zu schweigen, kastriert zu sein in ihrer Kraft, zu schaffen und neu zu schaffen – in ihrer Kraft, die Welt zu verwandeln. Das ist das tragische Dilemma der Unterdrückten, das eine Bildungsarbeit mit ihnen in Rechnung stellen muß. ...

Das zentrale Problem heißt so: Wie können die Unterdrückten als gespaltene, unechte Wesen an der Entwicklung einer Pädagogik ihrer Befreiung mitwirken? Nur wenn sie sich selbst als »Behauser« des Unterdrückers erkennen, können sie am Hebammendienst ihrer befreienden Pädagogik mitwirken. Solange sie noch in der Gespaltenheit leben, in der *Sein* bedeutet *Sein-Wie* und *Sein-Wie* heißt »wie der Unterdrücker« sein, ist ein derartiger Beitrag unmöglich. Die Pädagogik der Unterdrückten ist ein Instrument für ihre kritische Entdeckung, daß in ihnen und in ihren Unterdrückern die Enthumanisierung Gestalt angenommen hat.

So ist die Befreiung ein Geburtsvorgang, und zwar ein schmerzvoller. Der Mensch, der zur Welt kommt, ist ein neuer Mensch, der nur lebensfähig ist, sofern der Widerspruch Unterdrücker-Unterdrückter von der Humanisierung aller Menschen überholt wird. Oder anders ausgedrückt: die Lösung dieses Widerspruchs wird in den Wehen geboren, unter denen dieser neue Mensch zur Welt kommt. Dann ist er nicht länger ein Unterdrückter, sondern ein Mensch im Vollzug seiner Freiheit.

Diese Lösung kann nicht in idealistischer Weise erreicht werden. Damit die Unterdrückten den Kampf um ihre Freiheit führen können, dürfen sie die Wirklichkeit der Unterdrückung nicht als eine geschlossene Welt betrachten, aus der es keinen Ausweg gibt, sondern als eine sie begrenzende Situation, die sie verändern können. Diese Betrachtungsweise ist eine notwendige, aber freilich keine ausreichende Bedingung der Befreiung. Sie muß zur motivierenden Kraft des befreienden Handelns werden. Ebenso schafft die Entdeckung der Unterdrückten, daß sie in einem dialektischen Verhältnis zum Unterdrücker existieren, nämlich als seine Antithese, und daß ohne sie der Unterdrücker nicht existieren könnte, noch nicht an sich die Befreiung. Die Unterdrückten können den Widerspruch, in dem sie gefangen sind, nur überwinden, wenn diese Einsicht sie in den Kampf einreiht, sich selbst zu befreien. ...

Zu behaupten, daß Menschen Personen sind und als Personen frei sein sollten, und doch nichts Greifbares zu unternehmen, um diese Behauptung in die Wirklichkeit umzusetzen, ist eine Farce. ...

Die Pädagogik der Unterdrückten, von echter, humanistischer (nicht humanitärer) Großzügigkeit beseelt, bietet sich als eine Pädagogik des Menschen dar. Setzt eine

Pädagogik bei den egoistischen Interessen des Unterdrückers ein (einem Egoismus, der in die falsche Großmut des Paternalismus gehüllt ist) und macht aus den Unterdrückten Objekte ihres Humanitarismus, dann hält sie ihrerseits die Unterdrückung aufrecht und verkörpert sie. Sie ist dann ein Instrument der Enthumanisierung. Aus diesem Grund kann die Pädagogik der Unterdrückten nicht von den Unterdrückern praktiziert werden. Es wäre ein Widerspruch in sich selbst, würden die Unterdrücker eine befreiende Bildung nicht nur verteidigen, sondern sogar anwenden. ...
Die Pädagogik der Unterdrückten, sofern sie eine humanistische und befreiende Pädagogik ist, hat zwei klar unterschiedene Stufen. Auf der ersten Stufe enthüllen die Unterdrückten die Welt der Unterdrückung und widmen sich ihrer Veränderung durch die Praxis. Auf der zweiten Stufe, auf der die Wirklichkeit der Unterdrückung bereits verwandelt wurde, hört diese Pädagogik auf, den Unterdrückten zu gehören, und wird zu einer Pädagogik aller Menschen im Prozeß permanenter Befreiung. Auf beiden Stufen geht es immer darum, daß die Kultur der Herrschaft mit Hilfe durchgreifender Aktion kulturell konfrontiert wird. Auf der ersten Stufe ereignet sich diese Konfrontation durch eine Veränderung der Weise, in der die Unterdrückten die Welt der Unterdrückung begreifen. Auf der zweiten Stufe dadurch, daß die Mythen vertrieben werden, die in der alten Ordnung geschaffen und entwickelt wurden und die die neue Ordnung, die sich aus der revolutionären Verwandlung heraus entwickelt, wie Gespenster verfolgen.

7.3.2 Paulo Freire: Erziehung als Praxis der Freiheit[3]

Dieser zweite Text ist einem Buch Freires entnommen, in dem er seine Pädagogik der Unterdrückten anhand von praktischen Beispielen verdeutlicht. Dabei kommt dem Dialog als Prinzip und als Methode herausragende Bedeutung zu.

Von Anfang an lehnten wir die Hypothese eines rein mechanistischen Alphabetisierungsprogramms ab und betrachteten das Problem der Erwachsenenbildung als Frage, wie man lesen lernt und zugleich das Bewußtsein entwickelt. Unser Ziel war es, ein Projekt zu konzipieren, mit dem wir gleichzeitig mit dem Lesenlernen von der Naivität zu einer kritischen Bewußtseinshaltung gelangen konnten. Wir planten ein Alphabetisierungsprogramm, das eine Einführung in die kulturelle Demokratisierung darstellte, ein Programm mit Menschen als seinen Subjekten und nicht als geduldige Rezipienten. Ein Programm also, das selber ein schöpferischer Akt war und daher andere schöpferische Akte anregen konnte, ein Programm, in welchem der Student die Ungeduld und die Lebhaftigkeit entwickeln konnte, die ein Zeichen des Forschungswillens und der Erfindungskraft sind.

Wir begannen in der Überzeugung, daß es die Rolle des Menschen ist, nicht allein in der Welt zu sein, sondern sich in den Beziehungen mit der Welt zu engagieren; das heißt, daß der Mensch durch Akte der Schöpfung und Neuschöpfung die kulturelle Realität herstellt und dadurch die natürliche Welt, die er sich gemacht hat, bereichert. Wir gingen davon aus, daß die Beziehungen des Menschen zur Realität, die sich in der Weise des Subjekts zu einem Objekt vollziehen, zu einem Wissen führen, das der Mensch durch die Sprache ausdrücken kann. Erfahrungsgemäß sind Menschen – ob es sich dabei um Analphabeten handelt oder nicht – der Überzeugung, daß es genügt, eine Person zu sein, um die Gegebenheiten der Wirklichkeit wahrzunehmen und eine Befähigung zum Wissen zu haben, auch wenn dieses Wissen nur Meinung ist. Es gibt keine absolute Unwissenheit, ebensowenig wie es absolutes Wissen gibt. Aber die Menschen erfassen die Gegebenheiten der Welt nicht in reiner Form. Wenn sie ein Phänomen oder ein Problem aufnehmen, begreifen sie zugleich seine kausalen Verbindungen. Je genauer Menschen wirkliche Kausalität begreifen, desto kritischer wird ihr Verständnis der Wirklichkeit. Dieses Verstehen bleibt in dem Maße magisch, wie sie nicht in der Lage sind, Kausalität zu begreifen. Das kritische Bewußtsein unterwirft darüber hinaus die Kausalität einer Analyse. Das naive Bewußtsein sieht dagegen in der Kausalität eine statische und etablierte Tatsache und unterliegt so der Täuschung.

Kritisches Bewußtsein stellt »die Dinge und Tatsachen so dar, wie sie empirisch vorkommen, in ihren kausalen und zufälligen Verbindungen. ... Naives Bewußtsein betrachtet sich selbst als den Tatsachen überlegen, als Kontrollinstanz der Tatsachen und daher als beliebig frei in seinem Verständnis« (Alvaro Vieira Pinto).

---

3 Paulo Freire: Erziehung als Praxis der Freiheit. Beispiele zur Pädagogik der Unterdrückten, dt. Hamburg 1977, S. 48f. u. S. 50f.

Magisches Bewußtsein erfaßt im Gegensatz dazu einfach die Tatsachen und mißt ihnen eine überlegene Kraft zu, durch die sie kontrolliert werden und der man sich folglich unterwerfen muß. Fatalismus kennzeichnet das magische Bewußtsein. Sein Ergebnis ist, die Hände in den Schoß zu legen und angesichts der Unmöglichkeit, der Macht der Tatsachen Widerstand zu leisten, zu resignieren.
Kritisches Bewußtsein steht in einem integrierten Verhältnis zur Realität; naives Bewußtsein lagert sich über die Wirklichkeit; fanatisches Bewußtsein endlich, dessen pathologische Naivität zur Irrationalität führt, paßt sich der Wirklichkeit an. ...

Darüber hinaus basierte unsere Methode auf dem Dialog, der eine horizontale Beziehung zwischen Personen ist.

Dialog

A mit B

Kommunikation
Interkommunikation

Beziehung der »Empathie« zwischen zwei »Polen«, die auf einer gemeinsamen Suche sind.
Matrix: Liebevoll, bescheiden, hoffnungsvoll, vertrauensvoll, kritisch.
Da der Dialog dem Mutterboden der Kritik entstammt, bringt er auch eine kritische Haltung hervor (Karl Jaspers). Er entwickelte sich durch Liebe, Bescheidenheit, Hoffnung, Glauben und Vertrauen. Wenn die zwei »Pole« eines Dialogs so durch Liebe, Hoffnung und gegenseitiges Vertrauen verbunden sind, können sie sich gemeinsam auf die kritische Suche begeben. Nur der Dialog schafft wirkliche Kommunikation. ...
Daher setzten wir den Dialog gegen den Anti-Dialog, der bedeutender Bestandteil unserer historisch-kulturellen Formierung war und der auch im Klima der Übergangsphase gedieh.

Anti-Dialog

A
| über
B = Kommuniqué

Die Beziehung der »Empathie« ist zerbrochen.
Matrix: Lieblos, arrogant, hoffnungslos, mißtrauisch, akritisch.
Der Anti-Dialog ist eine vertikale Beziehung zwischen Menschen. Ihm fehlt die Liebe; er ist daher unkritisch und kann keine kritischen Haltungen hervorbringen. Er ist selbstzufrieden und hoffnungslos arrogant. Im Anti-Dialog ist die Beziehung der Empathie zwischen den Polen zusammengebrochen. Daher schafft der Anti-Dialog keine Kommunikation, sondern bringt nur Kommuniqués hervor.

7.3.3 Burrhus F. Skinner: Jenseits von Freiheit und Würde[4]

Der folgende Text ist Skinners Millionenbestseller *Beyond Freedom and Dignity* entnommen, in welchem er die Grundthesen seiner behavioristischen Psychologie auf die Erziehung anwendet.

Kurzum, wir müssen im Verhalten des Menschen weitreichende Veränderungen herbeiführen, was allerdings unmöglich ist, wenn wir uns dazu nur der Physik oder Biologie bedienen, ganz gleich, wie sehr wir uns auch bemühen. (Außerdem gibt es noch andere Probleme, wie zum Beispiel das Versagen unseres Erziehungssystems und die Unzufriedenheit und Revolte der Jugend, zu deren Lösung physikalische und biologische Technologien so offensichtlich ungeeignet sind, daß man sie in diesem Rahmen überhaupt nicht erst anzuwenden versucht hat.) Es genügt nicht, »die Technologie Hand in Hand mit einem tieferen Verständnis für menschliche Probleme einzusetzen«, es genügt nicht, »die Technologie in den Dienst der geistigen Bedürfnisse des Menschen zu stellen«, und genausowenig genügt es, »Technologen anzuspornen, daß sie sich auch mit menschlichen Problemen befassen«. ...
Was wir brauchen, ist eine Technologie des Verhaltens. Wir wären imstande, unsere Probleme rasch genug zu lösen, wenn sich das Wachstum der Weltbevölkerung genauso exakt regulieren ließe, wie wir den Kurs eines Raumschiffes regulieren, oder wenn wir Landwirtschaft und Industrie mit der gleichen Sicherheit verbessern könnten, mit dem wir z.B. Elektronen beschleunigen, oder wenn wir einer friedlichen Welt in der Art des unablässigen Fortschritts entgegenstrebten, mit dem die Physik dem absoluten Nullpunkt näher gekommen ist (obgleich vermutlich beide unerreichbar werden). Doch eine solche Verhaltenstechnologie, die in ihrer Wirksamkeit und Präzision der physikalischen und biologischen Technologie vergleichbar wäre, gibt es nicht. ...
Die Physik und die Biologie der alten Griechen sind heute nur mehr von historischem Interesse (kein zeitgenössischer Physiker oder Biologe würde heute noch Rat bei Aristoteles suchen), während die Dialoge von Platon immer noch von Studenten gelesen werden müssen und so zitiert werden, als verschafften sie uns Einblick in menschliches Verhalten. Aristoteles wäre unfähig, eine Seite aus einem modernen Lehrbuch der Physik oder Biologie zu verstehen, während Sokrates und seine Familie nur wenig Mühe hätten, den aktuellsten Diskussionen über menschliche Probleme zu folgen. Was nun die Technologie anlangt, so haben wir bei der Beherrschung der physikalischen und biologischen Welten gewaltige Fortschritte erzielt, während wir unsere Praxis im Bereich des Regierens, der Erziehung und eines Großteils der Wirtschaft zwar äußerst unterschiedlichen Bedingungen angepasst haben, ohne sie jedoch sonderlich zu verbessern. ...
Unfähig zu begreifen, wie oder warum die Person, die wir sehen, sich so verhält, schreiben wir ihr Verhalten einer Person zu, die wir nicht sehen können. Deren Ver-

4 Burrhus F. Skinner: Jenseits von Freiheit und Würde, dt. Reinbek 1973, S. 10-12 u. S. 20ff.

halten können wir zwar ebensowenig erklären, doch sind wir in ihrem Fall nicht geneigt, über sie Fragen zu stellen. Wir greifen zu dieser Strategie wahrscheinlich weniger aus Mangel an Kraft oder Interesse, sondern aus der seit altersher bestehenden Überzeugung heraus, daß es für einen großen Teil menschlichen Verhaltens *kein* relevantes Vorgeschehen gibt. Die Funktion des »inneren Menschen« besteht darin, daß er uns eine Erklärung liefert, die jedoch ihrerseits unerklärt bleibt. Mit dem inneren Menschen endet die Erklärung. Er ist kein Mittler zwischen vergangener Geschichte und gegenwärtigem Verhalten, er ist ein *Zentrum*, dem Verhalten entspringt. Er leitet ein, erzeugt und schafft, wobei er das bleibt, was er schon für die Griechen war – nämlich göttlich. Wir behaupten, er sei autonom – das aber bedeutet in bezug auf eine Wissenschaft des Verhaltens »übernatürlich«.

Diese Position ist natürlich angreifbar. Der »autonome Mensch« dient lediglich zur Erklärung der Dinge, die wir noch nicht auf andere Weise erklären können. Seine Existenz gründet sich auf unsere Unwissenheit, so daß er natürlich immer mehr von seinem Status einbüßt, je mehr wir über das menschliche Verhalten in Erfahrung bringen. ...

Wir verfügen nun über zwei wichtige Ergebnisse. Das eine betrifft die grundlegende Analyse. Verhalten, das auf die Umwelt einwirkt, um Folgen zu erzeugen (»operatives Verhalten«), kann untersucht werden, indem man Umwelten arrangiert, in denen spezifische Folgen von eben jenem Verhalten abhängig sind. Diese Abhängigkeiten oder »Kontingenzen«, die erforscht werden, sind ständig komplexer geworden, und nach und nach übernehmen sie die erklärenden Funktionen, die früher Persönlichkeiten, Geisteszuständen, Empfindungen, Wesenszügen und Absichten zugeschrieben worden sind. Das zweite Ergebnis ist praktischer Art: Die Umwelt kann manipuliert werden. Es ist richtig, daß die Erbanlage des Menschen nur sehr langsam verändert werden kann, doch haben Veränderungen in der Umwelt der Einzelperson rasche und dramatische Folgen. Eine Technologie operativen Verhaltens ist, wie wir sehen werden, bereits stark fortgeschritten und vielleicht wird sie sich als unseren Problemen gewachsen erweisen.

Diese Möglichkeit führt jedoch zu einem weiteren Problem, das gelöst werden muß, wenn wir aus dem bisher Gewonnenen Vorteile ziehen wollen. Wir sind weitergekommen, indem wir den »autonomen Menschen« seiner Rechte entkleideten, doch leistet er immer noch Widerstand. Er führt eine Art Rückzugsgefecht, in dem er unglücklicherweise gewaltige Unterstützung genießt. Noch immer spielt er eine wesentliche Rolle in der Politikwissenschaft, im Rechtswesen, in der Religion, der Wirtschaft, der Anthropologie, in der Soziologie, der Psychotherapie, der Philosophie, in der Ethik, der Geschichte, der Erziehung, in der Jugendpflege, der Linguistik, der Architektur, in der Stadtplanung und im Familienleben. Alle diese Fachgebiete besitzen ihre Fachleute, und jeder Fachmann hat seine Theorie, und in fast jeder Theorie ist die Autonomie des Menschen unbestritten. ... Das Ergebnis ist eine gewaltige Bürde an tradiertem »Wissen«, das durch eine wissenschaftliche Analyse korrigiert oder ersetzt werden muß.

Zwei Grundzüge des »autonomen Menschen« sind besonders störend. Der überlieferten Meinung nach ist eine Person frei. Sie ist frei in dem Sinne, als ihr Verhalten nicht verursacht ist. Daher kann sie für ihr Tun verantwortlich gemacht und kann sie

mit Recht bestraft werden, wenn sie Unrecht tut. Diese Ansicht muß, zusammen mit den damit verbundenen Praktiken, neu überprüft werden, wenn eine wissenschaftliche Analyse zwischen Verhalten und Umwelt unerwartet kontrollierende Bezüge an den Tag bringt.
Indem sie [scil.: die wissenschaftliche Verhaltensanalyse] die Kontrolle, welche der »autonome Mensch« ausübt, in Zweifel zieht, und indem sie die Kontrolle, welche die Umwelt ausübt, unter Beweis stellt, scheint eine Verhaltenswissenschaft auch die Vorstellung vom Wert oder von der Würde des Menschen anzuzweifeln. Eine Person ist verantwortlich für ihr Verhalten nicht nur in dem Sinne, daß sie mit Recht getadelt oder bestraft werden kann, wenn sie sich schlecht beträgt, sondern auch in dem Sinne, daß sie für ihre Leistungen gelobt und bewundert wird. Wissenschaftliche Analyse weist das Lob wie den Tadel der Umwelt zu, und folglich sind traditionelle Praktiken nicht mehr zu rechtfertigen. Dies sind umwälzende Veränderungen, und jene, die traditionellen Theorien und Praktiken verpflichtet sind, widersetzen sich ihnen natürlich.
Außerdem gibt es noch eine dritte Quelle der Besorgnis. Wenn sich das Gewicht auf die Umwelt verlagert, scheint die Einzelperson einer neuen Art von Gefahr ausgesetzt zu sein. Wer soll die kontrollierende Umwelt mit welchem Endziel schaffen? Der »autonome Mensch« kontrolliert sich vermutlich selbst – gemäß einer Reihe eingebauter Wertvorstellungen; er setzt sich für das ein, was er für gut hält. Was aber wird jener mutmaßliche Kontrolleur für gut halten, wird es auch gut sein für jene, die er kontrolliert? Antworten auf Fragen dieser Art fallen natürlich so aus, daß sie zu Werturteilen auffordern.
Freiheit, Wert und Würde sind wichtige Streitpunkte, und unglücklicherweise wird der Streit um so heftiger, je mehr sich das Vermögen einer Technologie des Verhaltens den anfallenden Problemen gewachsen zeigt. Eben die Entwicklung, die einige Hoffnung auf eine Lösung geweckt hat, ist gleichzeitig verantwortlich für wachsende Opposition gegen die vorgeschlagene Art von Lösung. Dieser Konflikt ist selbst ein Problem des menschlichen Verhaltens und kann als solches angegangen werden. Die Verhaltenswissenschaft ist keineswegs so weit fortgeschritten wie Physik oder Biologie, doch besteht ihr Vorteil darin, daß sie ihre eigenen Schwierigkeiten ins rechte Licht rücken kann. Wissenschaft *ist* menschliches Verhalten, und dasselbe gilt für Opposition gegen die Wissenschaft. Was geschah im Kampf des Menschen um Freiheit und Würde, welche Probleme ergeben sich, wenn wissenschaftliche Erkenntnisse in diesem Kampf eine entscheidende Rolle zu spielen beginnen? Antworten auf diese Fragen mögen den Weg ebnen helfen für die Technologie, die wir so dringend benötigen. ...
Fast alle unsere Hauptprobleme haben mit menschlichem Verhalten zu tun, und eine physikalische und biologische Technologie reicht zu ihrer Lösung nicht aus. Was wir brauchen, ist eine Technologie des Verhaltens, doch haben wir nur langsam die Wissenschaft entwickelt, aus der eine solche Technologie hervorgehen könnte. Eine Schwierigkeit besteht darin, daß fast alles, was man als Verhaltenswissenschaft bezeichnet, Verhalten nach wie vor auf die menschliche Natur, auf Geisteszustände, Empfindungen, Wesenszüge und dergleichen zurückführt. Die Physik wie die Biologie hielten sich einst an ähnliche Methoden und machten erst dann Fortschritte, als

sie sie aufgaben. Die Wissenschaft vom Verhalten hat sich teils deshalb so langsam gewandelt, weil die Erklärungen für Verhalten häufig den Eindruck vermitteln, als würden sie direkt aus Beobachtungen hervorgehen, und teils deshalb, weil andere Arten von Erklärungen schwer zu finden waren. Die Umwelt ist offensichtlich wichtig, doch ihre Rolle ist ungeklärt geblieben. Sie drängt und zerrt nicht, sondern sie *liest aus*, und es ist schwierig, diese Funktion zu entdecken und zu analysieren. Die Rolle, welche die natürliche Auslese in der Evolution spielt, wurde erst vor etwas mehr als hundert Jahren formuliert, und die selektive Rolle, welche die Umwelt bei der Gestaltung und Erhaltung des Verhaltens der Einzelperson spielt, wird erst heute allmählich erkannt und untersucht. Da man heute jedoch die Wechselwirkung zwischen Organismus und Umwelt durchschaut hat, führt man Wirkungen, die früher Geisteszuständen, Empfindungen und Wesenszügen zugeschrieben worden sind, immer mehr auf erfassbare Bedingungen zurück, wodurch eine Technologie des Verhaltens möglich werden kann. Allerdings wird diese unsere Probleme erst dann lösen können, wenn sie die überkommenen, tiefverwurzelten vorwissenschaftlichen Ansichten ersetzt hat. An der Vorstellung von der Freiheit und Würde veranschaulicht sich dieses Problem. Sie sind beide, der überkommenen Theorie zufolge, der Besitz des »autonomen Menschen«, und beide sind sie einer Praxis wesentlich, in der eine Person für ihr Benehmen verantwortlich gemacht und für ihre Leistungen gelobt wird. Eine wissenschaftliche Analyse überträgt sowohl die Verantwortlichkeit als auch die Leistung auf die Umwelt. Außerdem wirft sie Fragen auf, in denen es um »Werte« geht. Wer wird eine solche Technologie zu welchem Zweck benutzen? Solange diese Punkte nicht geklärt sind, wird eine Technologie des Verhaltens auch weiterhin verworfen werden, und mit ihr vielleicht die einzige Möglichkeit, unsere Probleme zu lösen.

7.4 FRAGEN ZU DEN TEXTEN

Um Ihr Verständnis der Texte zu vertiefen, empfehlen wir Ihnen die Beantwortung folgender Fragen:

(a) Welche Rolle weist Paulo Freire der Erziehung zu?
(b) Welches Bild des Menschen steht hinter Freires Konzept seiner Befreiungspädagogik?
(c) Was versteht Freire unter magischem, naivem und kritischem Bewusstsein?
(d) Warum misst Freire dem Dialog in der Erziehung eine entscheidende Bedeutung zu?
(e) Inwiefern stellt Freires Befreiungspädagogik eine „Praxis der Freiheit“ dar?
(f) Worin liegt der Grund von Skinners Unzufriedenheit mit der traditionellen Erziehung?
(g) Was bedeutet es, wenn Skinner die Erziehung „jenseits von Freiheit und Würde“ ansiedelt, und welches Bild des Menschen liegt dieser Absicht zugrunde?
(h) Was versteht Skinner unter einer „Technologie des Verhaltens“, und welche neuen Probleme sieht er durch sie heraufziehen?

7.5 WEITERFÜHRENDE TEXTE

Um die in der Konfrontation von Freires Befreiungspädagogik und Skinners Theorie der Verhaltensmodifikation sichtbar gewordenen Probleme zu vertiefen und v.a. auf die aktuelle Erziehungssituation zu übertragen, schlagen wir die Lektüre der folgenden Texte vor. Im ersten geht es um den unverzichtbaren emanzipatorischen Anspruch jeder Erziehung, im zweiten um die aktuelle Tendenz der Ökonomisierung und, damit verbunden, zur Technologisierung und Kontrolle von Erziehung. Die Thematik des dritten Textes befasst sich mit dem der Bürokratisierung und Technisierung zugrunde liegenden totalitären Denken und der daraus resultierenden Entpersonalisierung.

7.5.1 Klaus Mollenhauer: Erziehung und Emanzipation[5]

Klaus Mollenhauer (1928-1998) war maßgeblich für die Rezeption der Kritischen Theorie der Frankfurter Schule in der deutschen Pädagogik und hat mit seinem Grundgedanken einer Erziehung als Emanzipation die Kritische Erziehungswissenschaft mit begründet. Der folgende Text entstammt seinem dafür einschlägigen Hauptwerk.

5 Klaus Mollenhauer: Erziehung und Emanzipation, München ^{3}1970, S. 10f.

Für die Erziehungswissenschaft konstitutiv ist das Prinzip, das besagt, daß Erziehung und Bildung ihren Zweck in der Mündigkeit des Subjektes haben; dem korrespondiert, daß das erkenntnisleitende Interesse der Erziehungswissenschaft das Interesse der Emanzipation ist. »Eine so verstandene Theorie gewinnt die Maßstäbe der Kritik durch ihr Interesse an der Aufhebung von Verdinglichung und Selbstentfremdung des Menschen.« (Herwig Blankertz) Sie wendet sich also kritisch gegen all jene Erziehungsverhältnisse, die die Verdinglichung – die Unterdrückung der Vernunft im Dienste der empirischen Heteronomien – weiter betreiben, oder auch gegen solche, die ihr nicht entgegenzuwirken vermögen.
Dafür allerdings ist Empirie unerläßlich und ein notwendiges Instrument der Emanzipation. Dafür ist aber ebenso unerläßlich die Interpretation des Verständigungszusammenhanges, in dem die Praxis ihre Zwecke diskutiert. ...
»Emanzipation« heißt die Befreiung der Subjekte – in unserem Fall der Heranwachsenden in dieser Gesellschaft – aus Bedingungen, die ihre Rationalität und das mit ihr verbundene gesellschaftliche Handeln beschränken. ...
Die These, daß der Gegenstand der Erziehungswissenschaft die Erziehung unter dem Anspruch der Emanzipation sei, muß jedem suspekt erscheinen, der als wissenschaftliche Theorie nur gelten läßt, was dem in den Naturwissenschaften entwickelten empirisch-analytischen Wissenschaftsbegriff entspricht. Die zunehmende Verbreitung empirischer Verfahren in der pädagogischen Forschung, die Einsicht in die Unerläßlichkeit solcher Verfahren für Erkenntnis und Planung pädagogischer und bildungspolitischer Vorgänge legt es nahe, mit solchen Verfahren auch zugleich den Wissenschaftsbegriff zu übernehmen, der ihnen in anderen Wissenschaften korrespondiert. Die Verführung ist groß, die Tätigkeit des Erziehungswissenschaftlers für um so wissenschaftlicher zu halten, je ausschließlicher er sich jenem empirisch-analytischen Wissenschaftsbegriff verpflichtet zeigt.

7.5.2 Frank-Olaf Radtke: Das neue Erziehungsregime[6]

Der Frankfurter Erziehungswissenschaftler Frank-Olaf Radtke (geb. 1945) hat den folgenden Text im Herbst 2005 auf einer Tagung vorgetragen, bei der sich eine Gruppe namhafter Pädagogen öffentlich gegen eine Bildungsreform ausgesprochen haben, die sich einseitig an ökonomischen Interessen und technokratischen Strukturen orientiert.

Ein internationales Bildungsregime, das Einfluss auf nationale Bildungspolitiken haben kann, trat einer breiten Öffentlichkeit vor Augen, als die OECD mit der Macht

6 Frank-Olaf Radtke: Das neue Erziehungsregime. Steuerungserwartungen, Kontrollphantasien und Rationalitätsmythen, in: U. Frost (Hrsg.): Unternehmen Bildung, Paderborn 2006, S. 46ff.

ihrer bildungspolitischen Expertise und periodischen international vergleichbaren *Large Scale Assessments* (PISA) nicht nur die nationalen bildungspolitischen Agenden zu bestimmen, sondern auch mit dem Angebot von Lösungsstrategien aus dem Repertoire des *New Governance* die Unsicherheit der Nationalstaaten, die ihre Steuerungsfähigkeit schwinden sehen, zu absorbieren begann. Ein solches Regime, das auf geteilten Prinzipien, Regeln und Normen beruht, findet dann Unterstützung, wenn es Probleme zu lösen verspricht, die bei unkoordiniertem Handeln zu weniger zufriedenstellenden Ergebnissen führen würden, oder wenn Probleme im Inneren durch Verweis auf internationale Erwartungen leichter zu lösen sind.
Bezeichnender Weise blenden die PISA-Autoren und die Befürworter der neuen Regierungstechnik diesen politisch-ökonomischen Kontext ihrer derzeitigen Nachfragekonjunktur völlig aus. Sie reden lieber technisch über Qualitätsmanagement, Standards und Kompetenzen. Die von der OECD betriebene Ökonomisierung der Erziehung im Sinne ihres betriebsförmigen Managements hat aber Folgen bis in die einzelne pädagogische Handlung hinein: Eltern lernen das neue Erziehungsregime zum ersten Mal im Kindergarten kennen, wenn ihnen die Erzieherinnen mitteilen, dass das bisher gepflegte gemeinsame Frühstück mit den Kindern in Zukunft ausfallen werde, weil das Personal die Zeit zum Ausfüllen der Dokumentationsbögen über die Lernfortschritte braucht; oder es begegnet ihnen in der Grundschule, wenn gleich bei der Aufnahme (Kohlbergs Stufen der moralischen Entwicklung hin oder her) Kontrakte mit den Eltern und ihren Kindern über ihr Verhalten und ihre Lernbereitschaft geschlossen werden, damit die Schule bei den allfälligen, zentral vorgegebenen Vergleichsarbeiten am Ende des Schuljahrs nicht schlecht abschneidet. Das sind Formen von Selbstverpflichtung (auch zur Selbstkritik), die man der untergegangenen DDR als totalitär angerechnet hätte. Eine neue Form des »ökonomischen Totalitarismus« beginnt im Kindergarten und setzt sich auf allen Stufen des Bildungssystems als persönliche und institutionelle Zielvereinbarungen fort. »Steuerungstechnisch« wird das Individuum als Unternehmer seiner selbst (»Ich-AG«) unter Dauerbeobachtung gestellt, um zuverlässig darauf vorbereitet zu werden, selbst das zu wollen, was von ihm verlangt wird – bei manchen heißt das »Selbstständigkeit in der Abhängigkeit«, bei Pierre Bourdieu war in anderem Kontext die Rede von einer Kompassnadel, der es Freude macht, sich nach Norden auszurichten.

Der Pädagogik ist die Antinomie von Freiheit und Zwang wohl bekannt: als Problem der Erziehung, die ohne Zwang nicht auskommt, aber doch zu Autonomie hinführen will, wie in ihrem Außenverhältnis zur Politik und zum Staat, dem gegenüber sie in der Spannung von Vergesellschaftung und Individuation ihre Autonomie als Sachwalterin des Kindeswohls geltend zu machen sucht. Seit dem 16. Jahrhundert wird das Problem der Regierung als dreigestuftes Kontinuum diskutiert, wobei jeder Typ der Regierung »mit einer Form von Wissenschaft oder der besonderen Reflexion zusammenhängt: die Regierung seiner selbst mit der Moral, zweitens die Kunst, in angemessener Weise eine Familie zu regieren, mit der Politik« (Foucault). Auch das Problem, die Kinder richtig zu erziehen, wird seither als Regierungsaufgabe beschrieben, die mit Macht zum Wohle des Ganzen des Gemeinwesens ausgeübt werden muss. Ziel der Erziehung war spätestens mit der speziellen Theoriekonstellation, die der Neu-Humanismus im 19. Jahrhundert aufgebaut hat, die allmähliche

Ablösung der Fremddisziplinierung des Individuums durch eine Selbstdisziplinierung, mit der das Subjekt Herr im eigenen Haus wird. Erziehung sollte ihr definitives Ende in der aufgeklärten Mündigkeit des Individuums finden, dessen weiteres Leben als eigensinniger Bildungsprozess konzipiert werden konnte.
Der aktivierende Sozialstaat geht mit der Umstellung von Fördern auf Fordern ein neues Verhältnis zu seinen Bürgern ein, das sich auch in die öffentliche Erziehung hinein fortsetzt, die nun als lebenslängliches Problem gedacht wird, mit dem die ökonomische Nutzung des Individuums und die Konkurrenzfähigkeit des Wirtschaftsstandortes gewährleistet werden soll. Auch Erzieher und Zögling haben sich »neu aufzustellen«. Der post-nationale Staat, dem sich die potenten Steuerzahler mit relativ geringem Aufwand entziehen können, muss sich zunehmend als Anbieter von Dienstleistungen verstehen, der ganz nach Marktlage betriebswirtschaftlich zu kalkulieren hat. Da immer weniger Sozialleistungen aus Steuern allein finanziert werden können, bleibt nur das Maut-Prinzip individueller Verbrauchsgebühren für solche Leistungen, auf die der Bürger nicht verzichten will. Aus dem Bürgerrecht auf Bildung wird eine gebührenpflichtige Veranstaltung; Schüler und ihre Eltern treten der Lehrerin und dem Schulleiter, Studenten ihrem Professor als Kunden gegenüber, die auf die Qualität der erbrachten Dienstleistung achten. Das bringt ganz neue Komplikationen, etwa das der Nachfragesteuerung des Angebots, in das asymmetrisch angelegte, von normativen Absichten geprägte pädagogische Verhältnis, die noch kaum abzuschätzen sind. Umgekehrt werden die Kunden in ihrem Nutzungsverhalten einem dauernden Vergleich unterzogen und die erbrachten Leistungen unter Effizienzgesichtspunkten einer dauernden Beobachtung und Kontrolle unterworfen.

Weil alle auf das eindimensionale Denken der Qualitätskontrolle eingeschworen sind, ist bisher die Frage kaum gestellt und diskutiert worden, ob wir überhaupt so, nach den Regeln des *New Public Management*, regiert werden wollen. Die Frage stellt sich ganz konkret, wenn wir selbst mit dem Medizinsystem oder unsere alten Eltern mit der Altenpflege zu tun bekommen; die Frage wird besonders brisant, wenn es um unsere unmündigen Kinder geht, für die wir stellvertretend handeln. Jetzt müssen wir uns schon im Kindergarten und der Grundschule fragen, ob wir wollen, dass unsere Kinder von früh an als »Human Kapital« behandelt, dauerbeobachtet und nach dem Modell des »*flexible man*« im Expresszug des Gymnasiums so vorbereitet werden, dass sie möglichst früh nach dem Bachelor-Examen und möglichst lange unter »lebenslangem Lernen« dem Arbeitsmarkt zur Verwertung zur Verfügung stehen. ...

Das Bildungsideal der neuen Bildungsmanager ist der »*homo oeconomicus*«, der konkurrenz- und durchsetzungsfähig seine Interessen wahrnimmt, sich in allen Situationen zweckrational verhält und in seinem Verhalten leicht auszurechnen ist. Es ist das liberale Menschenbild derjenigen, die von den Segnungen einer universalisierten Marktsteuerung überzeugt sind. Alles rationale Wahlverhalten soll sich ausschließlich Kosten-Nutzen-Kalkülen fügen. Die Erziehung soll die Menschen zu den nutzenmaximierenden Marktsubjekten machen, als die sie von der Human-Kapitaltheorie gedacht werden. Aber ist das auch das Ideal der Eltern, das sie vom Leben ihrer Kinder und deren Lebensglück haben?

7.5.3 Alden LeGrand Richards: Bürokratisierung und Entpersonalisierung[7]

Der nordamerikanische Erziehungsphilosoph Alden LeGrand Richards (geb. 1955), Schüler von Israel Scheffler an Harvard, geht von der These aus, dass die Kritik Nietzsches und Kierkegaards an dem Wissenschaftsoptimismus der Moderne in den USA, der „Heimat des technologischen Fortschritts", erst heute zu greifen beginnt, während gleichzeitig die ausgediente ideologische Lüge vom „Amerikanischen Traum" weltweit ein Heer von gläubigen Gefolgsleuten auf sich zieht.

Philosophen wälzen seit langem die Frage, ob es sinnvoll ist, die Naturwissenschaft, die uns namentlich und unbestreitbar eine bemerkenswerte Beherrschung der Natur ermöglicht, uneingeschränkt zur analogen Erforschung des Menschen heranzuziehen. Zweifelsfrei haben uns Galileos Sprache der Mathematik (die Sprache, in der Gottes Buch der Natur geschrieben wurde) und Descartes' reduktionistische Analyse in Kombination mit Bacons experimenteller Methode eine erstaunliche Macht über die dingliche Welt beschert. Lassen sich natürliche Prozesse allem Anschein nach zielsicher steuern, sofern man nur die Gesetze der Natur durchschaut, ist es naheliegend und verlockend, im Hinblick auf den Menschen genauso zu verfahren. Ganz in diesem Sinne fordert Thorndike, ein Lehrer müsse, um die menschliche Natur kontrollieren zu können, um deren Funktionsmechanismen wissen. Um das, was ist, in das überführen zu können, was sein soll, müsse der Lehrer jene Gesetze beherrschen, durch die sich die gewünschten Veränderungen herbeiführen lassen. Allen Versuchen zuwider, »eine Technologie des menschlichen Verhaltens« zu entwikkeln – möge diese bisweilen auch noch so perfekt zu funktionieren scheinen – stößt die Übertragung von naturwissenschaftlichem Denken auf die Erforschung des Menschen doch sehr bald an unüberwindbare Grenzen. Selbst Locke, der für gewöhnlich als einer der Pioniere gilt, die einen solchen Transfer vollzogen haben, bezweifelte, dass es jemals möglich wäre, eine vollständige Wissenschaft vom Menschen zu gewinnen. Womöglich lasse sich eine Wissenschaft vom menschlichen Körper entwikkeln, der menschliche Geist sei aber komplexer und lasse sich nicht mit einem wissenschaftlichen System, seinen Methoden und Prinzipien ab- und behandeln. ...
Dass totalitäre Regime menschliche Freiheit unterdrücken, ist allgemein bekannt, dass aber totalitäre Denksysteme dem Menschen die Freiheit absprechen, ist weitaus weniger offenkundig. So kommt es, dass das politische Verlangen nach absoluter Kontrolle nur selten mit philosophischen Totalitarismen in Verbindung gebracht wird. Wenn sich der Wille zur Macht jedoch gerade in der Moderne mit immer mehr Kraft durchsetzt, dann wird es zu einer der dringlichsten Aufgaben, die Motive dieses Willens freizulegen und einer fundamentalen Kritik zu unterziehen. ...
Der Bürokratismus ist in seinem Innersten eine Kopfgeburt des neuzeitlichen Willens zu totalitärem Denken. Moderne Schulen und Universitäten präsentieren sich durch-

7 Alden LeGrand Richards: Der Mensch als Person. Auf den Spuren von Nietzsche und Kierkegaard fernab vom amerikanischen Traum, in: W. Harth-Peter/ U. Wehner/ F. Grell (Hrsg.): Prinzip Person. Über den Grund der Bildung, Würzburg 2002, S. 90ff.

weg als bürokratische Einrichtungen. Als solche besitzen sie ein immenses Selbstbewusstsein und eine extrem hartnäckige Beständigkeit. Bürokratie wird im 19. Jahrhundert mit »vernünftiger Organisation« gleichgesetzt. Sie steht für ein offiziell kodifiziertes System von Herrschaft, eine »objektive« hierarchisch gegliederte Zuteilung von speziellen Funktionen an sachkundige Funktionäre »gemäß berechenbarer Regeln ... ganz ohne Ansehen der Person«. Wie Max Weber aufzeigt, funktioniert Bürokratie um so vollkommener, um so perfekter, je mehr ein Handlungsvollzug »entmenschlicht« wird, je vollständiger es gelingt, aus dem gesamten offiziellen Umgang Liebe, Haß und alle rein subjektiven, irrationalen und emotionalen Elemente, die sich der Berechenbarkeit entziehen, auszublenden. Der Bürokratismus vermag Institutionen gerade deshalb eine geordnete Gestalt und eine enorme Stabilität zu verleihen, weil er gänzlich von persönlichen Belangen absieht. Zur Logik des Bürokratismus gehören speziell ausgebildete Arbeitnehmer, die als jederzeit austauschbare Experten niemals den Funktionsbetrieb oder gar den Fortbestand der Institution gefährden können. ...

Andrew Wake schreibt, um einen Menschen austauschbar zu machen, sei es nötig, sein Wissen bis zu einem solchen Grad zu objektivieren, dass es jeder anderen Person möglich ist, dieses in einer standardisierten Form in ausreichendem Ausmaß zu erlernen. ... Um Wissen problemlos weitergeben zu können, muss Lehrerwissen objektiviertes Wissen sein. Wird heute von erkenntnistheoretischer Seite jedoch grundsätzlich bestritten, dass Menschen über objektives Wissen verfügen können, stellt das im selben Atemzug alle jene Institutionen in Frage, die vorgeben, derartiges Wissen zu vermitteln.

Damit wird jede Form von pädagogischem Bürokratismus grundsätzlich fraglich. Auch wenn die philosophische Kritik auf institutioneller Ebene größtenteils noch auf taube Ohren stößt, werden sich Auswirkungen dieser Destruktion in der konkreten Praxis bald bemerkbar machen.

7.6 FRAGEN ZU DEN WEITERFÜHRENDEN TEXTEN

(i) Für Mollenhauer ist das „erkenntnisleitende Interesse der Erziehungswissenschaft“ das der Emanzipation. Aufgrund des gegenwärtigen Trends, Erziehungswissenschaft verstärkt mit einem empirisch-analytischen Wissenschaftsbegriff gleichzusetzen, sieht Mollenhauer die Aufgabe der Emanzipation gefährdet. Worauf gründet sich dieser Verdacht?

(j) Worin sieht Radtke die Gefahren für die Erziehung, wenn diese nach den Kriterien des „New Public Management“ organisiert und evaluiert wird?

(k) Richards kritisiert die fortschreitende Bürokratisierung in der Gesellschaft und verbindet diese mit der Zunahme einer Technologie des menschlichen Verhaltens. Welche Auswirkungen könnte diese Entwicklung auf die erzieherische Praxis haben?

7.7 SCHLUSSFOLGERUNG

Die Konfrontation von Freire und Skinner und die Lektüre der weiterführenden Texte von Mollenhauer, Radtke und Richards hat ein Problem vor Augen gestellt, das zweifellos zu den Grundproblemen der Erziehung gehört, und zwar seit ihren Anfängen bis zum heutigen Tage: Ist Erziehung prinzipiell als ein praktisches Handeln, gar als eine „Praxis der Freiheit" zu denken (und entsprechend zu gestalten) oder als ein herstellendes Machen und „Verfertigen von Produkten", die am Ende gewogen, taxiert und vermarktet werden können? Diese uralte pädagogische Frage hat sich, geschichtlich gesehen, in dem Maße zugespitzt, als die Erziehung zunehmend eine öffentliche Angelegenheit geworden ist und sich zu einem „Unternehmen Bildung" ausgeweitet hat. Der mit aller Institutionalisierung verbundene Drang zur Bürokratisierung und Professionalisierung zieht notwendig das Verlangen nach Verwissenschaftlichung und Technisierung nach sich.

Dabei bleibt jedoch die kritische Frage unabweisbar, ob die Möglichkeit praktischer Anleitung durch theoretisches Wissen im Sinne einer Technologie auf pädagogischem ebenso wie auf politischem Gebiet nicht an eine Grenze stößt, die der Struktur von Praxis eigen ist. Denn menschliche Praxis ist ihrer Natur nach „kein Gegenstand souverän allwissenden Machens. Sie muß immer neu vollzogen werden im Bewußtsein, daß sie ihren Sinn nur im konkreten Vollzug gewinnt. Das bedeutet, daß jeder Akt vom Einzelnen riskiert und verantwortet werden muß. Es gibt kein richtiges Wissen, das dem Subjekt diese Last abnähme. Praxis ist nicht technisch zu inszenieren, sie läßt die Anwendung des Prinzips theoretischen Wissens sogar in seiner Universalisierung als »politische Wissenschaft« nicht zu."[8] Mit vollem Recht hat auch Karl-Otto Apel auf die Tatsache hingewiesen, dass jede sozialtechnologische und erst recht jede erziehungstechnologische Vorstellung ihre ideale Voraussetzung nicht im Modell einer offenen Gesellschaft mündig handelnder Bürger hat, sondern eher „in einer Gesellschaft, die – aufgrund stabiler, quasi-archaischer Herrschaftsstrukturen – in Informierte und Nichtinformierte, Manipulierende und Manipulierte, Subjekte und Objekte der Wissenschaft und Technologie zerfällt".[9]

---

8 Rüdiger Bubner: Theorie und Praxis – eine nachhegelsche Abstraktion, Frankfurt a.M. 1971, S. 33.

9 Karl-Otto Apel: Transformation der Philosophie, Bd. 1, Neuwied 1973, S. 14.

7.8 WEITERFÜHRENDE LITERATUR

Kira Funke: Paulo Freire. Werk, Wirkung und Aktualität, Münster 2010.

Ludwig A. Pongratz: Untiefen im Mainstream. Zur Kritik konstruktivistisch-systemtheoretischer Pädagogik, Paderborn 2009.

Peter McLaren/ Nathalia Jaramillo: Pedagogy and Praxis in the Age of Empire. Towards a New Humanism, Rotterdam 2007.

Peter McLaren: Che Guevara, Paulo Freire, and the Pedagogy of Revolution, Boulder (Colorado) 2000.

Alden LeGrand Richards: Jenseits der Psychologisierung der amerikanischen Erziehungswissenschaft, in: W. Böhm/ A. Wenger-Hadwig (Hrsg.): Erziehungswissenschaft oder Pädagogik? Würzburg 1998, S. 289-300.

René Bendit/ Achim Heimbucher: Von Paulo Freire lernen. Ein neuer Ansatz für Pädagogik und Sozialarbeit, Weinheim ³1985.

ACHTES KAPITEL

Johann Amos Comenius

oder: Kann es eine gleiche Erziehung für alle geben?

8.1 ZUM EINSTIEG

Wenn dieses Buch von dem „Projekt Erziehung" handelt, dann gebührt Comenius – sein böhmischer Name lautete Jan Amos Komenský (1592-1670) – ein ganz besonderer Platz. Nach eigenen Worten Mähre von Geburt, Tscheche der Sprache nach und Theologe von Beruf hat Comenius sicherlich das umfassendste Erziehungsprojekt innerhalb der gesamten abendländischen Geistesgeschichte vorgelegt und dieses in eine allumfassende Weltphilosophie eingebettet. Von seiner profunden theologischen, genauer: calvinistischen Grundbildung her, hat er auf geradezu exemplarische Weise ein pädagogisches Denkschema ausgeprägt, das sich idealtypisch immer wieder findet und bis in unsere unmittelbare Gegenwart – heute freilich in säkularisierter und erheblich verflachter Form – (z.B. in die Schulreformdiskussion) hineinwirkt: Einem heilen und unversehrten Zustand von Welt und Mensch folgen Abfall, Sünde und Verkehrung, die dann nach Umkehr und Wiederherstellung der ursprünglichen Ordnung verlangen. *Formatio – deformatio – reformatio* sind die Begriffe, mit denen dieser Dreischritt bezeichnet wird. Dass Comenius nicht nur von seiner theologischen Ausbildung her – er studierte vor allem bei Johann Valentin Andreä, dem Verfechter einer barocken „Generalreformation" – zu diesem Denken inspiriert wurde, darf wohl angenommen werden, wenn man sich die Wirren des 30jährigen Krieges und eine völlig aus den Fugen geratene Welt vor Augen stellt, in der Comenius ein von unsaglichem Leid und von harten Schicksalsschlägen belastetes Leben geführt hat und die er daher nur als ein Labyrinth, also als einen Irrgarten zu erfahren vermochte.

8.2 ZUR EINFÜHRUNG

Für Comenius ist bezeichnend – und auch das hebt ihn in den Rang eines der bis heute bedeutendsten Pädagogen – dass er in seinem welt- und menschheitsumspannenden Reformprogramm, welches er 1642-70 in seiner monumentalen siebenbändigen *De rerum humanarum emendatione consultatio catholica* (gewöhnlich übersetzt als *Allgemeine Beratung über die Verbesserung der menschlichen Verhältnisse*) vorgelegt hat, der Erziehung die zentrale und entscheidende Rolle beimisst. Er entwickelt sie als eine *Pampaedia* (zu deutsch „All-Erziehung"), und er versteht darin – obwohl er äußerlich acht verschiedene Schulen unterscheidet und ausführlich beschreibt – das ganze menschliche Leben als eine große Schule, und zwar als eine *Schule für alle und jeden*. Von daher verlässt Comenius folgerichtig den Gedanken einer Erziehung des einzelnen Individuums und schreitet zu einem Begriff von Erziehung fort, der das ganze menschliche Leben und das gesamte Menschengeschlecht – ohne Ansehung des einzelnen – einschließt.

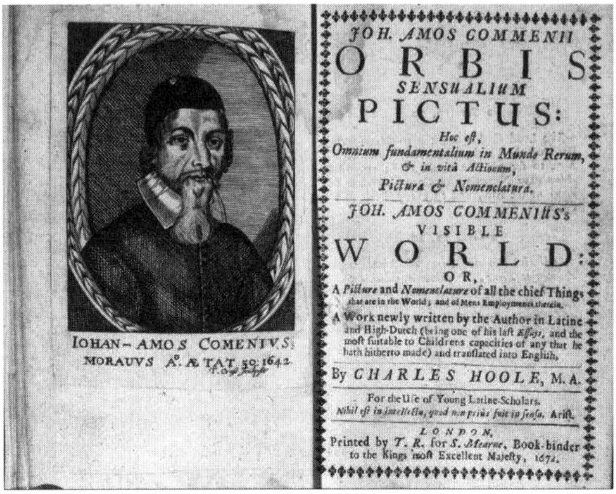

Es gehört zu den Ironien der Pädagogikgeschichte, dass sein Hauptwerk über fast 300 Jahre verschollen blieb und erst 1935 in Halle (wieder) entdeckt wurde. So lebte Comenius im pädagogischen Bewusstsein vor allem als Didaktiker und Autor von (freilich Maßstäbe setzenden) Schulbüchern – wie z.B. dem *Orbis sensualium pictus* – fort, als der er manchen Unkundigen auch heute noch gilt.

Seine didaktischen Schriften – insbesondere die *Große Didaktik* – sind freilich mehr als bloß nützliche Ratschläge für den Unterricht und die „Kopfbewirtschaftung" (Klaus Prange), insofern sie zum einen nicht nur von den Zielen und Wegen des Lehrens und Lernens, sondern vor allem auch von ihrem Sinn handeln, und insoweit es zum anderen Comenius immer – auch dort, wo er von Lernen spricht – um Erziehung geht, für die das Wissen nur in dem Maße Wert besitzt, als es dazu beiträgt, den Menschen und die Welt zu verändern.

Comenius' pädagogische Vision ist ohne den Hintergrund seines Welt- und Menschenbildes nur schwer zu verstehen. Dass sowohl seine Weltsicht als auch seine Anthropologie dabei biblisch-christlich geprägt sind, dürfte bei einem Theologen und Bischof (der Böhmischen Brüder) nur schwerlich verwundern.

Als Gott die Welt (den Makrokosmos) nach seinem freien Ratschluss schuf, musste er sie zuerst (in seinem Denken) als Idee konzipiert haben, wenn sie sich als Kosmos (= Ordnung) und nicht als Chaos (= Wirrwar) gestalten sollte. Der Mensch, von Gott nicht – wie die anderen Geschöpfe – nur als seine „Spur", sondern als sein Ebenbild (und als Mikrokosmos) erschaffen, ist als solcher befähigt, die Idee der (geordneten) Welt zu erkennen und diese in Freiheit wieder in Ordnung zu bringen, wenn sie in Unordnung geraten ist. Die göttliche Weltidee offenbart sich den Menschen in drei „Büchern": dem Buch der Natur, das die Werke Gottes enthält und in der Sprache der Mathematik verfasst ist; dem Buch der Bibel, in welchem die Worte Gottes verzeichnet sind und das auf Hebräisch und Griechisch geschrieben ist; schließlich dem Buch der menschlichen Vernunft, die als ein Mikrokosmos die ganze Welt und ihre innere Ordnung in sich trägt. Diesen drei Büchern entsprechen drei „Lehrer“: die Wissenschaftler, die Theologen und die Philosophen. Bei der Wiederherstellung der Ordnung und bei der Wiedereinsetzung der Dinge in ihren rechten Gebrauch dienen dem Menschen drei Aktivitäten: die Wissenschaft, die Religion und die Politik.

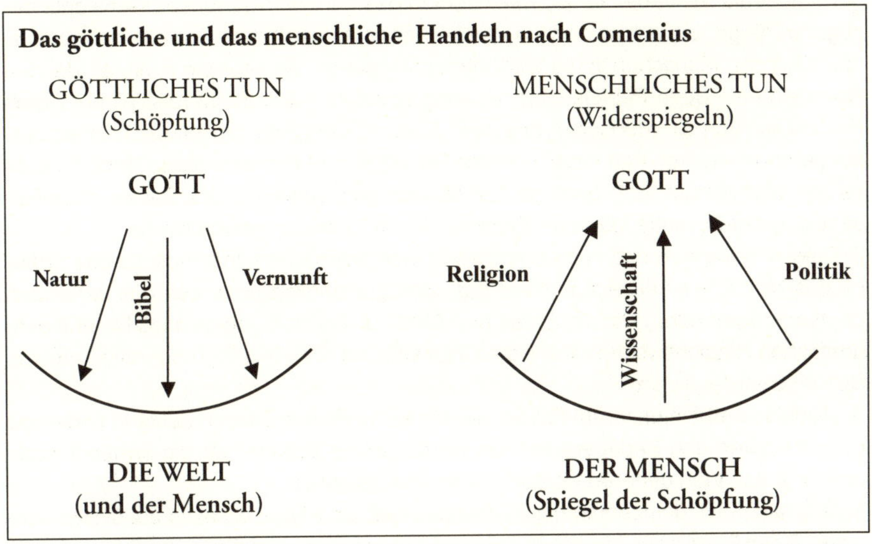

Das göttliche und das menschliche Handeln nach Comenius

Um zur Welterkenntnis und zum verantwortlichen Welthandeln zu kommen, reicht dem Menschen eine polyglotte Allerweltsweisheit und ein tumultuarisches Vielwissen (und sei die verfügbare Datenmenge gleichwohl unermesslich!) nicht aus, sondern es bedarf eines Wissens des Ganzen und um des Ganzen willen, mit einem Wort: jener Pampaedia, die als Wissen um das Ganze – von griech.: *pan* = das Ganze und griech.: *paideia* = Erziehung – (und damit als wahrhaftige „Allgemeinbildung“) grundsätzlich allen Menschen – unabhängig von Herkunft, Rasse, Religion, Geschlecht oder Alter – offen steht und zusteht.

8.3 TEXTE VON COMENIUS

Aus dem außerordentlich umfangreichen Werk des Comenius haben wir zwei Texte ausgewählt, welche jeweils wichtige Momente seines Erziehungsdenkens vergegenwärtigen: die Idee der Pampaedia und den Gedanken von der Gleichheit aller Menschen.

8.3.1 Johann Amos Comenius: Pampaedia – Allerziehung[10]

Hier handelt es sich um die Eingangssätze des gleichnamigen Buches, das im Mittelpunkt seines siebenbändigen „Konsultationswerks“ steht.

OMNES – OMNIA – OMNINO
ALLE – ALLES – UMFASSEND

1. Pampaedia meint die auf jeden einzelnen des ganzen Menschengeschlechts bezogene Pflege. Sie richtet sich in ihren Maßnahmen nach dem Ganzen (universalis) und führt den Menschen in die Vollkommenheit seines Wesens ein (cultura). Bei den Griechen bedeutete Paideia Unterweisung (institutio) und Zucht (disciplina). Durch Paideia werden die Menschen aus dem Zustand der rohen Unvollkommenheit herausgeführt (erudire). Pan meint nun den Bezug zum Ganzen (universalitas). So geht es hier also darum, daß dem ganzen Menschengeschlecht, das Ganze, allumfassend ... (pantes, panta, pantos – Omnes, Omnia, omnino) gelehrt werde.
2. Dieses Verlangen nach einer auf das Ganze bezogenen, instandsetzenden Pflege des Menschen verweist uns auf das, was gewöhnlich unter den uns vertrauten obersten Ideen (idea) Nichts, Etwas und Alles zur Betrachtung gelangt. Unter dieser dreifachen Hinsicht wollen wir unseren Wunsch und den Rechtsgrund (ratio) unseres Sehnens verdeutlichen.
3. »Nichts« heißt in unserem Fall so viel wie keine Pflege. Diesen Zustand finden wir mit Schrecken und Bedauern bei den barbarischen Völkern, wo die armen Sterblichen wie das Vieh geboren werden, leben und vergehen.
4. »Etwas« meint demgemäß ein bestimmtes Maß an Pflege in bezug auf dieses oder jenes. Diese Form ist bei den nicht mehr ganz rohen Völkern zu finden, welche sich teils den Wissenschaften, teils den Künsten, den Sprachen oder dem übrigen zuwenden.
5. »Alles« bedeutet hier eine nach Maßgabe des Ganzen auf das Ganze bezogene Pflege (cultura universalis). Durch eine derartige Wartung wollen wir dem Menschen als dem Ebenbild Gottes dazu verhelfen, die höchste Vollkommenheit (splendor), die auf Erden nur möglich ist, zu erlangen.
6. Unser Vorhaben läßt sich in drei Bezugsrichtungen aufteilen. Zunächst wünschen wir, daß in dieser vollkommenen Weise nicht nur irgendein Mensch, wenige oder viele zum wahren Menschentum geformt werden, sondern alle Menschen, und zwar jeder einzelne, jung und alt, arm und reich, adelig und nichtadelig, Männer und Frauen, kurz jeder, der als Mensch geboren ist. So soll künftig die ganze Menschheit dieser vervollkommnenden Wartung zugeführt werden, alle Altersstufen, alle Stände, Geschlechter und Völker.
7. Sodann fordern wir, daß der Mensch nicht in einer Hinsicht allein, in wenigem oder in vielem, sondern in all dem unterwiesen werde, was die menschliche Natur wirklich vollkommen macht. Eine solche Pflege verletzt sein Wesen nicht. Der Mensch soll das Wahre wissen; vom Falschen lasse er sich nicht verleiten. Das Gute soll er

10 Johann Amos Comenius: Pampaedia – Allerziehung, hrsg. v. K. Schaller, Sankt Augustin 1991, S. 12-14.

lieben; vom Schlechten lasse er sich nicht verführen. Was getan werden muß, soll er tun, und er entziehe sich dem, was wir meiden sollen. Wofern es nötig ist, soll er mit allen weise über das All sprechen; niemals sei er stumm. Und schließlich gehe er mit den Sachen, mit den Menschen und mit Gott nicht unbesonnen um, sondern mit allem verfahre er der Ordnung gemäß. So wird er es verstehen, nie vom Ziel seines Glückes abzuweichen.

8.3.2 Johann Amos Comenius: Über die Gleichheit aller Menschen[11]

In diesem Kapitel seiner *Großen Didaktik* begründet Comenius den Gedanken der Gleichheit aller Menschen – in dieser Unbedingtheit wohl zum ersten Male in der Geschichte der abendländischen Pädagogik.

1. Nicht nur die Kinder der Reichen und Vornehmen sollen zum Schulbesuch angehalten werden, sondern alle in gleicher Weise, Adelige und Nichtadelige, Reiche und Arme, Knaben und Mädchen aus allen Städten, Flecken, Dörfern und Gehöften. Das wird im folgenden deutlich.

2. Zunächst sind alle als Menschen Geborene zu dem Hauptzwecke geboren, Mensch zu sein, d.h. vernünftiges Geschöpf, Herr der (anderen) Geschöpfe und genaues Abbild seines Schöpfers. Darum sind alle so zu fördern und in Wissenschaft, Sittlichkeit und Religion recht einzuführen, daß sie das gegenwärtige Leben nützlich zubringen und sich auf das künftige angemessen vorbereiten können. Daß bei Gott kein Ansehen der Person gilt, hat er selbst oft kundgetan. Wenn wir also zu solcher Wartung des Geistes nur einige zulassen, andere aber ausschließen, sind wir ungerecht nicht nur gegen die, welche an der gleichen Natur wie wir teilhaben, sondern gegen Gott selbst, der von *allen*, denen er sein Bild aufgeprägt hat, erkannt, geliebt, und gepriesen sein will. Und das wird er um so inbrünstiger, je heller das Licht der Erkenntnis entzündet wird. Denn wir lieben in dem Maße, in dem wir erkennen.

3. Zudem wissen wir nicht, zu welchem Nutzen die göttliche Vorsehung diesen oder jenen bestimmt hat. So viel ist nur gewiß, daß Gott zuweilen die Ärmsten, Niedrigsten und Unbekanntesten als die wichtigsten Werkzeuge seines Ruhms verwendet. Laßt es uns also der Sonne am Himmel gleichtun, welche die *ganze* Erde erleuchtet, durchwärmt und belebt, so dass alles, was leben, grünen, blühen und Frucht tragen kann, wirklich lebt, grünt, blüht und Frucht trägt.

4. Dem widerspricht nicht, daß manche Menschen von Natur aus träge und dumm erscheinen. Gerade das empfiehlt und fordert eine solche Wartung der Geister nur noch mehr. Denn je träger und schwächlicher einer von Natur aus ist, um so mehr bedarf er der Hilfe, um von seiner schwerfälligen Stumpfheit und Dummheit soweit wie möglich befreit zu werden. Und man findet keine so unglückliche Geistesanlage, daß sie durch

11 Johann Amos Comenius: Große Didaktik. Die vollständige Kunst, alle Menschen alles zu lehren, hrsg. v. A. Flitner, Stuttgart [10]2007, S. 51-53.

Pflege nicht verbessert werden könnte. So wie ein undichtes Gefäß durch häufiges Ausscheuern wenn auch nicht wasserdicht, so doch glatter und reiner wird, so werden die Stumpfen und Dummen wenn auch nicht gerade in der Wissenschaft weit kommen, so doch in ihrem Verhalten gesitteter werden, so daß sie den Staatsbehörden und den Dienern der Kirche zu gehorchen wissen. Die Erfahrung lehrt sogar, daß von Natur aus äußerst Schwerfällige doch eine solche wissenschaftliche Bildung erwarben, daß sie selbst Begabte überholt haben. So wahr ist also der Ausspruch des Poeten „Maßlose Arbeit siegt über alles". Mancher ist in seiner Kindheit körperlich besonders kräftig, wird dann aber krank und nimmt ab, ein andrer dagegen schleppt als Knabe einen kranken Körper umher, wird dann aber gesund und wächst kräftig empor. Ganz gleich verhält es sich mit den geistigen Anlagen: einige sind frühreif, erschöpfen sich aber rasch und stumpfen ab, während andere anfangs schwerfällig sind, sich dann aber anregen lassen und gut vorwärtskommen. Zudem möchten wir ja in unseren Gärten nicht nur Bäume haben, die früh Früchte tragen, sondern auch mittlere und späte, denn ein jedes ist zu seiner Zeit vortrefflich, wie Jesus Sirach sagt, und zeigt schließlich doch, wenn auch erst spät, daß es nicht vergeblich war. Wollen wir also in dem Garten der Wissenschaft nur Geistesanlagen einer Art, nur frühreife und lebhafte zulassen? Nein, niemand, dem Gott Sinn und Verstand gegeben hat, soll ausgeschlossen werden.

8.4 FRAGEN ZU DEN TEXTEN

Um Ihr Verständnis der Texte zu vertiefen, empfehlen wir Ihnen die Beantwortung folgender Fragen:

(a) Mit welchem zentralen Argument begründet Comenius die Gleichheit aller Menschen und ihr Recht auf eine gleiche Erziehung?
(b) Worin unterscheidet sich die „Allerziehung" des Comenius von üblichen Erziehungsauffassungen?
(c) Worin besteht das Herzstück der comenianischen Didaktik?

8.5 WEITERFÜHRENDE TEXTE

Um die von Comenius angerissenen Probleme einer allgemeinen und gleichen Erziehung zu vertiefen und sowohl auf ihre politische Umsetzung als auch auf ihre Grenzen hinzuweisen, haben wir fünf Textfragmente ausgewählt: zuerst den politisch folgenreichen Bericht Condorcets über die öffentliche Erziehung; sodann einen Auszug aus Kants Vorlesung über Pädagogik, wo dieser den Erziehungsgedanken vom einzelnen auf die Generationenfolge ausweitet und auf die Idee der Menschheit bezieht; danach einen Text von John Dewey, in dem dieser sein Verständnis von Demokratie anreißt und den Gedanken der Gleichheit vom Begriff der Demokratie her begründet; weiterhin eine Reflexion des nordamerikanischen Kulturphilosophen und Pädagogen Mortimer J. Adler über die (allen gleiche) Natur des Menschen; und schließlich einen Text des französischen Sozialwissenschaftlers Pierre Bourdieu, in dem er auf konkret empirische Grenzen dieser Idee hinweist.

8.5.1 Condorcet: Gleichheit und öffentliche Erziehung[12]

Der folgende Text ist dem programmatischen (nachrevolutionären) Entwurf eines öffentlichen Erziehungssystems entnommen, den der Marquis Jean-Marie Antoine de Condorcet (1743-1794) am 20. April 1792 der gesetztgebenden Versammlung als deren Präsident und Vorsitzender des Komitees für das öffentliche Unterrichtswesen vortrug. Dieser Entwurf gilt bis heute als eine Art Grundcharta für alle aufgeklärten demokratischen schulpolitischen Bemühungen.

Meine Herren,
allen Angehörigen des Menschengeschlechts die Mittel zugänglich zu machen, daß sie für ihre Bedürfnisse sorgen, ihr Wohlergehen sichern, ihre Rechte erkennen und ausüben, ihre Pflichten begreifen und erfüllen können; jedem die Möglichkeit zu sichern, seine berufliche Geschicklichkeit zu vervollkommnen, sich für gesellschaftliche Funktionen vorzubereiten, zu denen berufen zu werden er berechtigt ist, den ganzen Umfang seiner Talente, die er von der Natur empfangen hat, zu entfalten und dadurch unter den Bürgern eine tatsächliche Gleichheit herzustellen und die politische Gleichheit, die das Gesetz als berechtigt anerkannt hat, zu einer wirklichen zu machen: das muß das erste Ziel eines nationalen Unterrichtswesens sein; und unter diesem Gesichtspunkt ist es für die öffentliche Gewalt ein Gebot der Gerechtigkeit.
Den Unterricht so zu lenken, daß die Vervollkommnung der Kunstfertigkeiten den Lebensgenuß der Allgemeinheit der Bürger erhöht und den Wohlstand derer, die sie betreiben, steigert; daß eine immer größere Zahl von Menschen fähig wird, die für die Gesellschaft notwendigen Funktionen gut zu erfüllen; und daß die ständig wachsenden Fortschritte der Erkenntnisse eine unerschöpfliche Quelle erschließen, die unseren Bedürfnissen hilft, die unsere Schmerzen heilt, die uns Mittel gibt für das individuelle Glück und den allgemeinen Wohlstand; schließlich in jeder Generation die physischen, intellektuellen und moralischen Fähigkeiten auszubilden und dadurch zu jener allgemeinen und stufenweise fortschreitenden Vervollkommnung des Menschengeschlechts beizutragen, von der jede gesellschaftliche Institution als ihrem letzten Ziel geleitet sein soll: das muß außerdem der Zweck des Unterrichts sein; und der öffentlichen Gewalt ist diese Pflicht durch das allgemeine Interesse der Gesellschaft, ja durch das Interesse der ganzen Menschheit auferlegt. ...
Wir wollten nicht, daß in Zukunft auch nur ein einziger Mensch im Reich sagen könnte: das Gesetz sichert mir vollständige Gleichheit der Rechte zu, aber man verweigert mir die Mittel, sie zu kennen. Ich soll nur vom Gesetz abhängig sein, aber meine

12 Condorcet: Allgemeine Organisation des öffentlichen Unterrichtswesens, in: Kleine pädagogische Texte, Bd. 36, hrsg. v. C.-L. Furck u.a., Weinheim 1966, S. 20ff.

Unwissenheit macht mich von allem abhängig, was mich umgibt. In meiner Kindheit hat man mich wohl gelehrt, was ich zu wissen bedurfte, aber da ich gezwungen war zu arbeiten, um zu leben, sind diese ersten Kenntnisse bald verblaßt, und es blieb mir nur der Schmerz, in meiner Unwissenheit nicht den Willen der Natur zu fühlen, sondern die Ungerechtigkeit der Gesellschaft. Wir glaubten, daß die öffentliche Gewalt den armen Bürgern sagen muß: das Vermögen eurer Eltern hat euch nur mit den unentbehrlichsten Kenntnissen versehen können; aber man sichert euch leicht zugängliche Mittel zu, diese zu bewahren und zu erweitern. Wenn die Natur euch Talente geschenkt hat: ihr sollt sie entwickeln können, und sie sollen nicht verlorengehen, weder für euch noch für das Vaterland.

Der Unterricht muß also universell sein, das heißt, er muß sich auf alle Bürger erstrecken. Er muß so gleichmäßig jedem zugute kommen, wie es die notwendige Begrenzung der Kosten, die Verteilung der Menschen auf dem Territorium und die mehr oder weniger lange Zeit, die die Kinder ihm widmen können, erlauben. Er muß auf seinen verschiedenen Stufen das ganze System menschlicher Kenntnisse umfassen und den Menschen in allen Lebensaltern die Möglichkeit sichern, ihre Kenntnisse zu bewahren oder neue zu erwerben.

Schließlich darf keine öffentliche Gewalt die Autorität, ja nicht einmal die Kompetenz besitzen, die Entwicklung neuer Wahrheiten und die Lehre solcher Theorien zu verhindern, die ihrer besonderen Politik oder ihren augenblicklichen Interessen widersprechen. ...

8.5.2 Immanuel Kant: Über Pädagogik[13]

Der folgende Text ist Kants (1724-1804) *Vorlesung über Pädagogik* entnommen, die Kants Schüler Friedrich Theodor Rink 1803 herausgegeben hat und die in allen großen Werkausgaben enthalten ist, obwohl ihre Authentizität bis heute umstritten ist.

Der Mensch soll seine Anlagen zum Guten erst entwickeln; die Vorsehung hat sie nicht schon fertig in ihn gelegt; es sind bloße Anlagen und ohne den Unterschied der Moralität. Sich selbst besser machen, sich selbst kultivieren, und, wenn er böse ist, Moralität bei sich hervorbringen, das soll der Mensch. Wenn man das aber reiflich überdenkt, so findet man, daß dieses sehr schwer sei. Daher ist die Erziehung das größte Problem, und das schwerste, was dem Menschen kann aufgegeben werden. Denn Einsicht hängt von der Erziehung, und Erziehung hängt wieder von der Einsicht ab. Daher kann die Erziehung auch nur nach und nach einen Schritt vorwärts tun, und nur dadurch, daß eine Generation ihre Erfahrungen und Kenntnisse der folgenden überliefert, diese wieder etwas hinzu tut, und es so der folgenden übergibt, kann ein richtiger Begriff von der Erziehungsart entspringen. Welche große Kultur

13 Immanuel Kant: Über Pädagogik, in zwölf Bänden, Bd. XII, hrsg. v. W. Weischedel, Frankfurt a.M. 1964, S. 702-704.

und Erfahrung setzt also nicht dieser Begriff voraus? Er konnte demnach auch nur spät entstehen, und wir selbst haben ihn noch nicht ganz ins reine gebracht. ...

Ein Prinzip der Erziehungskunst, das besonders solche Männer, die Pläne zur Erziehung machen, vor Augen haben sollten, ist: Kinder sollen nicht dem gegenwärtigen, sondern dem zukünftig möglich bessern Zustande des menschlichen Geschlechts, das ist: der Idee der Menschheit, und deren ganzer Bestimmung angemessen, erzogen werden. Dieses Prinzip ist von großer Wichtigkeit. Eltern erziehen gemeiniglich ihre Kinder nur so, daß sie in die gegenwärtige Welt, sei sie auch verderbt, passen. Sie sollten sie aber besser erziehen, damit ein zukünftiger besserer Zustand dadurch hervorgebracht werde. Es finden sich hier aber zwei Hindernisse:
1) Die Eltern nämlich sorgen gemeiniglich nur dafür, daß ihre Kinder gut in der Welt fortkommen, und 2) die Fürsten betrachten ihre Untertanen nur wie Instrumente zu ihren Absichten.
Eltern sorgen für das Haus, Fürsten für den Staat. Beide haben nicht das Weltbeste und die Vollkommenheit, dazu die Menschheit bestimmt ist, und wozu sie auch die Anlage hat, zum Endzwecke. Die Anlage zu einem Erziehungsplane muß aber kosmopolitisch gemacht werden. Und ist dann das Weltbeste eine Idee, die uns in unserm Privatbesten kann schädlich sein? Niemals! denn wenn es gleich scheint, daß man bei ihr etwas aufopfern müsse: so befördert man doch nichts desto weniger durch sie immer auch das Beste seines gegenwärtigen Zustandes.

8.5.3 John Dewey: Demokratie und Erziehung[14]

Dieser Text von John Dewey (1859-1952) – laut Bogdan Suchodolski der letzte pädagogische Klassiker von Weltrang – ist nicht seinem pädagogischen Hauptwerk gleichen Titels entnommen, sondern er entstammt einem wenig bekannten, für sein pädagogisches Denken aber fundamentalen Aufsatz, den Dewey am 22. Februar 1937 vor der National Education Society in New Orleans vorgetragen hat.

Zu allererst: Demokratie meint viel mehr als nur eine spezielle Form der Politik; mehr als nur eine andere Methode des Regierens, der Gesetzgebung und der Verwaltung mittels vom Volk gewählter Vertreter. Freilich ist das Demokratie; aber sie ist viel breiter als das und muss viel tiefer verstanden werden. Die politische und die Regierungsseite der Demokratie sind Mittel – die besten bisher gefundenen –, um Ziele zu verwirklichen, die in dem weiten Feld der menschlichen Beziehungen und der Entwicklung der menschlichen Personalität verwurzelt sind. Sie ist, wie wir oft sagen,

---

14 John Dewey: Democracy and educational administration, in: Ders.: The later Works, Vol. II: 1935-1937, hrsg. v. J. Ann Boydston, Carbondale 1987, S. 217-220. Aus dem Englischen übersetzt v. W. Böhm.

ohne dass wir uns alle Implikationen dieser Aussage bewusst machen, eine soziale und individuelle Lebensform (*a way of life, social and individual*). ...
Der Glaube an die Gleichheit ist ein Element des demokratischen Credos. Es ist jedoch nicht der Glaube an die Gleichheit der natürlichen Begabungen. Diejenigen, die die Idee der Gleichheit verkündeten, nahmen nicht an, dass sie eine psychologische Lehrmeinung vertraten, sondern vielmehr einen politischen und Rechtsstandpunkt. Alle Individuen haben Anspruch auf die gleiche Behandlung vor dem Gesetz und von der Verwaltung. Jedermann ist in gleichem Maße qualitativ, wenn nicht auch quantitativ von den Institutionen betroffen, unter denen er lebt, und er hat das gleiche Recht, seine Meinung zu äußern, auch wenn das Gewicht seines Urteils geringer wird, wenn es mit den Äußerungen der anderen zusammentrifft. Kurz gesagt, ist jeder einzelne gleichermaßen ein Individuum und berechtigt, die gleichen Möglichkeiten zur Entwicklung seiner eigenen Fähigkeiten zu nutzen, mögen diese von großem oder geringem Ausmaße sein. Mehr noch hat jeder eigene Bedürfnisse, die für ihn ebenso wichtig sind wie die andrer Menschen für diese. Die Tatsache der natürlichen und psychologischen Ungleichheit ist um so mehr Grund für die gesetzliche Verankerung der Chancengleichheit, denn sonst würde sie zu einem Mittel der Unterdrückung der weniger Begabten.
Während das, was wir Intelligenz nennen, ungleichmäßig verteilt ist, ist es der demokratische Glaube, dass sie allgemein so verteilt ist, dass jedes Individuum etwas beizusteuern hat, dessen Wert erst ermessen werden kann, wenn es in die Gesamtintelligenz eingeordnet wird, die sich aus den Beiträgen aller ergibt. Jedes autoritäre System geht im Gegensatz dazu davon aus, dass dieser Wert durch vorrangigere Prinzipien bestimmt wird, wenn nicht durch Familie und Geburt oder Rasse und Hautfarbe oder materiellen Reichtum, dann durch die soziale Rangstellung, die eine Person im bestehenden sozialen System einnimmt. Der demokratische Glaube an die Gleichheit ist der Glaube daran, dass jedes Individuum die Chance und die Möglichkeit haben soll, das, wozu immer es in der Lage ist, beizutragen, und dass der Wert seines Beitrags durch den Platz und die Funktion im organisierten Ganzen der vergleichbaren Beiträge bemessen wird und nicht auf der Basis von vorrangigem Status irgendeiner Art und Weise.
Ich habe nachdrücklich darauf hingewiesen, welche Bedeutung eine wirksame Freisetzung von Intelligenz in Verbindung mit personaler Erfahrung in der demokratischen Lebensweise hat.
Ich habe das bewusst getan, weil die Demokratie so häufig und so scheinbar selbstverständlich mit Handlungsfreiheit assoziiert und dabei die Wichtigkeit der uneingeschränkten Intelligenz vergessen wird, die notwendig ist, um der Handlungsfreiheit den Weg zu weisen und sie zu rechtfertigen. Wenn die Freiheit des individuellen Handelns der Intelligenz und einer wohlinformierten Überzeugung entbehrt, wird ihr Gebrauch fast unausweichlich in Verwirrung und Unordnung enden. Die demokratische Idee der Freiheit bedeutet nicht das Recht für jedes Individuum, zu tun, was ihm beliebt, auch nicht, wenn man dies durch den Zusatz verklärt, „sofern es nicht die gleiche Freiheit der anderen beeinträchtigt". Auch wenn diese Idee nicht immer, zumindest nicht oft genug, in klaren Worten ausgedrückt wird, besteht die grundlegende Freiheit in der Freiheit des Geistes und in dem Maß von Handlungsfreiheit und Erfahrung, die notwendig sind, um die Freiheit der Intelligenz hervorzubringen.

Die Freiheiten, die von der Bill of Rights gewährleistet werden, sind alle von dieser Natur: Glaubens- und Gewissensfreiheit, Meinungsfreiheit, Rede- und Versammlungsfreiheit und die Freiheit der Presse als einem Kommunikationsorgan. Sie werden garantiert, weil ohne sie die Individuen sich nicht frei entfalten könnten und die Gesellschaft des Beitrags beraubt würde, den sie leisten könnten.

8.5.4 Mortimer J. Adler: Absolute und universale Prinzipien der Erziehung[15]

Die folgendenden Textfragmente sind einer 1941 an der Northwestern University gehaltenen Rede des renommierten US-amerikanischen Kulturphilosophen und Pädagogen Mortimer J. Adler (1902-2001) entnommen, in der er der grundsätzlichen Frage nachgeht, ob es absolute und universale Prinzipien gibt, auf die sich die Erziehung gründen kann. Diese Rede stand im Rahmen einer öffentlichen Debatte über diese Frage.

Ich behaupte, dass die Ziele der Erziehung, d.h. die Ziele, die man zu erreichen suchen sollte, immer und überall die gleichen sind. Sie sind absolut in dem Sinne, dass sie nicht abhängig sind von Zeit und Raum, individuellen Unterschieden und der Vielfalt der Kulturen. Sie sind universal in dem Sinne, dass sie unabänderlich und ausnahmslos gelten.
Dies zu behaupten, heißt, wie ich es tue, davon auszugehen, dass es auf die Grundfrage nach den Zielen der Erziehung nur eine einzige richtige Antwort geben kann. Das bedeutet, dass es nicht viele Erziehungsphilosophien gibt, aus denen die Menschen ihrem Geschmack und ihrem Temperament entsprechend wählen können, sondern nur eine, der alle Menschen genauso zustimmen müssen, wie sie wohlerwiesenen Wahrheiten der Naturwissenschaften zustimmen, und zwar nach dem Gewicht ihrer Evidenz und den Geboten der Vernunft.
Aber lassen sie mich dabei ein Missverständnis ausschließen. Mögen auch die richtigen Ziele immer und überall die gleichen sein und mögen die universalen Mittel, um sie zu erreichen, ähnlich absolut weil universal sein, folgt daraus nicht, dass auch alle partikulären Mittel absolut sind. Im Gegenteil, gerade weil diese partikulär sind, sind sie relativ und variabel – relativ im Hinblick auf verschiedene Kulturen und verschiedene Individuen und außerdem variabel je nach dem sich ändernden Umständen von Zeit und Raum, unter denen die universalen und absoluten Prinzipien angewendet werden müssen. ...
Meine erste und grundlegende Voraussetzung [scil. für diese These, W.B.] ist, dass die menschliche Natur überall die gleiche ist. Der Universalität und Kontinuität der menschlichen Natur – in der Geschichte, über die verschiedenen Kulturen hinweg, in den verschiedenen Individuen – entspringen die universalen und absoluten Prinzipien der Er-

15 Mortimer J. Adler: Reforming Education. The Opening of the American Mind, London 1990, S. 57-61. Aus dem Englischen übersetzt v. W. Böhm.

ziehung. Mit menschlicher Natur meine ich jene Natur, die ein menschliches Wesen schon bei der Geburt hat; was immer es auch sei, das dieses Menschenkind befähigt, sich zu einem Menschen zu entwickeln statt zu einer Fliege oder zu einem Schwein. Und der Aspekt der menschlichen Natur, der allen menschlichen Nachkommen gemeinsam ist und den ich besonders hervorheben möchte, ist seine Fähigkeit oder seine Kapazität zu wachsen und sich zu entwickeln. Der springende Punkt ist schlicht der, dass die Nachkommen von Papa und Mama Fliege oder von Papa und Mama Schwein nicht die Möglichkeit haben, Menschen zu werden. Zu versuchen, ein Ferkel zu einem erwachsenen Menschen zu machen, ist ein Wunder, das bisher noch kein Erzieher zu vollbringen gewagt hat, obwohl einige versucht haben, aus einem Menschenkind ein großes Schwein zu machen, und dabei hätten sie beinahe Erfolg gehabt. ...

Meine zweite Voraussetzung ist eine Definition von Erziehung. Die menschliche Natur ist, wie wir bereits festgestellt haben, zum Zeitpunkt der Geburt noch nicht vollständig entwickelt. Der Mensch kann sich im Laufe seines Lebens verändern, und zwar genau deshalb, weil seine Natur zum Zeitpunkt der Geburt über Möglichkeiten und Kapazitäten verfügt, die entwickelt werden können. Im Lichte dessen stelle ich fest, dass Erziehung ein Prozess ist, bei dem ein Mensch sich selbst oder einem anderen zu werden verhilft, was er sein kann. Diese Definition ist aber noch nicht vollständig. Bloße Veränderung reicht nicht aus; sie kann, wie wir alle wissen, zum Besseren oder zum Schlechteren führen. Und ein Mensch kann entweder gut oder böse werden. Folglich muss Erziehung als ein Prozess betrachtet werden, durch den ein Mensch zum Besseren gewandelt wird, durch den ein Mensch sich selbst oder einem anderen hilft, ein guter Mensch zu werden; das ist etwas, was er werden kann, wenngleich er dazu vielleicht nicht ebenso bereit ist, wie dazu, ein schlechter Mensch zu werden.

Hier könnte sich die Frage stellen, warum Erziehung als Prozess zur Verbesserung des Menschen definiert werden muss. Warum kann sie nicht genau so gut als ein Prozess der Korrumpierung des Menschen definiert werden? Darauf habe ich zwei Antworten.

Erstens muss die Definition ausdrücken, was jedermann unter Erziehung versteht, und es ist Tatsache, dass Erziehung überall und stets als ein Prozess der Verbesserung oder Förderung angesehen wird. Sonst könnte man ja auch fragen, warum die medizinische Therapie auf die Wiederherstellung oder Förderung der Gesundheit zielt und nicht auf die Ausbreitung von Krankheiten.

Zweitens stützt sich meine Aussage, Erziehung werde als Prozess der Verbesserung angesehen, auf die Möglichkeit einer solchen Verbesserung. Wenn diese nicht bestünde, wie könnten wir dann die allgemeine Schulpflicht rechtfertigen? Wir stimmen alle zu, dass Gesetze von den Bürgern ein gewisses Maß an Erziehung fordern, und ferner auch der Tatsache, dass die meisten von uns dieses Minimum sogar höher ansetzen möchten. Dies zeigt meiner Ansicht nach, dass wir denken, Erziehung sei für die Menschen gut (genauso wie wir denken, Gesundheit sei gut und wir dementsprechend Hygienevorschriften erlassen). Aber wie könnten wir glauben, dass Erziehung für die Menschen gut wäre, wenn sie nicht darauf abzielte, sie besser zu machen, sondern vielmehr schlechter? Wir bezeichnen ein Medikament als Gift, wenn es – in bestimmter Dosierung – Menschen schadet; wir nennen ein Medikament Medizin,

wenn es – in bestimmter Dosis – die Gesundheit fördert. Auf die gleiche Art und Weise nennen wir nur das, was einem Kind oder einem Erwachsenen hilft, ein besserer Mensch zu werden, Erziehung.
Meine dritte und letzte Voraussetzung ergibt sich aus den ersten beiden. Angesichts der Kontinuität und Universalität der besonderen Natur, insbesondere als ein Set von Entwicklungsmöglichkeiten, und im Lichte der Definition von Erziehung als Prozess der Entwicklung dieser Fähigkeiten und Kapazitäten zu ihrer bestmöglichen Verwirklichung, kann ich nun sagen, dass die Ziele der Erziehung zwiefach sind: unmittelbare und endgültige. Unmittelbare Ziele der Erziehung sind die moralischen und intellektuellen Tugenden. ... Das letzte Ziel der Erziehung ist Glück oder ein erfülltes Leben; ein Leben, bereichert durch den Besitz jeder Art des Guten und erfüllt durch das Vergnügen jeder Art von Befriedigung. ...

Wenn die Kräfte oder Kapazitäten, von denen wir gesprochen haben, Teil der menschlichen Natur sind, dann handelt es sich um natürliche Fähigkeiten und als solche hat jede von ihnen ihre „Natur", d.h. eine innere Determination, kraft welcher sie auf natürliche Weise auf eine bestimme Art von Entwicklung hintendiert.
Deshalb können Eigenschaften als die Entwicklung von Fähigkeiten oder die Realisierung von Kapazitäten als gut bezeichnet werden, wenn sie mit der natürlichen Tendenz von Fähigkeiten und Kapazitäten übereinstimmen, die sie entwickeln. Lassen sie mich das illustrieren: die Fähigkeit zu denken, an der alle Menschen teilhaben, wird durch Nachdenken verbessert und nicht durch Irrtümer oder einen Mangel an Wissen, was wir gemeinhin als Ignoranz bezeichnen. Dementsprechend wird die Fähigkeit zu denken, die allen Menschen eigen ist, durch weiteres Denken und die Methode des Denkens verbessert; dagegen wird sie nicht verbessert, sondern im Gegenteil verschwendet und ruiniert durch armseliges und unmethodisches Denken. ...

Wenn Erziehung auf die Verbesserung von Menschen zielt, und zwar durch die Ausprägung guter Eigenschaften, und wenn die Tugenden oder guten Eigenschaften bei allen Menschen die gleichen sind, weil ihre natürlichen Fähigkeiten die gleichen sind und natürlicherweise zu der selben Entwicklung tendieren, dann folgt daraus, dass diese Tugenden oder guten Eigenschaften absolute und universale Ziele der Erziehung sind. Auf sie sollte daher die Erziehung gegründet werden.

8.5.5 Pierre Bourdieu: Über die Grenzen der Gleichheit[16]

Pierre Bourdieu (1930-2002) gehört zu den international schärfsten Kritikern der Wissenschaft im allgemeinen und der Sozialwissenschaften im besonderen, weil sie

16 H. D. Zimmermann: Die feinen Unterschiede, oder: Die Abhängigkeit aller Lebensäußerungen vom sozialen Status. Ein Gespräch mit dem französischen Soziologen Pierre Bourdieu, in: L'80, 28 (1983), S. 131f. Hier abgedruckt nach F. Baumgart (Hrsg.): Theorien der Sozialisation, Bad Heilbrunn ^{3}2004, S. 206f.

sich zwar objektiv und unabhängig geben, in Wirklichkeit aber verborgenen Mechanismen der Macht unterliegen. Er hält weniger von harmonisierenden gesellschaftstheoretischen und sozialphilosophischen Großerzählungen oder Utopien als von der Aufgabe der Soziologie, das „Schlachtengetümmel" des gesellschaftlichen Alltags empirisch zu analysieren und zu diffamieren und so ihr herrschaftskritisches Potential zu realisieren. Der folgende Text entstammt einem Interview, in dem sich Bourdieu über sein Buch von 1979 *La distinction. Critique sociale du jugement* (dt. *Die feinen Unterschiede*) und dem dort entfalteten Begriff des „Habitus" äußert.

Mein Versuch geht dahin zu zeigen, dass zwischen der Position, die der einzelne innerhalb eines gesellschaftlichen Raums einnimmt, und seinem Lebensstil ein Zusammenhang besteht. Aber dieser Zusammenhang ist kein mechanischer, diese Beziehung ist nicht direkt in dem Sinne, dass derjenige, der weiß, wo ein anderer steht, auch bereits dessen Geschmack kennt. Als Vermittlungsglied zwischen der Position oder Stellung innerhalb des sozialen Raums und spezifischen Praktiken, Vorlieben, usw. fungiert das, was ich *Habitus* nenne, das ist eine allgemeine Grundhaltung, eine Disposition gegenüber der Welt, die zu systematischen Stellungnahmen führt. Es gibt mit anderen Worten tatsächlich – und das ist meiner Meinung nach überraschend genug – einen Zusammenhang zwischen höchst disparaten Dingen: wie einer spricht, tanzt, lacht, liest, was er liest, was er mag, welche Bekannte und Freunde er hat usw. – all das ist eng miteinander verknüpft. Und das haben, glaube ich, in dieser Klarheit vor mir nur wenige formuliert – unter anderen die Schriftsteller. ...

Der Begriff des »Habitus« ... bezeichnet im Grunde eine recht simple Sache: wer den Habitus einer Person kennt, der spürt oder weiß intuitiv, welches Verhalten dieser Person verwehrt ist. Mit anderen Worten: der Habitus ist ein System von Grenzen. Wer z.B. über einen kleinbürgerlichen Habitus verfügt, der hat eben auch, wie Marx einmal sagt, Grenzen seines Hirns, die er nicht überschreiten kann. Deshalb sind für ihn bestimmte Dinge einfach undenkbar, unmöglich; es gibt Sachen, die ihn aufbringen oder schockieren. Aber innerhalb dieser seiner Grenzen ist er durchaus erfinderisch, sind seine Reaktionen keineswegs immer schon im voraus bekannt. Die Entsprechung von Lebensstil und künstlerischem Stil gewinnt von hier aus ihren Sinn: Der Stil einer Epoche ist genau das, nämlich schöpferische Kunst, das heißt, man weiß nie genau, was ein Künstler schaffen wird; aber sobald er etwas geschaffen hat, entdeckt man, dass auch er Grenzen hat, dass in der Romantik eben kein gotischer Stil entstehen kann. Mit anderen Worten: jeder Künstler schöpft aus Vorhandenem. Das Gleiche gilt für jeden von uns: wir haben alle unsere Grenzen. Allerdings gibt es die Möglichkeit, sich dessen bewußt zu werden.

8.6 FRAGEN ZU DEN WEITERFÜHRENDEN TEXTEN

(d) In welchem Kontext formuliert Condorcet das Recht auf eine gleiche (öffentliche) Erziehung?
(e) Warum stellt Kant die Erziehung in einen menschheitsgeschichtlichen Horizont, und warum bezeichnet er sie als das größte und schwerste Problem, das dem Menschen aufgegeben ist?
(f) In welchem Zusammenhang stellt Dewey das Problem der Gleichheit?
(g) Wie begründet Adler seine These, es gäbe absolute und universale Prinzipien, auf die sich die Erziehung zu gründen hätte?
(h) Was meint Bourdieu mit dem (hier nur knapp angerissenen) Begriff „Habitus" und was will er mit ihm verdeutlichen?

8.7 SCHLUSSFOLGERUNG

Gewiss mag das Denken des Comenius in mancher Hinsicht als veraltet anmuten, und insbesondere seine theologische Begründung mag in einer säkularisierten Welt und angesichts der (relativen) Autonomie der Pädagogik auf erhebliche Einwände stoßen. Es wäre jedoch ein verhängnisvoller Fehler, darüber die beiden pädagogischen Grundgedanken zu vergessen, die Comenius zwar in einem theologischen Kontext formuliert hat, die aber auch losgelöst von diesem ihre Kraft nicht verlieren: der Gedanke der gleichen Erziehung für alle und die Idee einer All-Erziehung im Kontrast zu polyglotter Vielwisserei und – einen Begriff der Reformpädagogik aufnehmend – zu reiner „Wissensmast".

Die weiterführenden Texte dieses Kapitels wollten vor allem zeigen, welche ungebrochene Aktualität sowohl dem Gleichheitsgedanken als auch jenem einer All-Erziehung zukommt, und zwar im Hinblick auf die familiäre ebenso wie auf die öffentliche Erziehung: im Hinblick auf das Spannungsverhältnis von Freiheit und Gleichheit als Organisationsprinzipien eines demokratischen Erziehungswesens, auf das Grundverständnis einer demokratischen Erziehung, auf die kategoriale Idee der Menschheit und auf die gleiche Natur des Menschen. Der Text von Bourdieu sollte exemplarisch auf Grenzen der Rationalisierung beider Gedanken aufmerksam machen, über welche die Erziehung sich nicht hinwegtäuschen darf, wenn sie nicht in Illusionen verfallen will. Freilich ist demgegenüber auch Kants berühmtes Statement nicht in den Wind zu blasen: „Ein Entwurf zu einer Theorie der Erziehung ist ein herrliches Ideal, und es schadet nichts, wenn wir auch nicht gleich im

Stande sind, es zu realisieren. Man muß nur nicht gleich die Idee für schimärisch halten, und sie als einen schönen Traum verrufen, wenn auch Hindernisse bei ihrer Ausführung eintreten.“[17]

8.8 WEITERFÜHRENDE LITERATUR

Julia König/ Sabine Seichter (Hrsg.): Menschenrechte. Demokratie. Geschichte. Transdisziplinäre Herausforderungen an die Pädagogik, Weinheim 2014.

John Dewey: Demokratie und Erziehung, dt. Weinheim [5]2011.

Johannes Bellmann: John Deweys naturalistische Pädagogik, Paderborn 2007.

Lutz Koch: Kants ethische Didaktik, Würzburg 2006.

Michel Foucault: Analytik der Macht, dt. Frankfurt a. M. 2005.

Klaus Schaller: Johann Amos Comenius. Ein pädagogisches Porträt, Weinheim 2004.

17 Immanuel Kant: Über Pädagogik, in zwölf Bänden, Bd. XII, hrsg. v. W. Weischedel, Frankfurt a.M. 1964, S. 700f.

NEUNTES KAPITEL

Karl Marx

oder: Die Erziehung als revolutionäre Praxis?

9.1 ZUM EINSTIEG

Horst Scarbath ist die treffende Feststellung zu verdanken, Karl Marx (1818-1883) sei zwar kein Klassiker der Pädagogik, wohl aber ein Klassiker für die Pädagogik. Diese Aussage verkennt keineswegs, dass sich Marx – von gelegentlichen Bemerkungen abgesehen – niemals ausführlich und explizit zu Fragen der Erziehung geäußert hat; sie bringt vielmehr umgekehrt zum Ausdruck, dass sein Denken insgesamt für die Pädagogik von großer Bedeutung ist und nur zu ihrem eigenen Schaden von ihr vernachlässigt werden kann.

Auch die Geschichte der Pädagogik spiegelt – freilich weit weniger in Deutschland als in anderen Ländern (wie beispielsweise Polen, Italien, Frankreich und selbst den USA) – eine lebendige und fruchtbare Auseinandersetzung mit Marxschem Denken wider. Dabei standen und stehen vor allem vier Probleme im Vordergrund: das Verhältnis von Pädagogik und Politik, der Zusammenhang von Erziehung und Arbeit, die Erziehung des „totalen" Menschen und – alles das in eins fassend – der Gedanke der Erziehung als (Teil) einer „revolutionären Praxis". Aus dieser Perspektive erscheint ein Satz zugleich programmatisch und bezeichnend, den der junge Marx bereits in seiner Doktordissertation formuliert hat: „Wie es in der Philosophiegeschichte Knotenpunkte gibt, die sie in sich selbst zur Konkretion erheben, die abstrakten Prinzipien in eine Totalität befassen und so den Fortgang der graden Linie abbrechen, so gibt es auch Momente, in welchen die Philosophie die Augen in die Außenwelt kehrt, nicht mehr begreifend, sondern als eine praktische Person gleichsam Intriguen mit der Welt spinnt, aus dem durchsichtigen Reiche des Amenthes heraustritt und sich ans Herz der weltlichen Sirene wirft."[1]

In der elften seiner *Thesen über Feuerbach* verdichtet sich diese Ansicht zu dem berühmten Satz: „Die Philosophen haben die Welt nur verschieden *interpretiert*, es kömmt drauf an, sie zu *verändern*."[2]

---

1 Karl Marx: Aus den Epikureischen Heften und der Doktordissertation (1839/ 40), in: Ders.: Die Frühschriften, hrsg. v. S. Landshut, Stuttgart ^{7}2004, S. 80.

2 Karl Marx: Thesen über Feuerbach (1844), in: A.a.O., S. 404.

9.2 ZUR EINFÜHRUNG

Schon in frühester Jugend mit den Schriften Rousseaus vertraut geworden und in der Auseinandersetzung mit der zu seiner Zeit übermächtigen Philosophie Hegels zu einer eigenständigen Position gereift, kreist Marxens Denken fast zwangsläufig um das anthropologische Problem der *Entfremdung*. Rousseaus Gedankenexperiment, die Entwicklung eines hypothetisch angenommenen Naturwesens Mensch zu einem geschichtlichen Kultur- und Gesellschaftswesen zu „rekonstruieren", hatte die Ambivalenz dieses Prozesses veranschaulicht, insofern jede neue Errungenschaft (aufrechter Gang, Sprache, Wissenschaft, höhere Gefühle, Technik etc.) neben positiven Momenten zugleich die Gefahr ihres Missbrauchs mit sich bringt. Rousseaus These, dass die moderne arbeitsteilige Gesellschaft nur „doppelsinnige Menschen" (*hommes doubles*) produziere, welche nicht mehr im Einklang mit sich selbst leben und deren natürliche Selbstbestimmung sich in eine unnatürliche Fremdbestimmung verkehrt, nimmt Marx nicht nur zum Anlass für philosophische Spekulationen und anthropologische Grundsatzüberlegungen, sondern er gibt dem Begriff der Entfremdung eine zeitgeschichtliche und gesellschaftstheoretische Wendung, indem er ihn auf die konkreten Gegebenheiten der industriellen Arbeit im Frühkapitalismus anwendet. Lag es für den absoluten Idealismus Hegels nahe, den individuellen Einzelmenschen in das Allgemeine „aufzuheben" und – wie es am Ende seines Hauptwerks über die *Phänomenologie des Geistes* heißt – auf der Schädelstätte des absoluten Geistes „aufzuopfern", richtet Marx seinen Blick auf den konkreten Menschen als ein unmittelbar gegenständliches, natürliches, sinnliches, tätiges, gesellschaftliches und mittelbar als ein bewusstes, freies und geschichtliches Wesen. Von diesem Menschen heißt es dann in der sechsten seiner *Thesen über Feuerbach*, er sei „das Ensemble der gesellschaftlichen Verhältnisse".

Auch wenn Marx wie Hegel der Arbeit eine konstitutive Funktion für die Menschwerdung des Menschen zuspricht, kann er diese nicht wie jener als die Abarbeitung des (besonderen) Subjektiven in das (allgemeine) Objektive hinein verstehen, sondern er fasst sie als die konkrete tätige Auseinandersetzung des Menschen mit der Natur. In der Arbeit vollzieht sich das Werden der Natur für den Menschen wie sie auch der eigentliche Selbsterzeugungsakt des Menschen ist.

Den menschlichen Arbeitsprozess gliedert Marx in zwei Phasen: Produktion und Konsumption. Die erste Phase unterteilt er noch einmal in die der Zwecksetzung, d.h. des Ausdenkens und Planens, und in die der Ausführung, d.h. der Herstellung und Verfertigung. Anthropologisch und pädagogisch höchst bedeutungsvoll und folgenreich ist dabei, dass Marx jene der eigentlichen (äußeren) Produktion vorgeschaltete Phase der (inneren) Zwecksetzung und Planung als dasjenige Moment am menschlichen Arbeitsprozess betrachtet, welchem der Mensch seine Freiheit und sein Bewusstsein verdankt. In der Fähigkeit, die Bedingungen seines Lebens selbst hervorzubringen, sieht Marx die Wesensbestimmung des Menschen und seinen entscheidenden Unterschied zum Tier.

Das durch Produktion und Konsumption vermittelte Verhältnis des Menschen zur Natur kann sich positiv als Einheit, Solidarität und Harmonie oder auch negativ als Spannung, Zwist und Feindseligkeit gestalten. Während er die erste

Möglichkeit (mit Rousseau) in der geschichtlichen Vergangenheit sieht und (über Rousseau hinaus) als Endziel der „revolutionären Praxis" – des gesellschaftlichen Veränderungsprozesses ebenso wie einer humanisierenden Erziehung – betrachtet, sieht er dieses Verhältnis unter den Bedingungen des Kapitalismus durch eine vierfache Entfremdung des Arbeiters gekennzeichnet: vom Produkt seiner Arbeit, vom Akt des Produzierens, vom Leben der menschlichen Gattung und von den anderen Menschen.

Folgt man der Lesart von marxistischen Humanisten wie beispielsweise Erich Fromm oder Bogdan Suchodolski, und sieht man in Marx die Verkörperung aller jener Bestrebungen, die seit Renaissance und Reformation für die ungetrübte Würde des Menschen und für die Wiederherstellung seiner ungebrochenen Totalität eingetreten sind, dann ergeben sich die pädagogischen Aufgaben wie von selbst: die Aufhebung der vierfachen Entfremdung und die Emanzipation des Menschen – verstanden als die „Zurückführung der menschlichen Welt, der Verhältnisse, auf den Menschen selbst".

9.3 TEXTE VON MARX

Da sich Marxens Denken kreisend bewegt und er – wie gesagt – nur sporadisch ausdrücklich auf pädagogische Fragen zu sprechen kommt, kann man im Marxschen Œuvre keinen eigentlich klassischen pädagogischen Text ausmachen. Es folgen daher mehrere Textfragmente, und zwar aus *Die Deutsche Ideologie*, einer Kritik der neueren deutschen Philosophie in Gestalt von Ludwig Feuerbach, Bruno Bauer und Max Stirner und des deutschen Sozialismus, aus den *Ökonomisch-Philosophischen Manuskripten*, in denen Marx die Kritik an der zeitgenössischen Nationalökonomie mit philosophischen Überlegungen über Natur und Wesen des Menschen und der menschlichen Arbeit verbindet; aus seinem Hauptwerk *Das Kapital*; aus der sog. *Genfer Resolution* des Ersten Kongresses der Internationalen Arbeitergesellschaft von 1866 und schließlich der dritten aus seinen *Thesen über Feuerbach*.

9.3.1 Karl Marx: Sein und Bewußtsein[3]

Die Produktion der Ideen, Vorstellungen, des Bewußtseins ist zunächst unmittelbar verflochten in die materielle Tätigkeit und den materiellen Verkehr der Menschen, Sprache des wirklichen Lebens. Das Vorstellen, Denken, der geistige Verkehr der Menschen erscheinen hier noch als direkter Ausfluß ihres materiellen Verhaltens. Von der geistigen Produktion, wie sie in der Sprache der Politik, der Gesetze, der Moral, der Religion, Metaphysik usw. eines Volkes sich darstellt, gilt dasselbe. Die Menschen sind die Produzenten ihrer Vorstellungen, Ideen pp., aber die wirklichen,

3 Karl Marx: Die Deutsche Ideologie (1845/46), in: Ders.: Die Frühschriften, hrsg. v. S. Landshut, Stuttgart ^{7}2004, S. 416-417.

wirkenden Menschen, wie sie bedingt sind durch eine bestimmte Entwicklung ihrer Produktivkräfte und des denselben entsprechenden Verkehrs bis zu seinen weitesten Formationen hinauf. Das Bewußtsein kann nie etwas andres sein als das bewußte Sein, und das Sein der Menschen ist ihr wirklicher Lebensprozeß. Wenn in der ganzen Ideologie die Menschen und ihre Verhältnisse wie in einer Camera obscura auf den Kopf gestellt erscheinen, so geht dies Phänomen ebensosehr aus ihrem historischen Lebensprozeß hervor, wie die Umdrehung der Gegenstände auf der Netzhaut aus ihrem unmittelbar physischen.

Ganz im Gegensatz zur deutschen Philosophie, welche vom Himmel auf die Erde herabsteigt, wird hier von der Erde zum Himmel gestiegen. D.h., es wird nicht ausgegangen von dem, was die Menschen sagen, sich einbilden, sich vorstellen, auch nicht von den gesagten, gedachten, eingebildeten, vorgestellten Menschen, um davon aus und bei den leibhaftigen Menschen anzukommen; es wird von den wirklich tätigen Menschen ausgegangen und aus ihrem wirklichen Lebensprozeß auch die Entwicklung der ideologischen Reflexe und Echos dieses Lebensprozesses dargestellt. Auch die Nebelbildungen im Gehirn der Menschen sind notwendig Sublimate ihres materiellen, empirisch konstatierbaren und an materielle Voraussetzungen geknüpften Lebensprozesses. Die Moral, Religion, Metaphysik und sonstige Ideologie und ihnen entsprechenden Bewusstseinsformen behalten hiermit nicht länger den Schein der Selbständigkeit. Sie haben keine Geschichte, sie haben keine Entwicklung, sondern die ihre materielle Produktion und ihren materiellen Verkehr entwickelnden Menschen ändern mit dieser ihrer Wirklichkeit auch ihr Denken und die Produkte ihres Denkens. Nicht das Bewußtsein bestimmt das Leben, sondern das Leben bestimmt das Bewußtsein. In der ersten Betrachtungsweise geht man von dem Bewusstsein als dem lebendigen Individuum aus, in der zweiten, dem wirklichen Leben entsprechenden, von den wirklichen lebendigen Individuen selbst und betrachtet das Bewußtsein nur als *ihr* Bewußtsein.

Diese Betrachtungsweise ist nicht voraussetzungslos. Sie geht von den wirklichen Voraussetzungen aus, sie verläßt sie keinen Augenblick. Ihre Voraussetzungen sind die Menschen nicht in irgendeiner phantastischen Abgeschlossenheit und Fixierung, sondern in ihrem wirklichen, empirisch anschaulichen Entwicklungsprozeß unter bestimmten Bedingungen. Sobald dieser träge Lebensprozeß dargestellt wird, hört die Geschichte auf, eine Sammlung toter Fakta zu sein, wie bei den selbst noch abstrakten Empirikern, oder eine eingebildete Aktion eingebildeter Subjekte, wie bei den Idealisten.

9.3.2 Karl Marx: Erziehung zum allseitigen Menschen[4]

Wie das *Privateigentum* nur der sinnliche Ausdruck davon ist, daß der Mensch zugleich *gegenständlich* für sich wird und zugleich vielmehr sich als ein fremder und unmenschlicher Gegenstand wird, daß seine Lebensäußerung seine Lebensentäußerung ist, seine Verwirklichung seine Entwirklichung, eine *fremde* Wirklichkeit ist, so ist die positive Aufhebung des Privateigentums, d.h. die *sinnliche* Aneignung des menschlichen Wesens und Lebens, des gegenständlichen Menschen, der menschlichen Werke für und durch den Menschen nicht nur im Sinne des *unmittelbaren*, einseitigen *Genusses* zu fassen, nicht nur im Sinne des *Besitzens*, im Sinne des *Habens*.
Der Mensch eignet sich sein allseitiges Wesen auf eine allseitige Art an, also als ein totaler Mensch. Jedes seiner menschlichen Verhältnisse zur Welt, Sehen, Hören, Riechen, Schmecken, Fühlen, Denken, Anschauen, Empfinden, Wollen, Tätigsein, Lieben, kurz alle Organe seiner Individualität, wie die Organe, welche unmittelbar in ihrer Form als gemeinschaftliche Organe sind in ihrem *gegenständlichen* Verhalten oder in ihrem *Verhalten zum Gegenstand* die Aneignung desselben, die Aneignung der *menschlichen* Wirklichkeit; ihr Verhalten zum Gegenstand ist die *Betätigung der menschlichen Wirklichkeit* (sie ist daher eben so vielfach, wie die menschlichen *Wesensbestimmungen* und *Tätigkeiten* vielfach sind), menschliche *Wirksamkeit* und menschliches *Leiden*, denn das Leiden, menschlich gefaßt, ist ein Selbstgenuß des Menschen.
Das Privateigentum hat uns so dumm und einseitig gemacht, daß ein Gegenstand erst der *unsrige* ist, wenn wir ihn haben, also als Kapital für uns existiert, oder von uns unmittelbar besessen, gegessen, getrunken, an unsrem Leib getragen, von uns bewohnt etc., kurz *gebraucht* wird. Obgleich das Privateigentum alle diese unmittelbaren Verwirklichungen des Besitzes selbst wieder nur als *Lebensmittel* faßt und das Leben, zu dessen Mittel sie dienen, ist das *Leben des Privateigentums*, Arbeit und Kapitalisierung. An die Stelle *aller* physischen und geistigen Sinne ist daher die einfache Entfremdung *aller* dieser Sinne, der Sinn des *Habens* getreten. Auf diese absolute Armut mußte das menschliche Wesen reduziert werden, damit es seinen inneren Reichtum aus sich heraus gebäre. ...
Die Aufhebung des Privateigentums ist daher die vollständige Emanzipation aller menschlichen Sinne und Eigenschaften; aber sie ist diese Emanzipation gerade dadurch, daß diese Sinne und Eigenschaften *menschlich*, sowohl subjektiv als objektiv geworden sind. Das Auge ist zum *menschlichen* Auge geworden, wie sein *Gegenstand* zu einem gesellschaftlichen, *menschlichen*, vom Menschen für den Menschen herrührenden Gegenstand geworden ist. Die *Sinne* sind daher unmittelbar in ihrer Praxis Theoretiker geworden. Sie verhalten sich zu der *Sache* um der Sache willen, aber die Sache selbst ist ein *gegenständliches menschliches* Verhalten zu sich selbst und zum Menschen und umgekehrt. Ich kann mich praktisch nur menschlich zu der Sache verhalten, wenn die Sache sich zum Menschen menschlich verhält. Das Bedürfnis oder der Genuß haben darum ihre *egoistische* Natur und die Natur

4 Karl Marx: Ökonomisch-Philosophische Manuskripte (1844), in: Ders.: Frühschriften, hrsg. v. S. Landshut, Stuttgart [7]2004, S. 312-316.

ihre bloße *Nützlichkeit* verloren, indem der Nutzen zum *menschlichen* Nutzen geworden ist. ...
Die *Bildung* der fünf Sinne ist eine Arbeit der ganzen bisherigen Weltgeschichte. Der unter dem rohen praktischen Bedürfnis befangene *Sinn* hat auch nur einen *bornierten* Sinn. Für den ausgehungerten Menschen existiert nicht die menschliche Form der Speise, sondern nur ihr abstraktes Dasein als Speise; ebensogut könnte sie in rohester Form vorliegen, und es ist nicht zu sagen, wodurch sich diese Nahrungstätigkeit von der *tierischen* Nahrungstätigkeit unterscheide. Der sorgenvolle, bedürftige Mensch hat keinen Sinn für das schönste Schauspiel; der Mineralienkrämer sieht nur den merkantilischen Wert, aber nicht die Schönheit und eigentümliche Natur des Minerals; er hat keinen mineralogischen Sinn; also die Vergegenständlichung des menschlichen Wesens, sowohl in theoretischer als praktischer Hinsicht, gehört dazu: sowohl um die *Sinne* des Menschen *menschlich* zu machen, als um für den ganzen Reichtum des menschlichen und natürlichen Wesens entsprechenden *menschlichen Sinn* zu schaffen.

9.3.3 Karl Marx: Erziehung und Arbeit[5]

Die Arbeit ist zunächst ein Prozeß zwischen Mensch und Natur, ein Prozeß, worin der Mensch seinen Stoffwechsel mit der Natur durch seine eigene Tat vermittelt, regelt und kontrolliert. Er tritt dem Naturstoff selbst als eine Naturmacht gegenüber. Die seiner Leiblichkeit angehörigen Naturkräfte, Arme und Beine, Kopf und Hand, setzt er in Bewegung, um sich den Naturstoff in einer für sein eigenes Leben brauchbaren Form anzueignen. Indem er durch diese Bewegung auf die Natur außer ihm wirkt und sie verändert, verändert er zugleich seine eigene Natur. Er entwickelt die in ihr schlummernden Potenzen und unterwirft das Spiel ihrer Kräfte seiner eigenen Botmäßigkeit. Wir haben es hier nicht mit den ersten tierartig instinktmäßigen Formen der Arbeit zu tun. Dem Zustand, worin der Arbeiter als Verkäufer seiner eigenen Arbeitskraft auf dem Warenmarkt auftritt, ist in urzeitlichen Hintergrund der Zustand entrückt, worin die menschliche Arbeit ihre erste instinktartige Form noch nicht abgestreift hatte. Wir unterstellen die Arbeit in einer Form, worin sie dem Menschen ausschließlich angehört. Eine Spinne verrichtet Operationen, die denen des Webers ähneln, und eine Biene beschämt durch den Bau ihrer Wachszelle manchen menschlichen Baumeister. Was aber von vornherein den schlechtesten Baumeister vor der besten Biene auszeichnet, ist, daß er die Zelle in seinem Kopf gebaut hat, bevor er sie in Wachs baut. Am Ende des Arbeitsprozesses kommt ein Resultat heraus, das beim Beginn desselben schon in der Vorstellung des Arbeiters, also schon ideell vorhanden war. Nicht daß er nur eine Formveränderung des Natürlichen bewirkt; er verwirklicht im Natürlichen zugleich seinen Zweck, den er weiß, der die Art und Weise seines Tuns als Gesetz bestimmt und dem er seinen Willen unterord-

5 Karl Marx: Das Kapital, in: K. Marx/ F. Engels: Über Erziehung und Bildung, hrsg. v. P.N. Grusdew, Berlin 1961, S. 166.

nen muß. Und diese Unterordnung ist kein vereinzelter Akt. Außer der Anstrengung der Organe, die arbeiten, ist der zweckmäßige Wille, der sich als Aufmerksamkeit äußert, für die ganze Dauer der Arbeit erheischt, und um so mehr, je weniger sie durch den eignen Inhalt und die Art und Weise ihrer Ausführung den Arbeiter mit sich fortreißt, je weniger er sie daher als Spiel seiner eignen körperlichen und geistigen Kräfte genießt.

9.3.4 Karl Marx: Über die Verbindung von Arbeit und Erziehung[6]

Wir betrachten die Tendenz der modernen Industrie, Kinder und junge Personen, von beiden Geschlechtern, zur Mitwirkung an dem Werke der sozialen Produktion herbeizuziehen, als eine progressive, heilsame und rechtmäßige Tendenz, obgleich die Art und Weise, auf welche diese Tendenz unter der Kapitalherrschaft verwirklicht wird, eine abscheuliche ist.

6 Karl Marx: Die Arbeit von Frauen und Kindern (1866), in: Ders.: Bildung und Erziehung. Studientexte zur Marxschen Bildungskonzeption, besorgt v. H. Wittig, Paderborn 1968, S. 170-172.

In einem rationellen Zustande der Gesellschaft, jedes Kind ohne Unterschied vom 9. Jahre an, sollte ein produktiver Arbeiter werden; auf gleiche Weise sollten keine erwachsenen Personen von dem allgemeinen Gesetz der Natur ausgenommen sein: nämlich zu arbeiten, um im Stande zu sein zu essen, und zu arbeiten nicht bloß mit dem Gehirn, sondern auch mit den Händen. Im gegenwärtigen Augenblick jedoch haben wir nur mit den Kindern der arbeitenden Klasse zu schaffen.

Aus physischen Gründen halten wir es für notwendig, daß die Kinder und jungen Personen von beiden Geschlechtern in drei Klassen geteilt und verschieden behandelt werden. Die erste Klasse soll sich über die Kinder von 9-12 Jahre erstrecken; die zweite von 13-15 Jahre, und die dritte soll die Jünglinge und Mädchen von 16 und 17 Jahren in sich fassen. Wir schlagen vor, daß die Beschäftigung der ersten Klasse in irgend einer Werkstelle oder häuslichen Arbeit gesetzlich auf zwei Stunden beschränkt wird, die der zweiten auf vier, und die der dritten auf sechs Stunden. Für die dritte Klasse muß eine Unterbrechung der Arbeitszeit, von wenigstens einer Stunde für Mahlzeiten und Erholung stattfinden.

Es mag wünschenswert sein, daß der Elementar-Schul-Unterricht des Kindes vor dem Alter von 9 Jahren anfangen sollte, aber wir haben es gegenwärtig nur mit solchen Maßregeln zu tun, die absolut notwendig sind, als Gegenwirkung der Tendenz eines Systems der sozialen Produktion, welche den Arbeiter herabwürdigt zu einem bloßen Instrument für die Aufhäufung von Kapital, und die durch ihre Notdurft zu Sklavenhändler und Verkäufer ihrer eigenen Kinder werden. Das Recht der Kinder und jungen Personen muß geschützt werden. Sie sind nicht imstande für sich selbst zu sorgen. Es ist deshalb die Pflicht der Gesellschaft, für deren Behuf zu handeln.

Wenn die Mittel- und höheren Klassen ihre Pflichten gegen ihre Abkömmlinge vernachlässigen, so ist es ihre eigene Schuld. Teilnehmend an den Vorrechten jener Klassen, ist das Kind verurteilt, unter ihren Vorurteilen zu leiden.

Mit der Arbeiterklasse steht es ganz anders. Der einzelne Arbeiter kann den Scheußlichkeiten, welche ihm durch seine Notdurft aufgebürdet werden, nicht entgegenwirken. Er ist in zu vielen Fällen selbst zu unwissend, das wahre Interesse seines Kindes oder die moralischen Bedingungen der menschlichen Entwicklung zu verstehen. Jedoch der aufgeklärteste Teil der Arbeiter versteht vollständig, daß die Zukunft seiner Klasse, und daß deshalb die Menschheit durchaus von der Ausbildung der werdenden Generation abhängt. Er weiß, daß vor allem andern die Kinder und jugendlichen Arbeiter von den erdrückenden Wirkungen des gegenwärtigen Systems gerettet werden müssen. Dieses kann nur bewirkt werden durch die Verwandlung sozialer Vernunft in politische Gewalt, und unter gegebenen Umständen haben wir mit keiner andern Methode es zu tun, ausgenommen durch allgemeine Gesetze, durchgesetzt durch die Macht des Staates. In der Durchsetzung solcher Gesetze befestigt die Arbeiterklasse nicht die regierende Macht. Im Gegenteil, sie verwandelt jene Macht, die jetzt gegen sie gebraucht wird, in ihre eigene Agentschaft. Sie bewirkt durch eine allgemeine Akte, was durch eine Anzahl von isolierten individuellen Bestrebungen sich als nutzlose Versuche erweisen würden.

Von diesem Standpunkt ausgehend sagen wir, daß keinen Eltern und keinen Arbeitgebern durch die Gesellschaft Erlaubnis gegeben werden darf, die Arbeit von Kindern

oder jungen Personen zu gebrauchen, außer unter der Bedingung, daß jene produktive Arbeit mit Bildung verbunden wird. Unter Bildung verstehen wir drei Dinge:
Erstens: Geistige Bildung;
Zweitens: Körperliche Ausbildung, solche, wie sie in den gymnastischen Schulen und durch militärische Übungen gegeben wird;
Drittens: Polytechnische Erziehung, welche die allgemeinen wissenschaftlichen Grundsätze aller Produktionsprozesse mitteilt, und die gleichzeitig das Kind und die junge Person einweiht in den praktischen Gebrauch und in die Handhabung der elementarischen Instrumente aller Geschäfte.
Mit der Einteilung der Kinder und jungen Personen von 9 bis 17 Jahre in drei Klassen, sollte ein allmählicher und progressiver Lehrlauf der geistigen, gymnastischen und polytechnischen Erziehung verbunden sein.
Mit Ausnahme vielleicht der ersten Klasse, sollten die Kosten der polytechnischen Schulen teilweise gedeckt werden durch den Verkauf ihrer Produkte.
Die Verbindung von bezahlter produktiver Arbeit, geistiger Bildung, körperlicher Übung und polytechnischer Abrichtung wird die Arbeiterklasse weit über die höheren und mittleren Klassen heben.
Es ist selbstverständlich, daß die Beschäftigung aller Personen von 9-17 (einschließlich) in Nachtarbeit und der Gesundheit verderblichen Geschäften in kurzer Zeit verboten werden muß.

9.3.5 Karl Marx: Die dritte These über Feuerbach[7]

Die materialistische Lehre von der Veränderung der Umstände und der Erziehung vergißt, daß die Umstände von den Menschen verändert und der Erzieher selbst erzogen werden muß. Sie muß daher die Gesellschaft in zwei Teile – von denen der eine über ihr erhaben ist – sondieren.
Das Zusammenfallen des Änderns der Umstände und der menschlichen Tätigkeit oder Selbstveränderung kann nur als *revolutionäre Praxis* gefaßt und rationell verstanden werden.

9.4 FRAGEN ZU DEN TEXTEN

Um Ihr Verständnis der Texte zu vertiefen, empfehlen wir Ihnen die Beantwortung folgender Fragen:

(a) Was meint Marx mit der metaphorischen Aussage, die Philosophie steige vom Himmel auf die Erde, während sein Denken von der Erde zum Himmel zu steigen versucht?

7 Karl Marx: Thesen über Feuerbach (1844), in: Ders.: Die Frühschriften, hrsg. v. S. Landshut, Stuttgart ^{7}2004, S. 402f.

(b) Wie sieht Marx das Verhältnis von Leben und Bewusstsein?
(c) Was kann es nach Marx heißen, die Sinne des Menschen (wieder) menschlich zu machen?
(d) Wie versteht Marx die menschliche Arbeit und wie entartet sie unter den Bedingungen des Kapitalismus?
(e) Wie versteht Marx die Verbindung von Arbeit und Erziehung?
(f) Was versteht Marx unter „revolutionärer Praxis"?

9.5 WEITERFÜHRENDE TEXTE

Aus der Fülle der internationalen Literatur über Marx und seine Bedeutung für die Pädagogik folgen hier drei Texte aus drei unterschiedlichen Ländern: Polen, Italien und den USA.

9.5.1 Bogdan Suchodolski: Die Pädagogik der revolutionären Praxis[8]

Der polnische Kulturphilosoph und Pädagoge Bogdan Suchodolski (1903-1992), dessen Bücher in zahllose Sprachen übersetzt wurden und heute weltweit verbreitet sind, war einer der bedeutendsten Vertreter eines marxistischen Humanismus im 20. Jahrhundert. Als gründlicher Kenner der Anthropologie der Renaissance und Frühaufklärung sah er in dem Marxschen Konzept einer revolutionären Praxis die Vollendung der Gedanken jener Zeit.

Die Marxsche Lehre des dialektischen und historischen Materialismus, die sich gegen die jahrhundertealte Tradition der idealistischen Auffassung vom Menschen wandte, unterstrich die besondere Rolle der Revolution als Faktor, der die neuen gesellschaftlichen Verhältnisse und neue Menschen schafft. Das hatte für die Pädagogik besonders große Bedeutung.
Die gesamte bürgerliche Pädagogik beruhte auf der Anpassung des Menschen an seine Umwelt, gleichgültig, ob diese Welt, an die man sich anpassen mußte, die ideale Welt der Werte oder aber die reale Welt der kapitalistischen Ordnung war. Die Marxsche Lehre von der sozialistischen Revolution ermöglichte in ganz neuer Weise, die grundsätzlichen Erziehungsprobleme zu erfassen und über alle vom bürgerlichen pädagogischen Denken gestellten Alternativen hinauszugehen. Die grundlegende Auseinandersetzung in der Pädagogik war die Auseinandersetzung zwischen den Anhängern der Erziehung durch Einwirkung auf das Bewußtsein und den Anhängern der Erziehung durch Einwirkung auf die Umweltverhältnisse des Kindes. Marx lehnte diese Alternative ab. Er legte dar, daß sich der Mensch weder ausschließlich unter dem Einfluß der Umweltbedingungen noch ausschließlich unter dem Einfluß der Entwicklung seines

8 Bogdan Suchodolski: Einführung in die marxistische Erziehungstheorie, dt. Köln 1961, S. 521-525.

Bewußtseins noch schließlich unter dem Einfluß irgendeiner Kombination dieser beiden Komponenten forme. Zugleich wies er darauf hin, daß der entscheidende Faktor, der die Menschen gestaltet, ihre eigene gesellschaftliche Tätigkeit ist. Dank dieser Tätigkeit gestalten sich sowohl die Umwelt als auch das Bewußtsein um: Und gerade diese Tatsache kann einzig und allein als „revolutionäre Praxis" verstanden werden. ...
Während die bürgerliche Pädagogik ihre Grundsätze formulierte, rechnete sie mit ihrer Verwirklichung im Leben. Dieses Bestreben, mit den Möglichkeiten ihrer Verwirklichung in der bürgerlichen Gesellschaft zu rechnen, mußte eine Verringerung der erzieherischen Anforderungen zur Folge haben. Die reaktionären Soziologen begründeten dann auch die Richtigkeit einer solchen längeren Diskussion damit, daß Erziehungsideale, die zu weit vom Leben entfernt sind, schädlich seien, denn sie desorganisierten nur die Erziehungsarbeit und das Innenleben der Zöglinge. Viele Vertreter der Existentialpädagogik griffen den „Idealismus" der früheren Erziehungstheorien an und forderten eine „mit dem Leben übereinstimmende" Erziehung.
Mit dieser „nüchternen" Strömung der bürgerlichen Pädagogik konnten sich viele wahre Erzieher, die zutiefst mit ihren Kindern verbunden waren und die Situation im Volksbildungswesen und in der Erziehung unter den Bedingungen der Klassengesellschaft richtig einschätzten, nicht einverstanden erklären. Sie suchten einen Ausweg aus dieser Situation und verbanden ihre Hoffnungen mit den utopischen Programmen der Sozialreformer. Seit Morus und Campanella hat die Utopie ihre Bedeutung in der Geschichte des pädagogischen Denkens nicht verloren. Die Utopie zeigt, wie der Mensch und seine Erziehung in Zukunft sein könnten. Sie schnitt aber auch eine Frage an – die sie nicht beantwortete –, nämlich wann und wie die Menschheit in diese Zukunft eintritt. ... Die große soziale Umwälzung durch die Erziehung war wohl eine schöne Parole der Pädagogen, in der sich ihre Hoffnungen und Illusionen, ihre Verbundenheit mit der eigenen Arbeit, ihre Kritik an der bestehenden Ordnung ausdrückte. Objektiv gesehen hatten aber diese utopischen Träume keine Aussichten auf Erfolg, sie brachten die Sache des sozialen Fortschritts nicht voran und stellten sich sogar direkt einer revolutionären Aktion entgegen. Aber in diesem Streit zwischen „Realisten" und „Idealisten", zwischen denjenigen, die mit ihrer Erziehungstätigkeit dem bestehenden Leben dienen und die Zöglinge auf dieses Leben vorbereiten wollten, und denjenigen, die einem besseren Leben dienen wollen – das in der Zukunft entstehen und für das die Zöglinge herangebildet werden sollten –, in diesem Streit spielten prinzipielle Motive der Erziehungsarbeit eine wichtige Rolle. Der Erzieher will doch den vorhandenen Zustand verbessern, er will aber zugleich, daß das, was er tut, zu einem Bestandteil des realen Lebens werde und nicht zum verbalen Befehl, den man nicht ernst nimmt. Was soll man tun, damit die Erziehung die Verbindung zu dem gegenwärtigen Leben nicht verliert und zugleich aber zu einem höheren Lebensniveau führt?
Diese Grundfrage der Erziehung wurde unter bürgerlichen Verhältnissen besonders aktuell. Die Anerkennung des vorhandenen bürgerlichen Lebens als „Wirklichkeit" machte den Kampf um die vielseitige Entwicklung aller Menschen unmöglich. ... Das bürgerliche pädagogische Denken schwankte zwischen diesen beiden Polen: zwischen der Überzeugung, daß man der Erziehung die Aufgabe stellen müsse, der bestehenden Gesellschaftsordnung zu dienen, und der Überzeugung, daß man von ihr

fordern müsse, auf die künftige Gesellschaft vorzubereiten. Im ersten Fall gab man zugunsten der Gegenwart, die angeblich die einzige „Wirklichkeit“ war, die Zukunft auf; im zweiten Fall verzichtete man zugunsten der Zukunft, die angeblich die Erfüllung der Ideale war, auf die Gegenwart. Man verstand lediglich eins nicht: jenen Weg zu beschreiten, der tatsächlich von der schlechten Gegenwart in die lichte Zukunft führt. Diesen Weg wollte aber die Bourgeoisie nicht sehen, denn nicht ihr gehörte die Zukunft der Geschichte.

Dieses zentrale Problem des Verhältnisses von Erziehung und Gesellschaft stellt Marx in Verbindung mit der Analyse des gesellschaftlichen Denkens der französischen Aufklärung, besonders in Verbindung mit den Owenschen Anschauungen.

Im Gegensatz zu den utopischen Träumereien weist Marx klar darauf hin, wie der Zusammenhang zwischen Zukunft und Gegenwart aufzufassen ist: „Das Zusammenfallen des Änderns der Umstände und der menschlichen Tätigkeit kann nur als umwälzende Praxis gefaßt und rationell verstanden werden.“ Dies bedeutet, daß die Erziehung nur dann in der Gegenwart der Zukunft dienen kann, wenn sie sich mit der revolutionären Praxis verbindet, die diese Zukunft nicht nur deswegen schafft, „weil die herrschende Klasse auf keine andre Weise gestürzt werden kann, sondern auch, weil die stürzende Klasse nur in einer Revolution dahin kommen kann, sich den ganzen alten Dreck vom Halse zu schaffen und zu einer neuen Begründung der Gesellschaft befähigt zu werden.“ Die gesamte praktische politische Tätigkeit von Marx basierte auf diesem theoretischen Grundsatz von der Erziehung der Menschen im Verlauf des revolutionären Kampfes.

Dieser Grundsatz von der Verbindung der Erziehung mit der revolutionären Praxis beendet den langwährenden Streit der Ideologen um die Frage, ob man zuerst die Umstände oder zuerst die Menschen verändern müsse. Dieser Grundsatz weist den Weg, wie die Erziehung real – und nicht utopisch – der Zukunft dienen kann, d.h., wie man im Kampf gegen die herrschenden Verhältnisse der kapitalistischen Gegenwart die Kräfte heranbilden kann, die die künftige Gesellschaft aufbauen werden.

Die Marxsche Lehre stellte somit der Erziehungsarbeit unter den Verhältnissen der Klassenordnung völlig neue Aufgaben. Sie zeigte der Erziehung als einzigen Ausweg aus der Alternative zwischen Opportunismus und Utopie die Verpflichtung, mit der revolutionären Praxis der Arbeiterbewegung ein Bündnis einzugehen. Das ist der einzige Weg zur wirklichen Heranbildung neuer Menschen. Dieser Hinweis bedeutete, daß man viele traditionelle Vorstellungen über Erziehung, viele rein scholastische Auffassungen von der Erziehungsarbeit und der Entwicklung des Kindes von Grund aus ändern mußte. Er bedeutete, daß man die Erziehungsarbeit mit dem Geist des politischen Kampfes um die Befreiung des Menschen von den Fesseln der Klassenunterdrückung erfüllen und sie unter dem Aspekt der großen Perspektiven einer radikalen und gleichzeitigen Umgestaltung der „Umstände und Menschen“ betrachten muß.

9.5.2 Mario Alighiero Manacorda: Über den politischen Charakter der Pädagogik[9]

Mario Alighiero Manacorda (1914-2013) war einer der profiliertesten marxistischen Pädagogen Italiens, nicht nur als Interpret der Schriften von Marx, sondern auch als Theoretiker, der seine eigene Position in der Auseinandersetzung mit Karl Marx (und Antonio Gramsci) entwickelt hat.

In einem nicht eigentlich pädagogischen Zusammenhang habe ich bei Marx die ersten Motive für eine mögliche theoretische und historische Neubegründung der Pädagogik gefunden. Dabei handelte es sich nicht um unmittelbar pädagogische, wenn auch um sehr präzise und anregende Hinweise – die Verbindung von Arbeit und Unterricht und der Begriff der Allseitigkeit –, sondern um einen allgemeinen Zugang zu anthropologischen und erzieherischen Problemen, der es mir erlaubt, die radikalste Ablehnung mit der kritischen Aneignung der Ergebnisse der Geschichte miteinander zu verbinden.
Ich bin ausgegangen von einer Betrachtung der Arbeit als einer „Selbstmanifestation" des Menschen, als der Quelle seiner Herrschaft über die Natur und als Quelle seiner gesellschaftlichen Entwicklung und folglich von einer Betrachtung der Arbeitsteilung – in ihrer wesentlichen Trennung von intellektueller und manueller Arbeit – als Ursache des Fortschritts und der Widersprüche in der Geschichte der Menschheit bis hin zu dem Punkt, wo die Arbeit sich von einer ursprünglichen Selbstverwirklichung des Menschen in seine historische Selbstentfremdung verkehrt hat. ... Von dieser Betrachtung ausgehend wurde mir nicht nur der geschichtliche Gegensatz zwischen Arbeitern und Intellektuellen, zwischen Herrschenden und Beherrschten klar, sondern auch und vor allem die Beschränktheit und Einseitigkeit des einen und des anderen und zuletzt schließlich auch die in der Bildung des Menschen geschaffene Trennung von Arbeit und Unterricht, zwischen Werkstatt und Schule mit all den Grenzen und Widersprüchen der traditionellen Pädagogik. In einer Gesellschaft, deren Trennung in soziale Klassen auf der Arbeitsteilung beruht, ist auch die Bildung des Menschen geteilt und deshalb immer einseitig, auch dort, wo sie im Hinblick auf die Herrschenden vorgibt, umfassend und vollständig zu sein; sie ist geteilt auch in der institutionalisierten Form der Schule; diese steht nur für einen Teil der Mitglieder der Gesellschaft offen und bereitet nur auf intellektuelle Arbeit, auf kulturelles Vergnügen (Muße) und auf Herrschaft vor, dagegen schließt sie den „manuellen" Teil von Arbeit und Anstrengung aus.
Marx entwickelt aus den historischen Widersprüchen dieser Teilung und dieser Vereinseitigung des Menschen – nicht in der abstrakten Theorie oder in rein philanthropischer Sicht, sondern als wirklicher Anspruch und als realer Vorgang – das Konzept einer „Wiederzusammensetzung" des Menschen und einer Rückkehr zu seiner Allseitigkeit. Die getrennten und einseitigen Aufgaben – Arbeiten und Den-

---

9 Mario Alighiero Manacorda: Der politische Charakter der Pädagogik, in: W. Böhm/ G. Flores d'Arcais (Hrsg.): Die italienische Pädagogik des 20. Jahrhunderts, Stuttgart 1979, S. 207-210.

ken, Gehorchen und Befehlen –, die eine auf der Arbeitsteilung beruhende Gesellschaft einzeln diesem oder jenem ihrer Mitglieder zuweist, scheinen historisch auf alle und an jeden verteilt werden zu können. Die Einseitigkeit des Menschen hört auf, die „natürliche" Grundlage für die Trennung in der Erziehung, für die Trennung von Arbeit und Unterricht und für die Trennung der sozialen Klassen zu bilden, wenn sie als das Ergebnis eines historischen Prozesses erkannt wird. Die extreme Einseitigkeit stellt eine bedingende Voraussetzung dafür dar, daß die ursprünglich „natürliche Disponibilität" des Menschen für jede Tätigkeit auf einer höheren Stufe zurückgewonnen werden kann, die sich nunmehr als eine tendenziell erreichbare oder wenigstens anzustrebende „historische Disponibilität" erweist. Die extreme Vereinseitigung in der Arbeitswelt und in den gesellschaftlichen Aufgaben als eine historische Bedingung der Entwicklung, die bisher für natürlich gehalten wurde, stößt mit dieser Entwicklung, die sie selbst bedingt hat, zusammen, und da sie nicht mehr in der Lage ist, diese Entwicklung aufrechtzuerhalten und voranzutreiben, führt sie zu der Forderung nach Mobilität und nach der Teilnahme jedes einzelnen an einer allen gemeinsamen Tätigkeit. In diesem Zusammenhang gewinnen die pädagogischen Motive der Verbindung von Arbeit und Unterricht und der Allseitigkeit aller Menschen klare Konturen und führen zu konkreten pädagogischen Folgerungen.
Hier muß ich meinem instinktiven Überdruß an der Pädagogik und an dem Schüler deutlich Luft machen. Dieser Überdruß richtet sich in Wirklichkeit allein gegen den pädagogischen Schüler und gegen die pädagogische Pädagogik – wenn mir dieses Wortspiel erlaubt ist. Ich kann die illusionäre Vorstellung einfach nicht mehr ertragen, daß die Bildung des Menschen irgendwie außerhalb der gesellschaftlichen Zusammenhänge in einer davon abgelösten Institution Schule vonstatten gehen soll, und zwar in einem unmittelbaren Bezug auf Individuen – Gramsci würde von einem „molekularen" Verhältnis sprechen – und dank technischer und didaktischer Wundermittel. Ich weiß freilich, daß diese Vorstellungen in Italien seit einiger Zeit nicht mehr vertreten werden und daß sich heute kein ernsthafter Pädagoge in jener Tendenz zu einem reinen Pädagogismus wiedererkennen möchte, aber ich bin mir genauso bewußt, daß es für jede Pädagogik eine immer wiederkehrende Gefahr darstellt, der Illusion zu unterliegen, alles mit ihren eigenen Mitteln lösen zu können. Wir brauchen uns nicht auf Marx zu berufen, wenn wir an dieser Illusion Kritik üben wollen; es genügt, an Comenius zu erinnern, der in seinem Alter unter der Last seiner eigenen Lebenserfahrungen und angesichts der Revolutionen in Holland und England mahnend seine Forderung nach dem *sumere omnia simul* erhob, d.h. alles auf einmal anzugehen: Erziehung, Politik und Religion. Es ist das ein sehr kluger Rat, demgegenüber Rousseaus rückständige Isolierung der Pädagogik von der Gesellschaft – seine „molekulare" Illusion – unverzeihlich erscheint. Natürlich halte auch ich Rousseaus „Entdeckung des Kindes" für eine große revolutionäre Tat, durch die er den ewigen Sadismus der Erwachsenen gegenüber den Heranwachsenden bewußt gemacht hat. Gleichzeitig bin ich aber auch von den großen Gefahren überzeugt, in die man gerät, wenn man diese freiheitliche Konzeption zum Götzenbild erhebt und in die zwangsläufig jede – sei sie freiheitlich oder nicht – pädagogische Pädagogik hineinstolpert. Diesen immer wiederkehrenden „Krisen des Libertinismus" (um noch einen Begriff Gramscis zu

verwenden) wird eine strenge Ansprüche stellende historisch-gesellschaftliche Pädagogik gegenübergestellt.

9.5.3 Samuel Bowles und Herbert Gintis: Erziehung und die Macht der Ökonomie[10]

Das Buch *Pädagogik und die Widersprüche der Ökonomie. Das Beispiel USA* der beiden namhaften Ökonomen Samuel Bowles (geb. 1939) und Herbert Gintis (geb. 1940) erschien 1978 und machte marxistisches Denken in der US-amerikanischen Pädagogik zum ersten Male „gesellschaftsfähig". Angesichts der aktuellen Globalisierungsprozesse erscheinen die Analysen der beiden Autoren heute noch aktueller als bei ihrem ersten Erscheinen.

Im Grunde ändert das Erziehungssystem weder negativ noch positiv etwas am Grad der Ungleichheit und der Repression, die im Wirtschaftsbereich verankert sind. Eher reproduziert und legitimiert es im Prozeß der Ausbildung und Stratifikation der Arbeitskraft bereits bestehende Muster. Wie geht das vonstatten? Der Kern des Problems steckt in den gesellschaftlichen Verhältnissen, unter denen Erziehung stattfindet. Sie nämlich entsprechen weitgehend den Verhältnisses von Beherrschung, Unterordnung und Motivation im ökonomischen Bereich. Durch die Erziehungserfahrung werden die Individuen veranlaßt, den Grad von Machtlosigkeit zu akzeptieren, den sie als erwachsener Arbeiter erleben werden.

Die zentrale Vorbedingung für Persönlichkeitsentfaltung – sei sie physisch, emotional, ästhetisch, kognitiv oder intellektuell – besteht in der Fähigkeit, die eigenen Lebensbedingungen zu kontrollieren. Bei seiner gegenwärtigen Verknüpfung mit den ökonomischen Machtverhältnissen kann das US-Erziehungssystem solche Modelle von Persönlichkeitsentfaltung und sozialer Gleichheit nicht fördern. Um die Arbeitskraft zu reproduzieren, müssen die Schulen Ungleichheit rechtfertigen und die Persönlichkeitsentwicklung auf Formen beschränken, die mit der Unterordnung unter willkürliche Autorität vereinbar sind; und sie müssen den Prozeß unterstützen, in dem Jugendliche dazu gebracht werden, sich mit ihrem Schicksal abzufinden. Daher meinen wir – das folgt logischerweise unserer Analyse –, daß ein egalitäres und befreites Schulsystem die sozialistische Transformation des Wirtschaftslebens zur Bedingung hat.

Die Zielvorstellungen eines solchen Sozialismus gehen über das hinaus, was die Sowjetunion und die osteuropäischen Länder erreicht haben. Diese Länder haben das Privateigentum an den Produktionsmitteln abgeschafft, aber die Verknüpfung von ökonomischer Kontrolle, Beherrschung und Unterordnung, die für den Kapitalismus typisch ist, wiederholt. Während die Abschaffung des Privateigentums an den Produktionsmitteln mit einer signifikanten Verringerung der Ungleichheit einhergegangen ist, hat man

10 Samuel Bowles/ Herbert Gintis: Pädagogik und die Widersprüche der Ökonomie. Das Beispiel USA, dt. Frankfurt a.M. 1978, S. 307-309.

es versäumt, die anderen Probleme aufzugreifen, mit denen wir uns in diesem Buch auseinandergesetzt haben. Der Sozialismus, den wir meinen, schließt die Herstellung von Wirtschaftsdemokratie als eines Verbundes von egalitären und partizipatorischen Machtbeziehungen ein. Wohl können wir über den Prozeß des Aufbaus einer sozialistischen Gesellschaft aus den Erfahrungen des sowjetischen, kubanischen, chinesischen Volkes und anderer sozialistischer Länder viel lernen; aber es gibt kein ausländisches Vorbild für die von uns gewünschte Transformation. Sozialismus in den Vereinigten Staaten wird ein eindeutig amerikanisches Produkt sein, das mit unserer Geschichte, unserer Kultur und unserem Kampf um ein anderes Leben innig verwoben ist.

Wie würde Sozialismus in den Vereinigten Staaten aussehen? Sozialismus ist kein Ereignis, sondern ein Prozeß. Sozialismus ist ein System wirtschaftlicher und politischer Demokratie, in dem die Individuen das Recht und die Pflicht haben, ihr Arbeitsleben durch direkte, teilnehmende Kontrolle zu strukturieren. Kern einer sozialistischen Gesellschaft ist die Entwicklung einer Alternative zum Lohnarbeitssystem. Dazu gehört die fortschreitende Demokratisierung des Arbeitsplatzes, wodurch das Erziehungssystem frei wird, befriedigendere Formen der menschlichen Entfaltung und der sozialen Interaktion zu fördern. Auch die starre Beziehung zwischen der Arbeitsteilung und der Verteilung des gesellschaftlichen Produktes muß aufgehoben werden: Es muß ein grundlegendes gesellschaftliches Recht sein, daß die Individuen unabhängig von ihrer gesellschaftlichen Stellung ein angemessenes Einkommen und gleichen Zugang zu Nahrungsmitteln, Unterkunft, medizinischer Versorgung und sozialen Dienstleistungen haben. Zugleich müssen materielle, symbolische und kollektive Anreize geschaffen werden. Wesentlich ist in diesem Punkt die gesetzliche Verpflichtung für alle, sich gleichmäßig an der Ausführung gesellschaftlich notwendiger Arbeiten zu beteiligen. Ziel dieses Wandels der gesellschaftlichen Arbeitsteilung ist nicht eine abstrakte Gleichheit, sondern die Beseitigung der Dominanz- und Unterordnungsverhältnisse im ökonomischen Bereich. Die Mittel, mit deren Hilfe wir zu sozialer Gerechtigkeit kommen und die Arbeit subjektiv sinnvoll und mit einer vernünftigen Entfaltung der Persönlichkeit vereinbar machen wollen, sind so amerikanisch wie unsere Apfeltorte: Demokratie und Gleichheit.

Welche Rolle spielt die Erziehung in diesem Prozeß? Das gegenwärtige Erziehungssystems entwickelt in den Individuen nicht die Fähigkeit zu Kooperation, Auseinandersetzung, Autonomie und die Urteilsfähigkeit, die der Aufgabe, eine andere Gesellschaft zu begründen, angemessen wären; hier besteht ein vorrangiger Bedarf, innovative Erziehungsformen zu entwerfen

---

9.6 FRAGEN ZU DEN WEITERFÜHRENDEN TEXTEN

(g) Was versteht Suchodolski unter „revolutionärer Praxis" und welche Bedeutung spricht er einem ihr entsprechenden Verständnis von Pädagogik zu?
(h) Was versteht Manacorda unter einer „pädagogischen Pädagogik" und worin erblickt er die pädagogisch wichtigen Gedanken von Marx?
(i) Welche Kritik üben Bowles und Gintis am US-amerikanischen Erziehungssystem?

9.7 SCHLUSSFOLGERUNG

Die Texte und Erläuterungen dieses Kapitels haben im Anschluss an Karl Marx ein Verständnis von Erziehung nahezubringen versucht, das sich in dem schillernden und leicht missverständlichen Begriff der „revolutionären Praxis" fassen lässt. Obwohl sich für den von Grund auf politisch denkenden Marx und für alle, die seinem Denken folgen, Politik und Pädagogik prinzipiell nicht trennen lassen und von daher eine „pädagogische Pädagogik", welche die konkreten sozio- und polit-ökonomischen Verhältnisse vernachlässigen würde, höchst suspekt erscheinen muss, darf der Begriff der revolutionären Praxis nicht auf seine rein politische Dimension verkürzt werden. Es kommt im Gegenteil darauf an, ihn in seiner ganzen anthropologisch-philosophischen Tiefe und Weite zu nehmen, wenn sich seine pädagogische Bedeutung erschließen soll. Wenn Marx die Thesen eines absoluten Idealismus strikt zurückweist und als Realist – und keineswegs als absoluter Materialist! – von einem wechselseitigen Verhältnis von Leben (gesellschaftlichem Sein) und Bewusstsein ausgeht, dann versteht er *Praxis* durchaus in dem „alteuropäischen" Sinne als ein ideengeleitetes freies Handeln im Hinblick auf eine Verbesserung der konkreten Verhältnisse. Was das Adjektiv „revolutionär" meint, darf man ebenfalls nicht politisch verkürzen, sondern muss es, erst recht in pädagogischer Hinsicht, in jenem komplexeren und geschichtsbeladenden Sinne verstehen, den ihm Reinhart Koselleck in seinen begriffsgeschichtlichen Studien gegeben hat: sowohl einen kurzfristigen gewaltsamen Umschlag als auch einen längerwährenden geschichtlichen Wandlungsvorgang meinend; gleicherweise erkenntnisleitend wie handlungsanweisend wirkend; die Machbarkeit einer Veränderung indizierend und gleichzeitig die Selbstläufigkeit einer Evolution andeutend; fast immer unterfüttert von dem theologischen Wunsch, das Reich Gottes auf Erden näherzubringen; das Moment der Einmaligkeit genauso wie jenes der Wiederholbarkeit einschließend.[11]

Am entscheidendsten und aufschlussreichsten für ein Verständnis der Erziehung als „revolutionäre Praxis" mag vielleicht der Bedeutungsgehalt sein, den der Begriff Revolution in der Verbindung mit des Kopernikus astronomischen Entdeckungen angenommen hat: So, wie sich auch nach der kopernikanischen Revolution die Himmelskörper weiterhin in ihrer natürlichen Konstellation bewegen, hat sich doch die Sicht darauf verändert und unser Verständnis davon vorangebracht. Auch wenn eine von Marx inspirierte Kritik an der neokapitalistischen Ökonomisierung

11 Vgl. hierzu Reinhart Koselleck: Revolution als Begriff und als Metapher. Zur Semantik eines einst emphatischen Worts, in: Ders.: Begriffsgeschichten, Frankfurt a.M. 2006, S. 240ff.

der Erziehung diese allein nicht beseitigen kann, ist sie doch nicht überflüssig und machtlos.

9.8 WEITERFÜHRENDE LITERATUR

Oskar Negt: Kant und Marx. Ein Epochengespräch, Göttingen 2003.

Ursula Reitemeyer: Bildung und Arbeit zwischen Aufklärung und nachmetaphysischer Moderne, Würzburg 2001.

Marx über Feuerbach. Eine angeschlagene These, Themenheft der *Internationalen Zeitschrift für Philosophie*, 2 (1995).

Hans-Jochen Gamm: Materialistisches Denken und pädagogisches Handeln, Frankfurt a. M. 1983

Günther Groth: Die pädagogische Dimension im Werke von Karl Marx, Neuwied 1978.

Erich Thier: Das Menschenbild des jungen Marx, Göttingen 1961.

ZEHNTES KAPITEL

Moderner Personalismus

oder: Gibt es ein „Maß" für die Erziehung?

10.1 ZUM EINSTIEG

Dieses abschließende Kapitel stellt sich eine Frage, auf die – genau besehen – alle vorausgehenden Kapitel hingeführt haben und die – von der Sache her – im Mittelpunkt des „Projekts Erziehung" stehen muss: Gibt es ein *Maß*, das dem gesamten Projekt Sinn und Richtung weisen kann und an dem alle einzelnen Schritte und Handlungen zu ermessen wären? Die Frage spitzt sich aus pädagogischer Sicht darauf zu, ob diese Maßgabe außerhalb des Menschen, also in etwas für objektiv Gehaltenem, oder im Menschen selbst, also in seiner ureigenen Natur, zu suchen ist.

Versucht man, die rund 2500jährige Geschichte der abendländischen Pädagogik mit einem einzigen Blick zu erfassen, dann kann kein Zweifel darüber aufkommen, dass die Erziehung die sie leitende *regula hominis et mundi* ganz überwiegend aus einer (vermeintlich) objektiv gegebenen und dem Menschen auferlegten Ordnung geschöpft hat, dagegen eine Erziehung, die ihre Maßgabe im Menschen selber verortet, erst die Errungenschaft einer relativ späten Zeit ist. Und wo sich eine solche von der Natur des Menschen her begründete Erziehung Geltung verschafft, wurde (und wird) sie sogleich von alten oder neuen „Objektivismen" bedroht und bekämpft.

Historisch gesehen wird man feststellen, dass es für die Erziehung in der Antike das kosmische Gesetz war – in der *Antigone* des Sophokles als „ewig, unwandelbar, nicht geschaffen und nicht vergänglich" besungen –, welches die Regel für den Menschen und das Maß für seine Erziehung abgab. Im Horizont des jüdisch-christlichen Denkens trat an die Stelle dieser kosmischen Ordnung die göttliche Schöpfungsordnung, und die Regel für den Menschen und seine Erziehung verlagerte sich in den Gehorsam gegenüber dem Willen Gottes und die Befolgung der göttlichen (Vorher-)Bestimmung. Auch als in der Neuzeit das Prinzip einer objektiven Vernunft und/ oder einer Naturgesetzlichkeit neben oder an die Stelle jener alten Ordnungen trat, blieb der pädagogische Blick auf (vermeintlich) objektiv gültige Maßgaben fixiert. Heute sind – wie viele Zeitkritiker meinen – an die Stelle dieser „Ordnungen" zunehmend ökonomische Maßstäbe getreten und tendieren dazu, die Erziehung dem Diktat des Marktes zu unterwerfen und an Kriterien des Marketing auszurichten.

Bei aller Vorsicht gegenüber vergröbernden Globalaussagen lässt sich die über rund 25 Jahrhunderte dominierende pädagogische Grundfigur so beschreiben: Es gibt eine objektiv gegebene Ordnung, aus der sich die Bestimmung des Menschen und die Regel für seine Erziehung ableiten lassen. Der Erzieher kennt und repräsentiert diese Ordnung gegenüber dem Zögling. Dieser seinerseits hat diese Ordnung (intellektuell) zu erkennen und (moralisch) anzuerkennen und sodann sein Leben dieser Ordnung anzupassen und – so weit es wenigstens in seiner Macht steht – ihr gemäß zu gestalten.

10.2 ZUR EINFÜHRUNG

In den 1930er Jahren hat sich, fußend auf einer langen Geschichte, eine Denkrichtung herausgebildet, die vom *primum* der Person[1] ausgeht und aus ihr sowohl die Maßgaben für Ethik, Politik, Wirtschaft und Gesellschaft als auch für die Erziehung gewinnen will. Dieser „Personalismus" erwächst nicht einem reduktionistischen Verständnis von Person, wie es John Locke formuliert hat und wie es gegenwärtig im Dunstkreis einer utilitaristischen Ethik, beispielsweise bei und im Anschluss an Peter Singer, wieder in Mode gekommen ist.[2] Die hier ausgewählten Texte knüpfen bewusst an eine philosophische Tradition des Abendlandes und an die lebensweltliche Alltagserfahrung der Menschen an. Für dieses Verständnis ist zum einen die „innere Architektur" der menschlichen Person – die enge Verknotung von *Vernunft, Freiheit und Sprache* bzw. die Einheit von *esse, nosse, velle* (Sein, Wissen, Wollen) – grundlegend[3] und zum anderen die Gewissheit, dass der Mensch als *animal rationale* nicht nur zur Theorie, also zum schauenden Betrachten, und als *homo faber* nicht nur zum herstellenden Machen fähig, sondern auch und in erster Linie ein praktisch Handelnder ist. Als Handelnder erlebt sich der Mensch als *initium* (lat.: Anfang), ergreift Initiative, richtet sich intentional auf selbst gesetzte Ziele und erscheint am Ende – wenigstens idealiter betrachtet – als der Autor seiner eigenen Lebens- und Sinngeschichte. Handelnd agiert der Mensch und reagiert nicht nur. Handeln ist ebenso wie das Sprechen nicht in Isolation möglich, sondern beides bedarf des anderen und einer Mitwelt, die ihrerseits aus

1 Das Wort Person ist etruskischen Ursprungs und meint ursprünglich in der Theatersprache so viel wie Maske. Von den Römern in das Lateinische übersetzt, wurde es ca. um 200 n. Chr. als Begriff in die frühchristliche Theologie eingeführt. Innerhalb der patristischen Literatur, v.a. bei Irénée de Lyon, gewinnt der Personbegriff erste pädagogische Konturen, ehe er dann in der deutschen Mystik – im Zusammenhang mit der Ausformung des deutschen Bildungsbegriffs – endgültig in das pädagogische Denken eindringt und zu einem pädagogischen Grundbegriff (zunächst bei Comenius, dann bei Schleiermacher) wird.

2 Vgl. zu Peter Singers präferenzutilitaristischer Ethik sein Buch „Praktische Ethik", dt. Stuttgart [3]2013. Zur kritischen Auseinandersetzung damit siehe Martin Handwerker: Heilpädagogik und Bioethik im Lichte der Person, Würzburg 2007.

3 Der Mensch *ist*; er *weiß*, dass er ist; und er *will*, dass er ist, weiß und will.

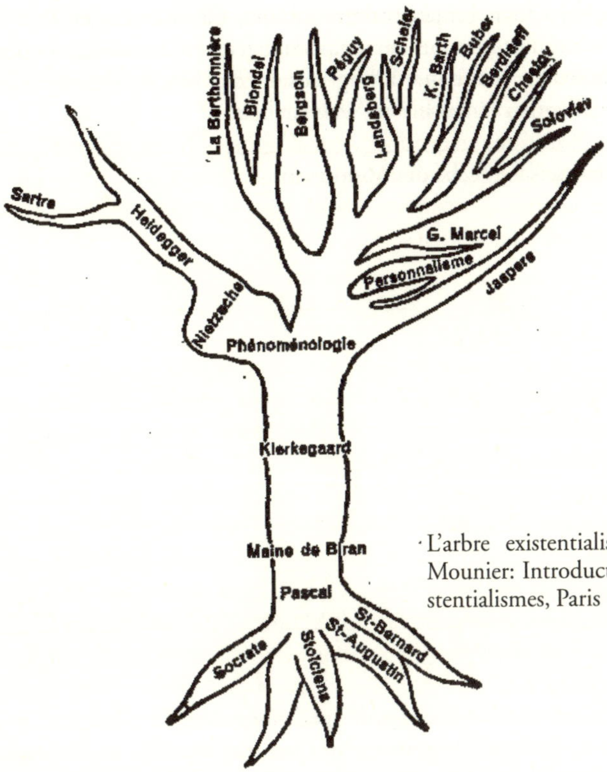

L'arbre existentialiste, aus: E. Mounier: Introduction aux existentialismes, Paris 1946, S.12

„Gehandeltem“ (gewöhnlich *Geschichte* genannt) und „Gesprochenem“ (gewöhnlich *Kultur* genannt) besteht.

Der moderne Personalismus geht – quasi axiomatisch – davon aus, dass es vom Unpersönlichen – sei es ein allgemeines *Sein*, der Hegelsche *Weltgeist*, der absolute *Akt* Gentiles, das von Durkheim sanktionierte *Kollektivbewusstsein* der Gesellschaft oder der mit quasi-göttlicher Allmacht ausgestattete *Markt* – keinen Weg zur Person gibt und ein solches unpersonales Denken daher unweigerlich zur Verdinglichung des Menschen und zur Austilgung der Person führt.

Wer von „Personalismus“ spricht, muss sich freilich bewusst sein, dass er einen problematischen Begriff gebraucht. Auch wenn Emmanuel Mounier 1936 ein *Manifeste au service du personnalisme* verfasst und 1949 eine systematische Darstellung seines Denkens unter dem Titel *Le personnalisme* veröffentlich hat, sind sich alle Denker, die seinen Spuren folgen, mehr oder weniger des inneren Widerspruchs bewusst, der diesem Begriff eigen ist. Kann die Rede von der menschlichen Person zu einem *-ismus* gerinnen oder gar zu einer Doktrin erstarren? Jean Lacroix hat die als Personalismus bezeichnete Denkbewegung in apologetischer Absicht ausdrücklich als eine Anti-Ideologie dargestellt, und Mounier hat in seinem *Manifeste* folgende Erklärung gegeben: „Unter Personalismus verstehen wir jede Lehre und jede Kultur, die den Vorrang der Person des Menschen vor den materiellen Bedürfnissen und gesellschaftlichen Einrichtungen vertritt, die ihre Entwicklung bestimmen. Wir fassen unter der Idee des Personalismus jene zusammenlaufenden Bestrebungen zusammen, die heute ihren Weg jenseits des Faschismus, des Kommunismus und der verfallenden bürgerlichen Welt suchen."

Die personalistische Sicht des Menschen

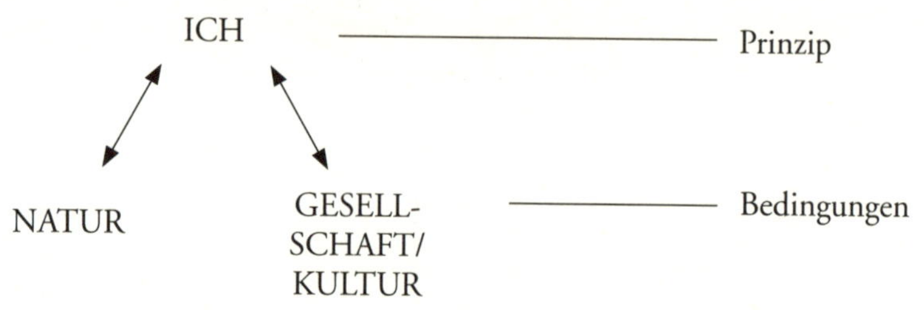

Im Hinblick auf eine Neufassung der pädagogischen Idee leugnet ein personalistisches Denken weder die Bedeutung der natürlichen (bio-psychologischen) Gegebenheiten noch die gesellschaftlichen (sozio-ökonomischen) Voraussetzungen der Erziehung; wohl aber lehnt es sowohl die Absolutsetzung der Natur als auch jene der Gesellschaft ab. Auch die schlichte Überkreuzung einer „naturalistischen" und einer „sozialistischen" Perspektive (im Sinne eines Koordinatensystems), in welcher der Mensch als der Schnittpunkt seiner natürlichen Anlagen und der auf ihn einströmenden Umwelteinflüsse gesehen würde, erscheint ihm verkürzt. Vor allem aber kann eine solche mechanistische Vorstellung nicht das Unbehagen beseitigen, das den Menschen immer dann befällt, wenn er sich nur als das Produkt von Anlage und Umwelt begreifen, die Idee der Freiheit aufopfern und sich wehrlos einer Fremdbestimmung ausliefern soll.

10.3 TEXTE ZUM MODERNEN PERSONALISMUS

Die folgenden sechs Texte spannen einen Bogen vom Begründer des modernen Personalismus bis zu heutigen Vertretern, und sie machen sowohl die philosophisch-anthropologischen Grundlagen als auch mögliche praktische Konkretisierungen deutlich. Wenn es allgemein gilt, dass pädagogische Theorien nicht vom Himmel fallen, sondern von Autoren verfasst werden, die in einem bestimmten sozio-kulturellen Kontext leben und mit ihren Texten auf Probleme antworten, mit denen sie sich konfrontiert sehen, dann muss das in besonderer Weise dort gelten, wo es sich um Theorien der Person bzw. um personalistische Theorien handelt – also um Theorien, bei denen das Subjekt, das sie hervorbringt, und das Objekt, von dem sie handeln, zusammenfallen. In diesem Kapitel verbietet es sich von daher, einen – quasi kanonisierten – Text an den Anfang zu setzen und ihm weiterführende bzw. interpretierende Texte folgen zu lassen. In diesem Kapitel stehen sechs Texte nebeneinander und dokumentieren damit auch, dass es sich beim Personalismus nicht um eine geschlossene Doktrin handelt, sondern um eine Vielfalt von „Theorien der Person".

10.3.1 Emmanuel Mounier: Die Idee des Personalismus[4]

Der französische Philosoph Emmanuel Mounier (1905-1950) gilt als geistiger Vater und Begründer des modernen Personalismus. Im Alter von 27 Jahren gründete er die Zeitschrift *Esprit*, und zwar (ganz im Geiste des Comenius) als „pädagogische Zeitschrift im Kampf gegen die etablierte Unordnung". Der folgende Text ist seiner 1949 erschienenen konzisen Selbstdarstellung seines Denkens entnommen.

Man würde wohl erwarten, daß der Personalismus damit begänne, die Person zu definieren. Aber man definiert nur Objekte, die dem Menschen äußerlich sind und die man dem Blick aussetzen kann.
Die Person aber ist kein Objekt. Sie ist sogar dasjenige in jedem Menschen, das nicht wie ein Objekt behandelt werden kann. Hier ist mein Nachbar. Er hat von seinem Körper eine einzigartige Empfindung, die ich nicht erfahren kann; aber ich kann diesen Körper von außen betrachten, indem ich die Stimmungen, das Vererbte, die Form, die Krankheiten untersuche, kurz, ihn wie einen Gegenstand des physiologischen, medizinischen etc. Wissens behandele. Er ist Beamter, und es gibt einen Status des Beamten, eine Psychologie des Beamten, die ich *an* seinem Fall studieren kann, obwohl sie nicht *er* sind, er ganz und gar und in seiner umfassenden Realität. Er ist überdies, in der gleichen Weise, *ein* Franzose, *ein* Bourgeois oder *ein* komischer Kauz, *ein* Sozialist, *ein* Katholik, etc. Aber er ist nicht *ein* Bernard Chartier: er ist Bernard Chartier. Die tausend Weisen, in denen ich ihn als *ein* Exemplar einer Klasse bestimmen kann, helfen mir, ihn zu verstehen und vor allem ihn zu benützen, zu wissen, wie ich mich ihm gegenüber in praktischer Hinsicht verhalte. Aber das sind jedesmal nur Ausschnitte, die bloß einen Aspekt seiner Existenz treffen. Tausend aufeinandergetürmte Photographien erzeugen keinen Menschen, der sich bewegt, denkt und will. Es ist ein Irrtum, zu glauben, der Personalismus fordere nur,

4 Emmanuel Mounier: Le personnalisme, Paris 1949, S. 7-10. Aus dem Französischen übersetzt v. Schulz.

daß man, statt die Menschen serienmäßig zu behandeln, ihrer feinen Unterschiede Rechnung trage. Huxleys »beste aller Welten« ist eine Welt, in der Armeen von Medizinern und Psychologen bemüht sind, jedem Individuum gemäß minutiösen wissenschaftlichen Auskünften die ihm gehörige Beschaffenheit zu geben. Indem sie dies von außen tun und kraft einer Autorität, indem sie alle darauf reduzieren, nur gut montierte und gut gewartete Maschinen zu sein, ist diese überindividualisierte Welt jedoch das Gegenteil eines personalen Universums, denn in ihr wird alles eingerichtet, nichts bringt sich hervor, nichts wagt das Abenteuer einer verantwortlichen Freiheit. Sie macht aus der Menschheit ein riesiges und perfektes Säuglingsheim.

Es gibt also nicht die Kieselsteine, die Bäume, die Tiere – und die Personen, die bewegliche Bäume oder listigere Tiere wären. Die Person ist nicht das vortrefflichste Objekt der Welt, ein Objekt, das wir von außen kennen, wie die anderen. Sie ist die einzige Realität, die wir von innen kennen und die wir zugleich von innen heraus vollbringen. Überall gegenwärtig, ist sie doch nirgends gegeben.

Wir verweisen sie deshalb jedoch nicht ins Unsagbare. Eine reiche, in die Welt eintauchende Erfahrung, die sich durch eine unaufhörliche Schöpfung von Situationen, Ordnungen und Institutionen äußert. Aber da diese Quelle der Person unbegrenzt ist, kann nichts von dem, worin sie zum Ausdruck kommt, sie erschöpfen, nichts von dem, was ihr Bedingungen auferlegt, sie unterwerfen. Ebensowenig wie ein sichtbares Objekt ist sie ein innerer Rest, eine hinter unseren Verhaltensweisen versteckte Substanz, ein abstrakter Ursprung unserer konkreten Gesten: das wäre immer noch die Seinsweise eines Objektes oder des Phantoms eines Objektes. Sie ist eine erlebte Aktivität der Selbstschöpfung, der Kommunikation und des Teilnehmens, die sich in ihrem Akt, als *Bewegung der Personalisation*, erfaßt und erkennt. Zu dieser Erfahrung kann niemand durch äußere Bedingungen gebracht, noch kann jemand zu ihr gezwungen werden. Diejenigen, die sie auf ihre Gipfel führen, rufen ihr Umfeld dazu auf, wecken die Schlafenden, und auf diese Weise, von Ruf zu Ruf, befreit sich die Menschheit von dem bleiernen vegetativen Schlaf, der sie noch betäubt. Wer sich weigert, den Ruf zu hören und sich in der Erfahrung des personalen Lebens zu engagieren, verliert den Sinn dafür, wie man die Sensibilität eines Organs verliert, wenn es nicht mehr benutzt wird. Er hält das personale Leben dann für eine Verwirrung des Geistes oder für die Manie einer Sekte.

Es gibt folglich zwei Formen, die allgemeine Idee des Personalismus darzustellen. Man kann von der Betrachtung des objektiven Universums ausgehen und zeigen, daß die personale Weise zu existieren die höchste Form der Existenz ist und daß die Evolution der gesamten vormenschlichen Natur auf den schöpferischen Moment zuläuft, wo diese Vollendung des Universums auftaucht. In dieser Perspektive zeigt sich als die zentrale Wirklichkeit des Universums eine Bewegung der Personalisation, und die impersonalen oder mehr oder weniger stark depersonalisierten Formen (die Materie, die Lebewesen, die Ideen) sind nur Verlangsamungen oder ein Ermatten der Natur auf dem Wege der Personalisation. Das Insekt, das einen Zweig nachahmt, um sich in der pflanzlichen Unbeweglichkeit vergessen zu machen, kündigt den Menschen an, der sich im Konformismus begräbt, um nicht selbst antworten zu müssen, denjenigen, der sich den allgemeinen Ideen oder den sentimentalen Ergüssen ausliefert, um den Tatsachen und den Menschen nicht die Stirn bieten zu müs-

sen. In dem Maße, wie eine solche Beschreibung objektiv bleibt, stellt sie die Realität der Person, die zunächst keine gegenständliche ist, nur unvollkommen dar.
Oder aber man lebt öffentlich die Erfahrung des personalen Lebens in der Hoffnung, eine große Zahl von Menschen zu verführen, die wie Bäume, wie Tiere oder wie Maschinen leben. Bergson beschwor den »Ruf des Helden und des Heiligen«. Aber diese Worte dürfen nicht täuschen: der personale Ruf wird aus dem schlichtesten Leben geboren.
Man sieht nun das zentrale Paradoxon der personalen Existenz. Sie ist die eigentlich menschliche Weise der Existenz. Und dennoch muß sie unaufhörlich erobert werden; das Bewußtsein selbst löst sich nur langsam vom Mineral, von der Pflanze und dem Tier, die in uns lasten. Die Geschichte der Person wird also parallel zur Geschichte des Personalismus verlaufen. Sie wird sich nicht nur auf der Ebene des Bewußtseins entfalten, sondern in der ganzen Breite der menschlichen Anstrengung, die Menschheit zu humanisieren.

10.3.2 Romano Guardini: Die Person im eigentlichen Sinne[5]

Der weltweit rezipierte Theologe und Kulturphilosoph Romano Guardini (1885-1968) hat in einem seiner meistgelesenen Bücher *Welt und Person* eine Phänomenologie der Person vorgelegt und dabei bildhaft vier „Ebenen" unterschieden. Nachdem er die *Gestalthaftigkeit*, die der Mensch mit allen anderen Dingen (und Lebewesen) teilt, die *Individualität*, die allem Lebendigen zukommt, und die *Persönlichkeit* als das nur dem Menschen eigentümliche geistige Element dargestellt hat, kommt er im folgenden Textauszug auf die *Person im eigentlichen Sinn* zu sprechen.

Gestalt, Individualität, Persönlichkeit – was Person im letzten Sinn bedeutet, ist damit noch nicht gesagt, wohl aber in etwa vorbereitet. Der bisherigen Erörterung lag die Frage zu Grunde: Was ist das da? Darauf lautete die Antwort: „Ein gestaltetes, in Innerlichkeit begründetes, geistig bestimmtes und schaffendes Wesen." Anders die Frage: Wer ist Dieser da? Darauf lautet die Antwort: „Ich" – oder, in der Form des Berichtes: „Er". Jetzt erst ist die Person berührt. Und zwar ist sie das gestalthafte, innerliche, geistig-schöpferische Wesen, sofern es – mit den Einschränkungen, von welchen noch die Rede sein wird – in sich selbst steht und über sich selbst verfügt. „Person" bedeutet, daß ich in meinem Selbstsein letztlich von keiner anderen Instanz besessen werden kann, sondern mir gehöre. Ich

5 Romano Guardini: Welt und Person, Paderborn [6]1988, S. 123ff; 127; 129 u. S. 131.

kann zu einer Zeit leben, in der es die Sklaverei gibt, also ein Mensch einen anderen kauft und über ihn verfügt. Diese Macht übt der Kaufende aber nicht über die Person, sondern über das psycho-physische Wesen – und auch das unter einer falschen Kategorie, nämlich so, daß er es dem Tier angleicht. Die Person selbst entzieht sich dem Eigentumsverhältnis.

Person bedeutet, daß ich von keinem anderen gebraucht werden kann, sondern Selbstzweck bin.

Wohl kann ich in einem Arbeitssystem stehen, dessen Leiter mich als ein Element in einem maschinellen Ganzen behandelt. Dann ist es aber nur meine Leistung, die er gebraucht, nicht ich als ich. Auch vollzieht sich dieses Gebrauchen auf Grund einer Auffassungsweise, welche zwar Kraft spart und bis zu einem gewissen Punkt praktisch richtig ist, in Wahrheit aber an Stelle des Menschen eine hochentwickelte Maschine setzt. Dieser Fehler rächt sich dann auch in folgenschwerer Weise. Die so angelegte Rechnung geht nicht auf, und die auf ihr aufgeführte wirtschaftliche und gesellschaftliche Konstruktion arbeitet im Letzten nicht richtig, denn das, worum es sich handelt, sind eben doch Menschen und nicht Apparate. ... Person bedeutet, daß ich von keinem Anderen durchwohnt werden kann, sondern im Verhältnis zu mir selbst mit mir allein bin; von keinem anderen vertreten werden kann, sondern für mich stehe; von keinem anderen ersetzt werden kann, sondern einzig bin – was alles bestehen bleibt, auch wenn die Sphäre der Vorbehaltenheit durch Eingriff und Veröffentlichung noch so tiefgreifend gestört wird. Immer ist es nur der psychologische Zustand der Geachtetheit und des Friedens, der verloren geht, nicht die Einsamkeit der Person an sich.

Der Sinn der Person würde aufgehoben, wenn es mich zweimal gäbe (Doppelgängerschaft). Jede Annäherung an die Möglichkeit, das könnte der Fall sein, löst existentielles Grauen aus. Das gleiche geschieht, wenn sich die Möglichkeit andeutet, ich könnte am Ende nicht mit mir selbst einig, kein Einziger, sondern Mehrere sein; ich wäre mir nicht als Selbst bekannt, sondern wirklich fremd (Spaltung der Person). Eine dritte Form solchen Erlebens würde eintreten, wenn ich das Gefühl bekäme, ich hätte mich nicht mehr in der Hand, sondern stünde in der Macht eines anderen. (Siehe die Märchenmotive, wonach ein Mensch seinen Schatten oder sein Spiegelbild oder gar seine Seele verkauft.) Das alles ist vom unmittelbaren Sein her nicht möglich. Die Person kann nicht mehrfach da sein, sie kann nicht zerfallen, sie kann sich nicht selbst aus der Hand verlieren, wie das beim bloßen Individuum möglich ist, dessen Einheit von vornherein einen anderen Charakter trägt. Die Phänomene, welche die Psychiatrie nach dieser Richtung hin feststellt, sind keine Störungen der Personalität selbst, sondern der das personale Bewußtsein tragenden psychologischen Funktionen. Dennoch haben diese Erlebnisse einen Sinn für das Wesen der Person. Das Grauen, das in ihnen erfahren wird, ist die Angst vor der Möglichkeit, solche Störungen könnten sich wirklich zutragen, und offenbart etwas über das Wesen der menschlichen Person. ...

Das Grauen, von dem wir sprachen, zeigt an, worin das Wesentliche der Person besteht: daß ich mit mir selbst einig bin, in mir stehe, mich in der Hand habe. Diese Tatsache entfaltet sich in den dargelegten Zusammenhängen: der Geschlossenheit der Gestalt, der Innerlichkeit des Lebens, dem geistbegründeten Wissen und Wol-

len, Handeln und Schaffen. Das alles ist noch nicht die Person; Person bedeutet vielmehr, daß in alledem der Mensch in sich selbst steht. ...
Person ist jene Tatsache, die immer wieder das existentielle Staunen hervorruft. Sie ist die selbstverständlichste aller Tatsachen – im wörtlichsten Sinne: zu verstehen, daß ich Ich bin, ist für mich das „Selbst-verständliche" einfachhin und teilt jedem anderen Sachverhalt seinen Charakter mit. Zugleich ist es auch rätselhaft und unausschöpfbar, daß ich Ich bin; daß ich aus mir nicht verdrängt werden kann, auch nicht durch den stärksten Feind, nur durch mich selbst und ganz nicht einmal durch mich; daß ich nicht ersetzt werden kann, auch nicht durch den edelsten Menschen, daß ich die Mitte des Daseins bin, denn das bin ich, und auch Du bist es, und Du dort – und was für Lichter es sein mögen, welche diese Kugel des Geheimnisses, im Geiste rollend, aus sich entläßt. ...
Alles erhält aber von der Tatsache der Person her seinen eigentlichen menschlichen Charakter. Wenn dann dieser Charakter gewußt, gewollt, gelebt und geübt wird, erfahren alle jene Zusammenhänge auch eine reale Meisterung, die alles in sich begreift, was persönliche Bildung und Reifung bedeuten.

10.3.3 Paul Ricœur: Die Mehrdimensionalität der Person[6]

Der französische Philosoph Paul Ricœur (1913-2005) schloss sich schon in jungen Jahren dem Pariser Kreis der Personalisten an, und er hat sich bis in sein Spätwerk immer wieder darum bemüht, das personalistische Denken in der Auseinandersetzung mit zeitgenössischen philosophischen Auffassungen zu erneuern und lebendig zu erhalten. Der folgende Text stellt in gewisser Weise eine Synthese dieser Bemühungen dar, die insgesamt darauf zielen, das personalistische Denken von der engen interpersonalen Ebene (Liebe, Freundschaft etc.) auf die soziale und politisch-institutionale Ebene auszudehnen.

Ich habe vier Lagen oder Schichten genannt, woraus eine hermeneutische Phänomenologie der Person sich aufbauen könnte: Sprache, Handeln, Erzählung, ethisches Leben. Man sollte übrigens eigentlich sagen: der *sprechende Mensch*, der *handelnde Mensch* (und ich würde ergänzen: der *leidende Mensch*), der *Mensch als Erzähler* und Autor seiner eigenen Lebensgeschichte, und schließlich der *verantwortliche Mensch*. Bevor ich nun die einzelnen Schichten der Personwerdung in der genannten Reihenfolge abhandeln werde, möchte ich direkt zum letzten Stadi-

6 Paul Ricœur: Zugänge zur Person, in: W. Harth-Peter/ U. Wehner/ F. Grell (Hrsg.): Prinzip Person. Über den Grund der Bildung, Würzburg 2002, S. 18; 23; 27; 29f. u. S. 31ff.

um meiner Untersuchung gehen, um ihm die ternäre Struktur zu entnehmen, die ich dann in den vorhergehenden Schichten dieser Entwicklung zunehmend sich abzeichnen sehen werde. Unter ternärer Struktur verstehe ich hier folgendes: Wenn man die Ethik sauber von der Moral trennen will, jene verstanden als Ordnung der Gebote, Normen, Verbote, so wird man eine radikalere Dialektik des *Ethos* finden, die geeignet ist, einen roten Faden für die Erforschung der anderen Schichten der Personwerdung zu liefern. In der siebten Abhandlung meines Buches „Soi-même comme un autre“[7] schlage ich folgende Definition des *Ethos* vor: *Wunsch nach einem erfüllten Leben – mit und für die anderen – in gerechten Institutionen.* Diese drei Begriffe scheinen mir gleich wichtig für die ethische Heranbildung der Person. ...

Eine zeitgenössische Wiederaufnahme der Idee von der Person kann sehr viel aus dem Dialog mit jenen Philosophen gewinnen, die vom sogenannten „linguistic turn“ inspiriert sind. Nicht, daß alles Sprache wäre, wie manche Konzeptionen behaupten, in denen die Sprache jeden Bezug zum Leben, zum Handeln und Wandel zwischen Personen verloren hat. Aber, wenn auch nicht alles Sprache ist, so erhält doch alle Erfahrung erst Sinn, wenn sie *zur Sprache gebracht* wird. Der Ausdruck „die Erfahrung zur Sprache bringen“ lädt dazu ein, den sprechenden Menschen, wenn nicht für das Äquivalent des Menschen überhaupt, so doch für die erste Bedingung des Menschseins zu halten. Aber wenn wir sogleich dazu kommen werden, die Kategorie des Handelns zur bemerkenswertesten Bedingungskategorie der Person zu machen, so unterscheidet sich das eigentlich menschliche Handeln vom tierischen Verhalten und umso mehr von der physischen Bewegung dadurch, daß es ausgesprochen, das heißt zur Sprache gebracht werden muß, um signifikant zu sein. ...
Die Bindung zwischen den Elementen der Triade Sprechen, Gespräch, Sprache als Institution ist somit vollständig homolog zur Triade des *Ethos*: Selbstachtung, Fürsorge, gerechte Institutionen. Diese Homologie wird im Falle gewisser Gesprächsakte wie etwa des Versprechens zu einer regelrechten gegenseitigen Durchdringung. Das *Versprechen* verbindet in der Tat die linguistische und die ethische Triade. Einerseits ist das Versprechen ein Gesprächsakt wie andere auch. Es impliziert lediglich die konstitutive Regel, wonach „ich spreche“ bedeutet, daß ich mich verpflichte, etwas zu tun. Aber dieses Engagement impliziert noch mehr. Was verpflichtet mich eigentlich, mein Versprechen zu halten? Dreierlei: erstens heißt, sein Versprechen zu halten, in sich selbst die Identität zwischen dem, der gesprochen hat, und dem, der morgen etwas tun wird, zu wahren. Diese Wahrung der Identität weist auf die Selbstachtung hin. Zweitens wird ein Versprechen immer jemandem gegenüber abgegeben: „Ich verspreche *dir*, dies oder jenes zu tun“; und die Umkehrung, die wir beim gegenseitigen Erkennen beobachtet hatten, vollzieht sich auch hier: Weil jemand auf mich zählt, erwartet, daß ich mein Versprechen halte, fühle ich mich verpflichtet. Drittens schließlich entspricht die Verpflichtung, sein Versprechen zu halten, der Verpflichtung, die Institution der Sprache zu erhalten, in dem Maße, wie diese durch ihre treuhänderische Struktur auf dem Vertrauen eines jeden in jedermanns Worte beruht; in dieser Hinsicht erscheint die Sprache nicht nur als eine Institution, sondern als eine

7 Paris 1990; dt. u. d. Titel *Das Selbst als ein Anderer*, München 1996. Anm. d. Bearbeiterin.

Verteilungsinstitution: Verteilung des Wortes, wenn man so will. Im Versprechen dekken sich die triadische Struktur des Gesprächs und die triadische Struktur des Ethos gegenseitig ab. ...

Das Wer des Handelns weist die gleiche triadische Struktur auf wie das *Ethos* der Moral.

1. *Von der Selbstachtung zum Bewusstsein, Urheber seiner eigenen Handlung zu sein.* Einerseits gibt es keinen Handelnden, der nicht in der Lage wäre, sich selbst als verantwortlicher Urheber seiner Handlungen zu entwerfen. In diesem Sinne treffen wir hier wieder auf die beiden Komponenten der Selbstachtung: die Fähigkeit, intentional zu handeln, und jene, wirksame Veränderungen im Lauf der Dinge hervorzurufen; wir beurteilen uns selbst in erster Linie als Handelnde.
2. *Von der Fürsorge zur Interaktion.* Andererseits aber versteht sich die menschliche Aktion nur als *Interaktion* in unzähligen Erscheinungsformen, die von der Kooperation bis zum Wettbewerb und Konflikt variieren. Was man seit Aristoteles *Praxis* nennt, impliziert eine Vielzahl von Handelnden, die sich gegenseitig in dem Maß beeinflussen, wie sie gemeinsam Gewalt über die Ordnung der Dinge haben.
3. *Die Errichtung von Regeln des Handelns.* An dieser Stelle greift die dritte Komponente des Ethos ein: es gibt keine Handlung, die sich nicht auf das bezöge, was die Handlungstheorie Maßstäbe der Vortrefflichkeit nennt. Berufe, Spiele, Kunst, Technik können nicht definiert werden ohne Bezug auf (technische, ästhetische, juristische, moralische etc.) Vorschriften, die das Maß des Erfolgs oder Mißerfolgs einer bestimmten Handlung definieren. Nun kommen diese Vorschriften von sehr viel weiter her als jedes der handelnden Subjekte, jedes für sich genommen oder sogar in der Interaktion. Es handelt sich um Traditionen, die sicherlich durch ihren Gebrauch verändert werden können, die aber die Handlung in ein signifikantes und normiertes Ganzes einfügen, kraft dessen es möglich ist zu sagen, daß ein Pianist ein guter Pianist ist, ein Arzt ein guter Arzt. In diesem Sinne sind die in jenen Vortrefflichkeitsnormen enthaltenen evalutiven und normativen Strukturen *Institutionen*. ...

Ich möchte nun im letzten Teil meines Aufsatzes einige Worte zur narrativen Übermittlung sagen, die ich einschalten möchte zwischen der Ebene der *Praxis* und jener der Ethik, von der wir den ternären Rhythmus unserer Analysen entlehnt haben. Welche spezifischen Probleme wirft nun dieser Übergang für das Narrative auf? Im wesentlichen sind es Probleme, die mit der Bedeutung der Zeit für die Konstitution der Person verbunden sind. Man wird bemerkt haben, daß wir kein einziges Mal darauf Bezug genommen haben, weder in unserer Analyse des Gesprächs, noch in der der Interaktion, noch nicht einmal in unserer ternären Darstellung des *ethos*: Sorge für sich selbst, Sorge für den anderen, Sorge für die Institution.
Nun, was Probleme macht, ist das simple Faktum, daß die Person nur im System eines Lebens existiert, das von der Geburt zum Tod verläuft. Worin besteht das, was man einen Lebenslauf nennen kann? In philosophischen Begriffen ausgedrückt ist es das Problem der Identität. Was bleibt identisch im Lauf eines menschlichen Lebens? Offensichtlich setzt diese Frage jene nach dem Wer fort, mit der wir unsere Analyse des Handelnden als Subjekt der Handlung eingeleitet haben. Wer ist der

Handelnde? Würden wir fragen, und wir hätten auch schon fragen können: wer ist der Sprecher des Gesprächs? Wer spricht? Die Frage der Identität ist genau die nach jenem *Wer*. ...
Ich würde zunächst sagen, dass dem ersten Begriff unseres Dreiklangs des personalen *ethos*, der Selbstachtung, das Konzept der narrativen Identität entspricht, durch das ich die Kohäsion einer Person im Ablauf eines menschlichen Lebens definiere. Die Person entwirft sich selbst in der Zeit als die narrative Einheit eines Lebens. Diese Einheit reflektiert die Dialektik der Kohäsion und der Dispersion, die das Ränkespiel vermittelt. So könnte die Philosophie der Person von den falschen Problemen befreit werden, die der griechische Substantialismus hervorgerufen hat. Die narrative Identität entflieht der Alternative des Substantialismus: Unwandelbarkeit eines zeitlosen Kerns oder Zerstreuung in den Eindrücken, wie man bei Hume und Nietzsche sieht.
Zweitens hat das Element des Andersseins, das in unserem Dreiklang als zweites Moment unter der Bezeichnung Fürsorge auftaucht, sein narratives Aequivalent in der eigentlichen Konstitution der narrativen Identität, und zwar auf drei verschiedene Arten:

- Zunächst integriert die narrative Einheit eines Lebens die Dispersion, das Anderssein, gekennzeichnet durch den Begriff des Ereignisses mit seinem kontingenten und zufälligen Charakter.
- Weiter, und das ist vielleicht noch wichtiger, findet sich jede Lebensgeschichte – weit entfernt davon, sich auf sich selbst zurückzuziehen – verstrickt in alle Lebensgeschichten, an denen der einzelne beteiligt ist. In diesem Sinne ist die Geschichte meines Lebens ein Segment der Lebensgeschichte anderer Menschen, beginnend mit der meiner Eltern, fortgesetzt mit der meiner Freunde, und warum nicht, meiner Gegner. Was wir weiter oben über die Aktion als Interaktion gesagt haben, spiegelt sich im Konzept der *Verschachtelung der Geschichten*. Ich entlehne diesen Begriff von Wilhelm Schapp aus seinem Werk mit dem suggestiven Titel „Verschachtelt in Geschichten".
- Schließlich ist das Element des Andersseins mit der Rolle der Fiktion in der Konstitution unserer eigenen Identität verbunden. Wir erkennen uns selbst wieder in fiktiven Geschichten über Personen aus der Geschichte, aus der Legende oder dem Roman; in dieser Hinsicht ist die Fiktion ein riesiges Experimentierfeld für endlose Identifikationsarbeit, die wir uns selbst gegenüber verfolgen.

Ich möchte drittens sagen, daß der hier skizzierte Ansatz ebenso für die Institutionen gilt wie für die Personen als einzelne oder in Interaktionen. *Die Institutionen haben ebenfalls eine nur narrative Identität.* Das gilt bereits für die Institution der Sprache, die sich im Rhythmus von Tradition und Innovation entwickelt. Es gilt auch für alle Institutionen des täglichen Lebens, deren herausragende Persönlichkeiten gleichzeitig Produkte der Geschichte wie übergeschichtliche Modelle sind. Ich möchte gar nicht erst von der Erzählung selbst als Institution über narrative Formalismen sprechen, gestützt durch die Strukturanalyse der Erzählungen: die Erzählung ist in diesem Sinne selbst eine Institution, die Regeln gehorcht, für die ebenfalls die zeitliche Dialektik der Identität gilt. Ich möchte auf einem letzten Punkt insistieren: die Institutionen, im präzisesten Sinne des Begriffes, den wir gebrauchen, wenn wir juristische Regeln

auf sie anwenden, in dem Maße, wie sie für riesige Rollenverteilungssysteme gehalten werden können; diese Institutionen haben selbst keine andere Identität als eine narrative. In dieser Hinsicht können viele Debatten über die nationale Identität völlig verfälscht erscheinen durch die Unkenntnis der einzigen Identität, die Personen und Gemeinschaften zukommt, nämlich der narrativen Identität mit ihrer Dialektik von Selbstveränderung und Selbsterhaltung auf dem Wege des Eides und des Versprechens. Lassen Sie uns keine feste Substanz mehr hinter diesen Gemeinschaften suchen, aber lassen Sie uns ihnen auch nicht die Fähigkeit absprechen, sich mittels einer kreativen Zuversicht zu erhalten, die sich auf grundlegende Ereignisse bezieht, von denen sie in der Zeit begründet werden.
Ich halte ein in dem Augenblick, wo mich mein Gedanke zu meinem Ausgangspunkt zurückführt: das Ethos der Person, das durch den Dreiklang aus Selbstachtung, Fürsorge für den anderen und dem Wunsch nach Leben in gerechten Institutionen seinen Rhythmus findet.

10.3.4 Giuseppe Flores d'Arcais: Die Erziehung der Person[8]

Während Emmanuel Mounier als Begründer des modernen Personalismus gelten kann, kommt dem italienischen Kulturphilosophen und Pädagogen Giuseppe Flores d'Arcais (1908-2004) das Verdienst zu, das personalistische Denken in der Pädagogik heimisch gemacht zu haben. Der folgende Text findet sich in der deutschen Ausgabe seines Buches *Ragioni per una teoria personalistica della educazione*, in dem er systematisch die Argumente für eine personalistische Theorie der Erziehung entfaltet.

Es reicht nicht aus, nur von der Person zu reden; es kommt darauf an, genau zu präzisieren, *wie* man von ihr spricht. Entscheidend ist immer zu wissen, ob tatsächlich die *Einmaligkeit der Person* zum wirklichen Protagonisten der Erziehung wird. Um es mit aller Deutlichkeit zu sagen: Eine *Pädagogik der Person* hat wenig gemein mit reformpädagogischen Konzepten einer „Pädagogik vom Kinde aus“, und genauso wenig darf sie mit einem irrational überladenen pädagogischen Spontaneismus verwechselt werden; umgekehrt darf man sie auch und erst recht nicht mit jener Variante oder Modalität „Erziehungsgesellschaft“ in einen Topf werfen, die die pädago-

8 Giuseppe Flores d'Arcais: Die Erziehung der Person. Grundlegung einer personalistischen Erziehungstheorie, dt. Stuttgart 1991, S. 131f; 140f. u. S. 143f.

gische Aufgabe darin erblickt, die Person zur „Persönlichkeit“ zu machen, und damit erhebliche und nicht nur terminologische Schwierigkeiten nach sich zieht.
Allzu leicht wird übersehen, daß solche Perspektiven dem *Unpersonalen* von neuem Tür und Tor öffnen und es abermals als ersten Protagonisten der Erziehung einsetzen, so daß, wenn man nur einen Funken von logischer Folgerichtigkeit besitzt, die Person (d.h. der einzelne) ihren Wert von nirgendwo anders her beziehen könnte als von der Gesellschaft. In der Tat wird das kohärenterweise von einigen kollektivistischen Theorien auch behauptet, und bei Makarenko kann man diesen pädagogischen Standpunkt ganz unverblümt nachlesen. Wenn man aber jegliche Form von Konformismus vermeiden will, dann kann man von Erziehung nur in Begriffen der *Einzigartigkeit* und *Einmaligkeit* sprechen. Denn Konformismus bedeutet allemal Anpassung an andere, und diese anderen treten immer als etwas Objektives (und damit als Regel, Norm oder Wert) entgegen, und dieses will entweder als metahistorisch oder wenigstens als eine historische oder historisierbare Wirklichkeit gelten. *Die Person bildet sich gemäß ihrer einzigartigen „Struktur“; aber dieses Sich-Formen und eine Form Annehmen ist dasselbe wie sich zum Meister und Lehrer seiner selbst zu machen.* ...
Warum soll man sich für den „Personalismus“ entscheiden und nicht für eine andere Theorie? Wenn es hier etwas Objektives gibt (das zu historisch-empirischen Verifizierungen führen kann), von dem her sich bestimmte Interpretationen machtvoll aufzudrängen scheinen, dann muß man doch mit aller Klarheit sehen, daß es vor allem die „Probleme“ sind, die zur Entscheidung für die eine oder für die andere Theorie ausschlaggebend sind, wenn nicht zugleich auch für die Wahl der Methoden, Vorgehensweisen und Forschungstechniken. Man muß also jeweils diejenige Theorie wählen, die am geeignetsten erscheint, um das anstehende *Problem* lösen zu können.
Was sind also die essentiellen Fragen, die die Erziehung aufwirft? Gewiß sind es jene, die das *Subjekt* der Erziehung betreffen. Der Frage nach dem *Wer* kann man sich nicht entziehen. Auch in der Umgangssprache und in der Alltagserfahrung findet man bestätigt, daß die Erziehung sich immer dem einzelnen zuwendet und daß eine Erziehung nicht gleich der anderen ist, daß sich keine ein zweites Mal wiederholt, weil jede Erziehung eine Erziehung „nach Maß“ ist. Und noch einmal muß gesagt werden, daß die Erziehung den Konsens und die Zustimmung sucht; Zwang und Nötigung sind ihr wesensfremd. Erziehung ist Möglichkeit, nicht Notwendigkeit, und deshalb unterliegt sie dem Wagnis und Risiko, daß unter Umständen die beste Intention nicht ausreicht und das überzeugendste Programm nicht verwirklicht werden kann. In keiner menschlichen Praxis, die wir Erziehung nennen, ist einfach die mechanische Regel oder die schlichte Reiz-Reaktionskette (*stimulus-response*) möglich, bei der aus einem gegebenen *a* notwendig *b* folgt. Wie könnte es also geschehen, daß das erzieherische *Handeln* und mehr noch der erzieherisch *Handelnde* zu seinem gewünschten Ergebnis gelangt? ...
Es erscheint notwendig, das erzieherische Verhalten zu allererst zu *entideologisieren*, um zu jener geistigen Klarheit zu kommen, die unerläßlich ist für eine begründete Handlungsentscheidung. Bliebe man aber dabei stehen, hätte man noch lange nicht die *Gefahr des Individualismus* gebannt, nicht jenes solipsistischen, bei dem man sich in sich selbst verschließt und zu einem Dialog mit anderen allenfalls unter dem Vorbehalt der Toleranz bereit ist, und auch nicht jenes gesetzesbrecherischen,

bei dem sich der einzelne eine ungeheure Machtfülle anmaßt: politisch, indem man zur Tyrannei oder zum Terror greift, pädagogisch, indem man sich auf die bloße Amtsautorität stützt.
Es liegt nur allzu offen zutage, daß sich der erzieherische Bezug in allen diesen und in ähnlichen Fällen ganz und gar einlinig darstellt, so daß die Abhängigkeit des Educandus (und Schülers) von einem anderen seine Autonomie beschneidet und gleichzeitig seinen personalen Wert mindert. Ohne die volle Anerkennung des anderen als *Person*, will man da überhaupt von Erziehung reden? Wenn dieser Wert aber, wie wir gezeigt haben, das Primum darstellt, dann ergibt sich die logische Forderung, der erzieherische Bezug habe einen „Freiraum" zu schaffen und zu gewährleisten, in dem eine dialogische Konfrontation der verschiedenen Standpunkte (auch der Streitpunkte) stattfinden kann, die einerseits vom Erzieher her und andererseits vom Educandus, aber auch von einer sich hartnäckig behauptenden Tradition hier und dem Bedürfnis nach *Veränderung* und *Innovation* dort vertreten und vorgebracht werden.

Es liegt auf der Hand, daß der erzieherische Freiraum in erster Linie die Möglichkeit bietet, daß beide – Erzieher und Educandus – ihr eigenes Personsein als Wert bezeugen. Das führt zum gegenseitigen Respekt und zur Anerkennung der gleichen personalen Würde bei Erzieher und Educandus. Diese Anerkennung und Respektierung bildet die im echten Wortsinne personalistische Grundlage für jede weitere Überlegung. ...
Indem man lebt, hat man die Möglichkeit, Ziele zu verwirklichen, und diese kommen in einer personalen Dynamik zum Ausdruck, die die Person immer besser auf die Anforderungen ihrer Individualität antworten läßt, in der ihr personaler Wert beschlossen liegt. Diese Identität wird nicht ein für allemal aufgebaut; sie ist andauernd aufs neue zu bestärken, zu bewähren und noch zuvor als ein Lebensplan zu entwerfen. In diesem wird die Verantwortung für den Menschen eins mit der *Verpflichtung zur Erziehung.*

10.3.5 Winfried Böhm: Schon das Kind ist Person[9]

Winfried Böhm (geb. 1937) war von 1974-2005 Professor für Pädagogik an der Universität Würzburg und lehrte an Universitäten in Italien, Südamerika und den USA. Er vertritt eine dem modernen Personalismus, aber auch der Geisteswissenschaftlichen Pädagogik verpflichtete Pädagogik, die ihr Maß im menschlichen Personsein sucht. Der folgende Text ist einem Aufsatz entnommen, in dem der Autor verschiedene Theorien der frühkindlichen Erziehung

9 Winfried Böhm: Theorie der frühkindlichen Erziehung, in: B. Fuchs/ W. Harth-Peter (Hrsg.): Alternativen frühkindlicher Erziehung. Von Rousseau zu Montessori, Würzburg 1992, S. 27-30.

diskutiert und Momente des personalistischen Denkens im Hinblick auf das Kind erörtert.

Mit dem Bild des Kindes, das seinen Weg selbst wählt und selbständig geht, erreicht die Theorie der frühkindlichen Erziehung eine weitere Dimension. Die dem pädagogischen Alltagsverstand so vertraute Vorstellung von dem quasi mechanischen Zusammenwirken von Anlage und Umwelt, von *nature and nurture*, von Begabung und Lernen, und das dem erfahrungswissenschaftlichen Zugriff so geläufige Modell einer „Legierung" von genetischer Ausstattung und einwirkenden Umwelteinflüssen, so daß das kindliche Individuum gleichsam am vektorialen Schnittpunkt beider „entsteht", wird verlassen, und das Augenmerk richtet sich darauf, was das Kind selber will, was es selber wählt, was es selber hervorbringt, was es selber gestaltet, was es selber aus sich macht. Während jener Standpunkt von der Gegebenheit von Anlagen und Umwelteinflüssen ausgeht, und für ihn mithin die pädagogische Alternative nur Entwicklung oder Einwirkung, *development* oder *instruction* lauten kann und allenfalls eine Amalgamierung beider (etwa im Sinne Deweys und der *progressive education*) denkbar ist, die auf eine Individualisierung im Dienste der gesellschaftlichen Entwicklung hinausläuft, geht diese Auffassung von frühkindlicher Erziehung davon aus, daß es in erster Linie um Freiheit zu tun ist, die niemals vorhanden ist, weder als Anlage noch gar als Natur, sondern immer Setzung und Aufgabe bleibt. Von dieser Perspektive her läßt sich die Erziehung des Kindes weder als Entwicklung von Vorhandenem (eben „Angelegtem") noch als die herstellende Einwirkung von außen (also als „Manipulation") und genauso wenig als das wechselseitige Aufeinanderwirken (also eine mechanische Interaktion) erschöpfend begreifen, sondern es geht darüber hinaus genau um das Eigenschöpferische, das personal Hervorgebrachte, die Distanz von der eigenen Natur ebenso wie von den umgebenden Verhältnissen, näherhin um die Einkehr aus dem Fremdmaßstäblichen ins Eigene. Am künstlerischen Schaffen und am spielenden Menschen wird am besten deutlich, was gemeint ist: aus Anlaß von Gegebenem und in der Auseinandersetzung mit Vorhandenem (Natur und Kultur, individuelle Neigungen und gesellschaftliche Erwartungen, Impulse und Normen etc. etc.) muß das Kind Schritt um Schritt, Wahl für Wahl, Entscheidung nach Entscheidung, Handlung auf Handlung eine eigene Ordnung ausbilden, so wie der Künstler und die Spieler sich ihre eigene Ordnung geben, sie ins Werk setzen oder miteinander erspielen. Dabei kann das künstlerische Schaffen ebenso wie das Spiel gelingen und glücken, aber es kann gleichwohl mißlingen und scheitern.

Daß hier nicht vom Menschen als (naturbestimmtem) *Individuum* und nicht vom (gesellschaftsbestimmten) *Rollenspieler* die Rede ist, sondern vom Menschen als (sich selbst bestimmende) *Person*, ist offenkundig. So wie die geistesgeschichtliche Wurzel des Personbegriffs eine zweifache ist – nämlich ein substantielles Verständnis des Menschen als Selbststand und Selbstmächtigkeit einerseits und ein relationales Verständnis des Menschen als Bezogenheit auf ein Du und als Auf-andere-hin-Sein andererseits, so ist auch die Aufgabe der Erziehung eine zweifache: auf der einen Seite die Offenheit und grundsätzliche Beweglichkeit und Veränderung des Kindes wachzuhalten, auf der anderen Seite die Stetigkeit der Orientierung und die Identität der Wahlen und Entscheidungen zu befördern. Das Gemeinte erschließt sich, wenn wir einen Begriff Fröbels zur Verdeutlichung heranziehen. Für Fröbel hat alles Seiende seinen „Beruf"; heute würde man eher sagen: seine „Berufung". Während die Dinge ihrer Berufung naturnotwendig nachkommen (z.B. der Baum seinem Baumsein), hat der Mensch seine Berufung zu erkennen und anzuerkennen, d.h. mit Bewußtsein zu ergreifen und in Freiheit zu vollziehen. Einsicht und Freiheit sind die unzerstörbaren Stützpfeiler der Erziehung, und zwar prinzipiell, d.h. von ihrem ersten Anfang bis zu ihrem letzten Endpunkt, wenn es überhaupt einen solchen gibt.

Die Berufung einer Person meint nicht etwas Festes, nicht etwas ein für allemal Ausgemachtes. Sie ist etwas, das sich erst langsam erschließt, indem der Mensch mit dem „Material" seiner Möglichkeiten spielt, indem er seine Entscheidungen und Wahlen in eine bestimmte Richtung lenkt, sich dabei selber treu bleibt und so seine Identität als Person über allen Wechsel der Verhältnisse und Zeitläufe hinweg offenbar werden läßt. Emmanuel Mounier hat genau für diese Leistung der Person den Begriff der Berufung verwendet: „Diese fortschreitende Vereinheitlichung aller meiner Handlungen und durch sie meiner Persönlichkeiten und Zustände ist die eigentliche Tat der Person. Es ist das keine systematische und abstrakte Vereinheitlichung, es ist vielmehr die fortschreitende Entdeckung eines geistigen Lebensprinzips, das nicht zerstört, was es ergreift, sondern es bewahrt und vervollkommnet, indem es dasselbe aus dem Innern wiederschafft. Dieses lebendige und schöpferische Prinzip nennen wir bei jeder Person ihre *Berufung*. Ihr Hauptwert besteht nicht darin, daß sie einzigartig ist, denn, indem sie den Menschen auf eine einzigartige Weise charakterisiert, gleicht sie ihn der Menschlichkeit aller Menschen an. Aber wie sie vereinheitlicht, so ist sie auch *einzigartig noch obendrein*. Das Ziel der Person ist für sie auf eine gewisse Art innerlich: Es ist die ununterbrochene Verfolgung dieser Berufung."

Es liegt auf der Hand, daß ein Erziehungsprozeß, der das Kind ermutigen will, seine Berufung zu erkennen und in Freiheit zu verwirklichen, nicht anders gedacht und praktiziert werden kann denn als *Dialog*. Dabei darf nur der Begriff des Dialogs nicht ungebührlich eingeschränkt werden, sondern muß grundsätzlich alle „Sprachen" einschließen, in denen sich menschliche Kommunikation ereignen kann, und er darf nicht nur Hochformen einfassen, sondern muß auch schon seine Vorformen einbeziehen. Dialog ist dann der deontologische Diskurs über ein ethisches Problem ebenso wie das erste Lächeln oder der erste Schrei eines Säuglings, das zementierte Gesetz ebenso wie ein freundlicher Gruß, das theologische Dogma ebenso wie eine flüchtige Geste, eine Unterrichtseinheit ebenso wie ein gelegentlicher Denkanstoß, die Literatur ebenso wie die Mode, die beispielhafte Repräsentanz von Werten ebenso wie eine beiläufige Ermahnung etc. etc. Erzieherisch bedeutsam ist nur, daß dieser Dialog, sofern er ein pädagogischer sein will, sein letztes Kriterium in der Erweckung und Ermutigung der Person des Kindes findet und Einsicht und Freiheit als die unverzichtbaren Bedingungen seiner Erziehung anerkennt, d.h. auf die Aktuierung der Person gerichtet ist. Aktuierung will dabei besagen, daß das Kind potentiell, d.h. der Möglichkeit nach, immer schon Person ist, es aber aktuell, d.h. der Wirklichkeit nach, erst *werden soll*.

Das Modell von Potenz und Akt hebt den Gegensatz zwischen einem statischen und einem aktuellen Personenbegriff auf und läßt die Erziehungsaufgabe genau in dieser Spannung zwischen dem, was das Kind *ist*, und dem, was es werden *soll*, erkennen. Erziehung ist dann jede Hilfe, die dem Kinde ermöglicht, sein Personsein zu aktuieren und somit selbständiger, mündiger, freier, verantwortlicher zu werden und mit sich selbst in Übereinstimmung zu leben, d.h. seine eigentümliche Identität und personale Einmaligkeit auszuprägen, geschehe das nun durch die exemplarische Repräsentanz von Werten, durch Beispiele gelebten Lebens (einschließlich Lehre und Unterricht), durch den argumentativen Dialog oder durch andere Maßnahmen einer personalen Erziehung.

10.3.6 Nel Noddings: Warum sollten wir uns ums Sorgen sorgen?[10]

Die nordamerikanische Philosophin Nel Noddings (geb. 1929) hat sich weltweit damit einen Namen gemacht, dass sie eine neue Ethik und eine neue Theorie der sittlichen Erziehung von dem von ihr als „feminin" (nicht „ feministisch") qualifizierten Prinzip des *Caring* her ausgearbeitet hat. Dabei knüpft ihr Begriff des *Caring*[11], der im deutschen nur mangelhaft mit „Sorge" übersetzt werden kann, unverkennbar an das Denken des modernen Personalismus an. Auf die eminente pädagogische Relevanz ihres Ansatzes weist bereits ihre fundamentale Unterscheidung zwischen den am Sorgen Beteiligten hin: der „Sorgende-Teil" und der „Umsorgte-Teil". Ihre aus der Perspektive der Mutter heraus entwickelte Ethik ist eine Ethik der Reziprozität, und das erzieherische Verhältnis ist für Noddings eine grundsätzlich interpersonale Beziehung.

Zum Sorgen gehört ein Heraustreten aus unserem eigenen persönlichen Bezugsrahmen und ein Sich-Hineinbegeben in den Bezugsrahmen des anderen. Wenn wir sorgen, ziehen wir den Standpunkt des anderen in Betracht, wir erwägen seine objektiven Bedürfnisse und was er sich von uns erwartet. Unsere Aufmerksamkeit, unser geistiges Engagement richtet sich auf den Umsorgten-Teil und nicht auf uns selbst. Unsere Gründe zu handeln haben also sowohl mit den Wünschen und Bedürfnissen des anderen als auch mit den objektiven Elementen seiner problematischen Situation zu tun. Wenn eine streunende Katze gesund und relativ sicher ist, werden wir sie nicht in ein Tierheim abschieben; statt dessen werden wir Futter und Wasser zur Verfügung stellen und ihre Freiheit ermöglichen. Warum sollten wir sie zum Tode verdammen, wenn sie die Freiheit eines Vagabundenlebens genießen

10 Nel Noddings: Warum sollten wir uns ums Sorgen sorgen? In: H. Nagl-Docekal/ H. Pauer-Studer (Hrsg.): Jenseits der Geschlechtermoral. Beiträge zur feministischen Ethik, Frankfurt a.M. 1993, S. 164-166.

11 Ihr gleichnamiges und für ihre Position grundlegendes Buch erschien 1986 in Berkeley (California).

könnte? Wenn wir jedoch geistig mit uns beschäftigt sind – wenn wir im Grunde noch nie unseren eigenen a priori Bezugsrahmen verlassen haben –, dann weisen unsere Gründe zu handeln auf uns selbst zurück und nicht nach außen auf den Umsorgten-Teil hin. Wenn wir wollen, daß man uns für einen sorgenden Menschen hält, dann handeln wir oft routinemäßig so, daß man uns das leicht abkauft.

Das gibt uns als Außenseitern der Beziehung eine wenn auch sicher nicht unfehlbare Möglichkeit, Beaufsichtigung und Fürsorge als Zeichen echten Sorgens zu beurteilen. Zu sorgen bedeutet, nicht gemäß fixen Regeln, sondern aus Zuneigung und Achtung zu handeln. Es scheint also naheliegend, daß die Handlungen eines Sorgenden-Teiles eher unterschiedlich ausfallen und nicht so sehr regelgebunden wirken; das heißt, ihre Handlungen werden, während sie in einem globalen Sinn vorhersagbar sind, im Detail nicht vorhersagbar sein. Unterschiedlichkeit ist zu erwarten, wenn eine, die von sich behauptet, zu sorgen, auch wirklich sorgt, denn ihr tiefes Engagement liegt beim sich verändernden und niemals vollständig zu verstehenden Anderen, beim Anderen als einem besonderen, in einem besonderen Gefüge von Umständen. Ein von Regeln gebundenes Antworten, das im Namen von Sorgen geschieht, legt den Verdacht nahe, daß der so Redende eigentlich mehr darauf aus ist, für sein Sorgen Anerkennung zu finden.

Als Sorgender-Teil zu handeln heißt also, mit spezieller Achtung für die besondere Person in einer konkreten Situation zu handeln. Wir handeln nicht, damit wir für uns selbst ein Lob bekommen, sondern um den Umsorgten-Teil zu schützen und sein Wohlergehen zu befördern. Da wir uns zum Umsorgten-Teil hingezogen fühlen, wollen wir so handeln, daß es ihm gefällt. Aber wir wollen ihm zu seinem eigenen Nutzen und nicht im Hinblick auf ein Versprechen, daß er unsere Großzügigkeit dankbar beantworten wird, einen Gefallen tun. Selbst diese Motivation – so zu handeln, daß die Glückseligkeit und das Vergnügen des Umsorgten-Teiles erhöht werden – muß nicht ein sicheres äußeres Zeichen des Sorgens sein. Manchmal sind wir im Konflikt, ob das, was der Umsorgte-Teil wünscht und was wir als das beste für ihn betrachten, übereinstimmen. Als sorgende Eltern können wir zum Beispiel nicht immer so handeln, daß unsere Kinder darauf unmittelbar lustvoll oder erfreut reagieren, und wenn wir so handeln, kann es wiederum den Wunsch ausdrücken, für unser Sorgen anerkannt zu werden.

Der Sorgende-Teil wünscht das Wohlergehen des Umsorgten-Teiles und handelt (oder unterläßt eine Handlung – verpflichtet sich innerlich), um dieses Wohlergehen zu fördern. Sie steht dem Anderen positiv gegenüber. Ein Beobachter kann jedoch das zentrale Motiv nicht sehen und die Zeichen des Verhaltens falsch interpretieren. Der Beobachter muß dann das Sorgen zum Teil nach dem folgenden beurteilen: Erstens führt die Handlung (wenn eine erfolgt ist) entweder zu einem günstigen Resultat für den Umsorgten-Teil oder scheint ein solches Resultat mit größter Wahrscheinlichkeit zu folgen; zweitens zeigt der Sorgende-Teil eine charakteristische Vielfalt in seinen Handlungen – sie handelt in einer nichtregelgebundenen Art im Interesse des Umsorgten-Teils.

Wir werden beträchtliche Zeit und Mühe für die Diskussion nichtregelgebundenen, sorgenden Verhaltens aufbringen müssen. Es ist sicherlich nicht meine Absicht, willkürliches und extravagantes Verhalten zu unterstützen, sondern eher ein Verhalten, das der Inkonsistenz ähnlich ist, die vor vielen Jahren von Ralph Waldo Emerson propagiert wurde; eine Art Verhalten, die nicht durch eine Menge enger und starr definierter Prinzipien, sondern eine breiträumig und offen definierte Ethik bestimmt ist, eine Ethik, die sich von selbst in Situationen formt und die menschlichen Gemütsbewegungen, Schwächen und Ängsten gegenüber eine angemessene Achtung zeigt. Von einer solchen Ethik empfangen wir keine Vorschriften, wie wir uns unter gegebenen Umständen zu verhalten hätten, sondern wir fühlen uns irgendwie dahingehend aufgeklärt, welche Arten von Fragen wir (uns selbst und anderen) in den verschiedenen Arten von Situationen stellen sollten und wo wir nach den geeigneten Antworten suchen könnten. Eine solche Ethik versucht nicht, das Bedürfnis nach menschlichem Urteil mit einer Reihe von »Du sollst« und »Du sollst nicht« zu reduzieren. Vielmehr trägt sie dem Umstand Rechnung, daß es Situationen und Bedingungen gibt, in welchen ein Urteil (im unpersönlichen und logischen Sinn) rechtmäßig zugunsten von Glauben und Verpflichtung beiseite gestellt werden mag.

10.4 FRAGEN ZU DEN TEXTEN

Um Ihr Verständnis der Texte zu vertiefen, empfehlen wir Ihnen die Beantwortung folgender Fragen:

(a) Was versteht Mounier unter dem Begriff der Person? Was meint seine „Idee des Personalismus“?
(b) Was versteht Guardini unter der Person im eigentlichen Sinne?
(c) Ricœur erörtert das Problem der Person im Kontext des gegenwärtigen Denkens, indem er – phänomenologisch-hermeneutisch – eine ternäre Struktur des Handelns, der Sprache und der Institutionen aufzeigt. Welche Konsequenzen ergeben sich von daher für ein personales Verständnis der Erziehung?
(d) Welche Momente sind nach Flores d'Arcais für eine personale Erziehung unerlässlich und konstitutiv?
(e) In welcher Hinsicht erörtert Böhm eine personalistische Theorie der Erziehung?
(f) Inwiefern bringt der von Noddings eingeführte Begriff des „Caring“ ein unverzichtbares Moment aller Erziehung zum Ausdruck?

10.5 SCHLUSSFOLGERUNG

Ziel dieses abschließenden Kapitels war es, ein pädagogisches Prinzip zu finden, das zugleich als *Maßgabe für die Erziehung* dienen kann und an dem alle einzelnen Schritte und Handlungen zu ermessen wären. Im Ausgang vom modernen Personalismus wurde dieses „Maß" nicht außerhalb des Menschen, sondern im Verständnis des Menschen als Person aufgesucht und gefunden.

Die 2500jährige Geschichte der abendländischen Pädagogik resümierend und dabei ihre drei wichtigsten Bausteine – antike Philosophie, jüdisch-christliches Denken und die verschiedenen Aufklärungen – zusammenfassend, lässt sich abschließend (und quasi als Resümee) ein Verständnis des Menschen als Person formulieren, das in der Tat ein „Maß" für die Erziehung enthält.

Die Aktualisierung der Person

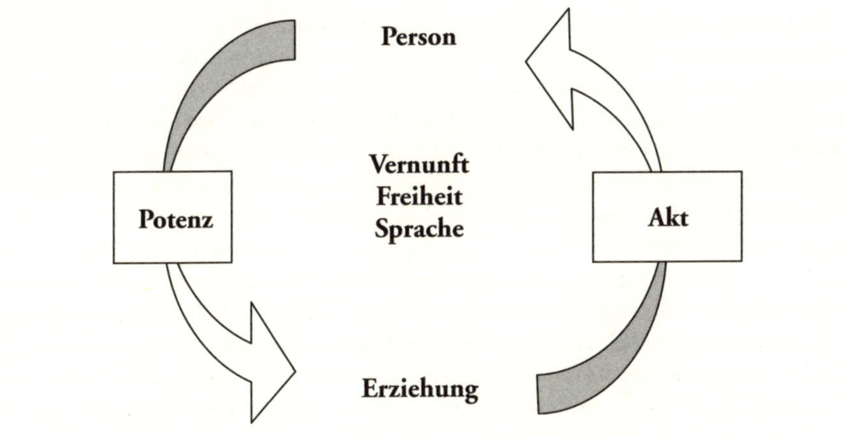

Weit ausholend von dem jüdisch-alttestamentlichen Gedanken der Erschaffung des Menschen nach dem *Bild* und zum *Gleichnis* eines personalen Schöpfergottes, der sich als ein solcher durch Vernunft, Freiheit und Sprache auszeichnet,[12] lässt sich diese Erschaffung zunächst als eine passive Prägung (nach einem „Bild") verstehen, die den Menschen nur potentiell (= der Möglichkeit nach) mit den drei genannten Fähigkeiten ausstattet. Dieser *mögliche* Mensch ist grundsätzlich dazu geschaffen, sein Leben vernünftig, frei und kommunikativ (im Dialog mit den anderen) zu gestalten und selbst zu bestimmen. Ziel der Personwerdung ist es – in der Sprache der abendländischen Pädagogik von Platon und Augustinus über Rousseau und Schleiermacher bis zu Mounier und Noddings formuliert – diesen möglichen Menschen *wirklich*, d.h. „aktuell" werden zu lassen. Diese „Erwirklichung" (Aktuierung) geschieht in der Weise, dass der Mensch von den Möglichkeiten seiner Vernunft, Freiheit und

12 Wer etwas (er)schafft, bedarf dazu einer vernünftigen Idee, er tut es „aus eigenem Ratschluss" und teilt diese Schöpfung im Wort mit: „Im Anfang war das Wort."

Sprache tatsächlich Gebrauch zu machen lernt und auf diese Weise Schritt für Schritt immer vernünftiger, freier und kommunikativer – mit einem Wort: immer „mündiger“ wird. Erziehung erscheint von dieser Perspektive her als jene Hilfe, die dem Menschen vom Anfang seines Lebens bis an sein Ende zuteil wird, damit er sein potentielles Personsein immer mehr aktuiert, d.h. aus einer schlummernden Möglichkeit in eine gelebte Wirklichkeit überführt. Dass diese prinzipielle Erziehungsarbeit immer nur unter den je besonderen konkreten und allemal kontigenten Bedingungen natürlicher, sozialer, ökonomischer, politischer u.a. Art geleistet und zum Erfolg geführt werden kann, versteht sich für das realistische (und weder materialistisch noch idealistisch verkürzte) Menschenbild des modernen Personalismus von selbst.

Dass Erziehung aus dieser prinzipiellen Sicht grundsätzlich Wagnis und Risiko einschließt und sich nicht vollständig verwissenschaftlichen und technologisieren lässt, erscheint ebenso offenkundig, wie auf der anderen Seite die objektive Feststellung und nüchterne Analyse der im konkreten Erziehungsfall gegebenen Bedingungen für ihr Gelingen unerlässlich ist.

Es wäre gewiss ein Irrtum, wollte man die Berechtigung und Tragweite dieser personalistischen Perspektive nur auf den engen Raum interpersonaler Begegnungen (wie z.B. Liebe, Freundschaft oder Elternschaft) beschränken und einengen. Dem sind alle personalistischen Denker (vgl. in diesem Buch die Texte von Ricœur und Noddings) mit aller Entschiedenheit entgegentreten und haben betont, dass die Achtung vor der personalen Einmaligkeit und Einzigartigkeit und die menschliche Sorge für die andere Person auch in der öffentlichen Erziehung nicht erstickt oder gar aus ihr eliminiert (man könnte auch sagen: „herausnormiert“ oder „herausstandardisiert“) werden dürfen, wenn diese ihren Charakter als eine menschliche Praxis nicht verlieren soll. Es wäre gewiss ein noch größerer Irrtum, wollte man dieses personalistische Modell auf einen religiösen Denkumkreis einschränken oder es gar als eine Art von Krypto-Theologie missdeuten, begründet es doch keinen einzigen Gedanken theologisch, sondern zieht vielmehr die Summe aus einer langen und im Grunde unausschöpfbaren Geschichte abendländischen Erziehungsdenkens.

10.6 WEITERFÜHRENDE LITERATUR

Winfried, Böhm: Geschichte der Pädagogik. Von Platon bis zur Gegenwart, München ^{4}2013.

Sabine Seichter: „Person“ als Grundbegriff der Erziehungswissenschaft, in: Vierteljahrsschrift für wissenschaftliche Pädagogik, 88 (2012), S. 309-318.

Axel Honeth/ Beate Rössler (Hrsg.): Von Person zu Person. Zur Moralität persönlicher Beziehungen, Frankfurt a. M. 2008.

Gabriele Weigand: Schule der Person. Zur anthropologischen Grundlegung einer Theorie der Schule, Würzburg 2004.

Waltraud Harth-Peter/ Frithjof Grell/ Ulrich Wehner (Hrsg.): Prinzip Person. Über den Grund der Bildung, Würzburg 2002.

Winfried Böhm: Entwürfe zu einer Pädagogik der Person, Bad Heilbrunn 1997.

Dieter Sturma: Philosophie der Person. Die Selbstverhältnisse von Subjektivität und Moralität, Paderborn 1997, ^{2}2008.

Antworten

auf die zu den Texten gestellten Fragen

1. Kapitel: Platon oder: Wo liegt der Anfang der Erziehung?

(a) Platon wählt die Form des Dialogs, um deutlich zu machen, dass sich Einsicht und Erkenntnis im Miteinander-Nachdenken und Miteinander-Sprechen einstellen. Indirekt weist Platon mit dieser Darstellungsweise darauf hin, dass die Pädagogik aus dem Nachdenken und Sprechen über Erziehung erwächst.

(b) Die Erziehung beginnt als eine Befreiung aus den Fesseln der eigenen Erfahrung und des scheinbar selbstverständlichen landläufigen Meinens. Sie stellt eine Abwendung von dem Gewohnt-Gewöhnlichen und eine Umwendung zu Neuem und Ungeahntem dar. Sie vollzieht sich als Aufstieg aus dem Dunkel der Höhle in die Helle und Offenheit der Welt draußen. Wenn wir beispielsweise davon sprechen, etwas leuchte uns ein, verdankt sich diese Rede bis heute der platonischen Lichtmetapher.

(c) Die Gefangenen in der Höhle wetteifern, wer die vorbeiziehenden Schatten am genauesten beobachten, wer die Regelmäßigkeit ihres Auftretens am besten erfassen und wer ihr Wiedererscheinen am zuverlässigsten voraussagen kann. Platon bezeichnet damit die bis heute konstitutiven Elemente „erfahrungswissenschaftlicher" Forschung: Beobachtung, Statistik und Prognose.

(d) Erziehung ist für Platon insofern mit Schmerzen verbunden, als das Verlassen des Gewohnt-Gewöhnlichen und der Verzicht auf die vermeintliche Sicherheit dessen, worin man sich „eingehaust" hat, schmerzhaft empfunden wird und der risikohafte Ausgang in die Welt des Unbekannten und Unsicheren mit Furcht verbunden ist.

(e) Platons Unterscheidung bedeutet im Hinblick auf die Erziehung die Herausforderung, nicht einfach das als Erziehung hinzunehmen, was man landläufig und gemeinhin dafür hält oder was sich in erzieherischen Einrichtungen (Familie, Kindergarten, Schule etc.) abspielt und ereignet. Dagegen erhebt sie die Forderung, über Erziehung nachzudenken, nach ihren Gründen zu fragen und sich über ihre Grundsätze (Prinzipien, ihre „Idee") klar zu werden.

(f) Als „Schatten" kann man sich eine Erziehung vorstellen, die nur unbedachten Gewohnheiten, zufälligen Erfahrungen oder gängigen Ansichten über Erziehung folgt. „Dingen" entspräche eine Erziehung, die sich mit der Erziehungswirklichkeit selbst auseinandersetzt. „Hypothesen" entspräche eine Erziehung, die sich Gedanken macht, Fragen stellt und zur Ansicht von Problemen aufsteigt. Der Stufe der „Idee" nähert sich eine Erziehung, die nach ihren Gründen fragt und sich an Prinzipien zu orientieren sucht.

2. Kapitel: Aurelius Augustinus oder: Darf sich jemand Erzieher oder Lehrer eines anderen nennen?

(a) Weil Wort und Sache nicht identisch sind, denn Worte sind – wie bereits Platon unterschied – *thesei* (= durch Vereinbarung entstanden) und nicht *physei* (= aus der Natur der Sache heraus gegeben). Also lernen wir aus Worten nur, wenn wir die von ihnen bezeichneten Sachen bereits kennen; dann aber lernen wir nichts, denn wir kennen sie ja schon.
(b) Sinnlich wahrnehmbare Dinge lernen wir mit Hilfe unserer Sinne; Informationen glauben wir den Informanten (ohne dass wir sie dabei wirklich lernen); Vernunfterkenntnisse „lernen" wir durch unsere eigene Vernunfttätigkeit (z.B. durch Prüfung der vorgebrachten Argumente.)
(c) Die Antwort können nur Sie selbst geben!
(d) Vieles, was Schüler und Zöglinge von ihren Lehrern und Erziehern zu lernen scheinen, glauben sie ihnen nur. Das Lernen von Dingen und die eigene Einsicht und Erkenntnis können Lehrer und Erzieher nur indirekt anleiten: durch Präsentation bzw. Repräsentation von Dingen bzw. Argumenten.
(e) Für den Philosophen Augustinus ist es die Vernunft, für den Theologen Augustinus ist es Gott, der im innersten Menschen wohnt.
(f) In einer Umkehrung vieler unserer gängigen pädagogischen Grundvorstellungen; in der Umgewichtung der Erziehung von einer Fremdbestimmung zur Selbstgestaltung der Person und insgesamt durch eine Verlagerung des pädagogischen Blicks auf die Welt im Menschen statt auf den Menschen in der Welt.
(g) Die grundsätzliche Andersheit und Fremdheit des Anderen schließt (moralisch gesehen) sowohl Stellvertretung aus (der Erzieher kann nicht „stellvertretend" für den Zögling handeln) als auch die Möglichkeit direkter Einwirkung. Dagegen verlangt sie gegenseitigen Respekt und die Anerkennung des Anderen.
(h) „Totengräber", mögen sie gleich noch so liebenswert sein, sind für Steiner alle Lehrer und Erzieher, die ihre Schüler und Zöglinge mit totem Wissen füttern, statt sie zu eigenem Fragen und Suchen wachzurufen.
(i) Sie weckt auf lange Sicht die Neigung, einem Führer zu folgen, und sie stärkt die Bereitschaft, sich jedem System zu fügen.

3. Kapitel: Johann Friedrich Herbart oder: Welchen Nutzen hat die pädagogische Theorie für die erzieherische Praxis?

(a) Pädagogik als Wissenschaft (die Theorie) besteht aus einem systematischen Gefüge von begründeten Gedanken und Lehrsätzen, die Kunst der Erziehung (also die Praxis) besteht in Fertigkeiten und Handlungsweisen. In der Theorie zählt die Begründung, in der Praxis der Erfolg.

(b) Ungelernte Erzieher arbeiten mit Zufall, Sympathie oder Elternliebe; ausgelernte Erzieher müssen ihre Zöglinge distanzierter betrachten und jeden von ihnen angemessen zu behandeln wissen (und wollen).

(c) Weil der Erzieher aus der Erfahrung allein insofern nicht genügend lernt, als die Erfahrung immer zufällig und beschränkt ist und ihm nicht die Kritik seines Handelns mitliefert.

(d) Unter Takt versteht Herbart die Fähigkeit, allgemeine Kenntnisse und Regeln auf den je besonderen Fall zu beziehen und damit Theorie (die immer allgemein ist) und Praxis (die immer eine je besondere ist) zu „vermitteln". (Neben Herbarts Begriff des Takts ist die Bezeichnung „Urteilskraft" viel geläufiger.)

(e) Die Wissenschaft (Theorie) bietet Fragestellungen, Gesichtspunkte und Problemsichten an, mit deren Hilfe die Praxis befragt, betrachtet und analysiert werden kann, um sie besser zu begreifen und besser in den Griff nehmen zu können.

(f) Während es die Praxis immer mit *einem* speziellen Fall zu tun hat, will die Wissenschaft für und auf *alle* Fälle gelten. Die Wissenschaft nimmt in ihrer Allgemeinheit keinen einzigen konkreten Fall vorweg, und sie deckt andererseits Fälle ab, die dem künftigen Praktiker wahrscheinlich nie begegnen werden.

(g) Während das Verharren im praktischen Zirkel nur zum (gedankenlosen) „Schlendrian" verleitet und auch das Modell des hermeneutischen Zirkels nicht zu neuen Einsichten und Vorhaben führt, und während die Realisierung des technologischen Modells nicht nur grundsätzlich unerreichbar, sondern auch pädagogisch inakzeptabel ist, trägt allein das vierte Modell der Tatsache Rechnung, dass praktische Entscheidungen allein vom Gewissen der Handelnden getroffen und verantwortet werden können, diese dazu aber einer erziehungswissenschaftlichen Orientierung bedürfen.

(h) Das technologische Modell hat nur dort sein Recht, wo es um eine Subjekt-Objekt-Beziehung geht, nicht dagegen in einer Subjekt-Subjekt-Beziehung, um die es sich beim erzieherischen Verhältnis allemal handelt.

(i) Hannah Arendt weist auf die neuzeitliche Umdeutung und Umwertung des praktischen Tuns in herstellendes Machen hin und erklärt sie aus dem argwöhnischen Misstrauen gegenüber den Risiken der Praxis und dem Wunsch, auch die menschlichen Angelegenheiten poietisch-technisch zu beherrschen. In Pädagogik und Politik darf aber nie der Satz gelten, der Zweck heilige die Mittel.

4. Kapitel: Friedrich Daniel Ernst Schleiermacher oder: In welchem Maße ist Erziehung planbar und machbar?

(a) Schleiermacher bezieht sich mit den beiden Begriffen auf die natürliche Ausstattung und Teleologie des Menschen sowie auf die durch das Gemeinschaftsleben gegebenen gesellschaftlichen Einwirkungen. Dieses Doppel-Verhältnis ist ein unaufhebbares. Die Pole können aber – in der Theorie ebenso wie in der Praxis – unterschiedlich gewichtet werden.

(b) Die persönliche Eigentümlichkeit des einzelnen bezeichnet alles, was diesen zu einem „Anderen unter Gleichen“ macht; sie ist nicht (nur) Resultante des Zusammentreffens von Natur und Gesellschaft, sondern (vor allem) Ergebnis der Selbstgestaltung der einmaligen Person.
(c) Die Erziehung ist nach Schleiermacher „doppelendig“ und hat die Heranwachsenden nicht nur zu persönlicher Eigentümlichkeit zu führen, sondern sie auch auf das Leben in Staat, Gesellschaft, Kirche und Arbeitswelt vorzubereiten.
(d) Würde die Erziehung die Ausprägung von persönlicher Eigentümlichkeit verhindern oder gar unterdrücken, entstünde eine gesichtslose Massengesellschaft von Angepassten und Gefolgsleuten. In diesem Sinne spricht Schleiermacher davon, dass der Grad der persönlichen Eigentümlichkeit der einzelnen als Maßstab für den Bildungsstand eines Volkes dienen könne.
(e) Mit „sozialem Sein“ meint Durkheim die dem Naturwesen Mensch von der Gesellschaft „einzusetzende“ Fähigkeit, ein sittliches und soziales Leben zu führen. Dazu ist nach seiner Meinung eine „planmäßige Sozialisation“ erforderlich, die dem Heranwachsenden als einer *tabula rasa* die moralischen, religiösen, nationalen, beruflichen und ideologischen Traditionen, Grundsätze und Gewohnheiten einritzt bzw. einverleibt.
(f) Montessori sieht den erzieherischen Hochmut darin, dass sich der Erzieher als „Vater“ und Gestalter des Kindes dünkt. Dagegen setzt sie ihre (evolutionsbiologisch begründete) These, das Kind trage alles, dessen es zu seiner normalen Entwicklung bedarf, bereits samen- oder keimhaft in sich.
(g) Die grundsätzliche Grenze allen (erzieherischen) Planens und Machens sieht Jaspers in der menschlichen Freiheit und dort, wo der Heranwachsende frei und offen bleiben muss für den Zufall, die Chance, das Überraschende, das Unvorhersehbare und – das Wunder.
(h) In beinahe verblüffender Nähe zu Schleiermacher nimmt Luhmann hier die Kritik an einer einseitigen Übertragungstheorie auf und betont dagegen die Unsicherheit einer grundsätzlich offenen Zukunft und die Unvorhersehbarkeit menschlichen Handelns.
(i) Da erzieherisches Handeln nicht nach Art eines chemischen Experiments im Unterricht abläuft, das stets den gleichen Verlauf nimmt und zum gleichen Ergebnis führt, muss erzieherische Planung immer mit Unerwartetem rechnen und eine Synthese von normativen (die Ziele betreffenden), situationsanalytischen und strategischen Urteilen darstellen.

5. **Kapitel:** Johann Heinrich Pestalozzi oder: Erziehung zwischen Fremd- und Selbstbestimmung?

(a) In Hinsicht auf Natur und Gesellschaft wird der Begriff „Werk“ in einem passiven Sinne (also als etwas „Gemachtes“ bzw. „Bewirktes“), im Hinblick auf das Selbst in einem aktiven Sinne (als eigene Hervorbringung und als eigenes „Wirken“) gebraucht.

(b) Idealisch betrachtet wäre ein harmonisches Gleichgewicht wünschens- und erstrebenswert. Realistisch gesehen ist der innere Zwiespalt zwischen den drei „Werken“ bzw. „Zuständen“ nicht aufhebbar und deshalb nur ein labiles Gleichgewicht möglich. Die Erziehung hat sich dieser inneren Spannung stets bewusst zu sein
(c) Der eigene Wille und sein Spielraum werden eingegrenzt durch die naturgegebenen und gesellschaftlich gesetzten Bedingungen; seinen Weg muss er sich in der Auseinandersetzung mit ihnen (und durch ihre partielle Überwindung) bahnen.
(d) Als „bürgerlicher Halbmensch“ erscheint Pestalozzi (offensichtlich im Lichte Rousseaus) jener Mensch, der seine Natur unterdrückt und sein Selbst preisgibt, um sich als gesellschaftlich brauchbar zu erweisen und in der Gesellschaft erfolgreich zu sein.
(e) Unverkennbar hält Pestalozzi das Modell einer linear-harmonischen Entwicklung des Menschen für ein Traumbild, und er anerkennt die Realität eines spannungs- und konfliktreichen Werdeprozesses.
(f) Reble sieht die zeitlose Gültigkeit und die zentrale Aussage von Pestalozzis Anthropologie in der These von der unaufhebbaren inneren Spannung des Menschen zwischen Natur, Gesellschaft und Selbst. Darin sieht er einen „ewigen Widerspruch“, dem die Erziehung bei jedem ihrer Schritte Rechnung tragen muss.
(g) Pico sieht den Menschen als das schlechthin unbestimmte Wesen an, dessen Bestimmung es nach dem Willen seines Schöpfers ist, sich selbst seinen Platz in der Welt und die Rolle, die er in ihr spielen will, zu bestimmen. Als ein solcher Freigelassener (der Natur und Gottes) kann er englischer als ein Engel und tierischer als jedes Vieh leben, aber sich auch zu himmlischer Herrlichkeit emporheben.
(h) Die fast übergöttliche Fähigkeit des „Urschauspielers“ Mensch, alle Rollen dieser Welt zu spielen und damit alles sein zu können.
(i) Ohne die natürlichen Bedingungen (Saufgelage) und die gesellschaftliche Gegebenheit (Silvesterfeier) zu ignorieren, appelliert Schulleiter Winkel an die sittliche Instanz in den Jugendlichen, um sie zu einem eigenständigen verantwortlichen Handeln zu provozieren – und er hat Erfolg.

6. Kapitel: Jean-Jacques Rousseau oder: Erziehung als Weg zum Fortschritt?

(a) Der wie ein Fanfarenstoß wirkende erste Satz des *Emile* stellt wohl eine der größten Provokationen für jeden dar, der sich mit Erziehung befasst; als solche bedeutet er aber zugleich eine massive Herausforderung zu eigenem Denken und Fragen.
(b) Rousseau unterscheidet drei Lehrer des Menschen: Natur, Dinge und (andere) Menschen. Von ihnen hängen die Natur gar nicht und die Dinge nur in gewisser Weise (z.B. durch unsere Auswahl oder ihr Arrangement) von uns ab. Lediglich die Erziehung durch die Menschen steht in unserer Macht, aber auch

das nur in Grenzen. Niemand kann alle seine Worte und Taten so sehr beherrschen, dass sie völlig konform mit seiner Erzieherabsicht einhergingen.

(c) Das Gelingen einer auch noch so raffiniert ausgeklügelten Erziehungskunst erscheint Rousseau unmöglich, weil kein Erziehungsarrangement alle wirksamen Faktoren auf einmal zusammenbinden und beherrschen kann – vor allem zwei nicht: den Eigenwillen des Kindes und den Zufall.

(d) Während der (von Selbstliebe geprägte) *Mensch* in seiner Identität ein Ganzer ist, ist der (von Eigenliebe beherrschte) *Bürger*, dessen Selbsteinschätzung von der Gesellschaft und dem Urteil der anderen abhängt und dessen Wert in seiner Beziehung zum gesamten Sozialkörper liegt, stets nur ein Bruch(teil) seiner selbst. Daher gibt Rousseau der Erziehung zum Menschen absoluten Vorrang vor allen anderen (partiellen) Erziehungsbemühungen.

(e) Rousseau möchte dem Jugendlichen nur Umgang mit Menschen gewähren, von denen er gut denken kann, und ihm die Welt mit allen ihren Schlechtigkeiten zeigen, so dass er selber einsieht, wie die Gesellschaft den Menschen verdirbt und widernatürlich macht. Um die Risiken einer direkten Konfrontation zu umgehen, schlägt Rousseau dazu den Umweg über die Geschichte vor.

(f) Rousseaus bleibende Einsicht ist die in die unaufhebbaren Widersprüche und Paradoxien von Mensch und Gesellschaft. Dass er dem einzelnen seinen Weg zur Menschlichkeit nicht konkret vorzeichnen oder gar vorschreiben kann, liegt im Zentrum seiner pädagogischen Botschaft: Angesichts einer grundsätzlich offenen Zukunft und mangels letztgültiger Aussagen über den Sinn des Menschen, muss sich jeder einzelne diesen Weg selber bahnen – und gehen.

(g) Auschwitz als vollzogener Rückfall in die Barbarei stellt für Adorno den größten Skandal für die Erziehung dar. Um eine Wiederholung zu vermeiden, hält er eine Revision der frühkindlichen Erziehung, die von Liebe und nicht von Autorität geprägt sein sollte, und eine aufklärende politische Bildung für unerlässlich.

7. Kapitel: Paulo Freire vs. Burrhus F. Skinner oder: Emanzipation oder Konditionierung als Zweck der Erziehung?

(a) Freire lehnt, ausgehend von der Lebenssituation unterdrückter, besitzloser und ausgebeuteter Landarbeiter in Lateinamerika eine Erziehung ab, die ein kanonisiertes und fremdbestimmtes Wissen vermittelt (sog. „Bankierserziehung"), und er entwirft das Programm einer „Befreiungspädagogik", welche durch Bewusstmachung der konkreten kulturellen und sozio-ökonomischen Lage in den Menschen die Fähigkeit und die Bereitschaft weckt, sich für eine Verbesserung dieser Lage zu engagieren.

(b) Freire steht das Bild eines kraft Vernunft und Freiheit schöpferischen und weltgestaltenden Menschen vor Augen. Unter den enthumanisierenden Bedingungen von Unterdrückung und Fremdbestimmung können weder die Unterdrückten noch die Unterdrücker ihr volles Menschsein verwirklichen.

(c) Während das naive und das magische Bewusstsein die gegebene Welt als solche hinnehmen und sich den Tatsachen bzw. den „Sachzwängen" fügen und anpassen, durchschaut das kritische Bewusstsein ihre Gewordenheit und lässt sie als grundsätzlich veränderbare und der Veränderung bedürftige erkennen. Aufklärende Bewusstmachung hilft, den Fatalismus zu überwinden und Möglichkeiten zu einer weltverändernden Praxis zu erkennen.
(d) Während in der herkömmlichen „Bankierserziehung" eine „vertikale" (von oben nach unten) Beziehung zwischen Erzieher und Zu-Erziehenden besteht und der Monolog (bzw. das „Kommuniqué) vorherrscht, schafft der Dialog eine „horizontale" (und gleichrangige) Beziehung und stiftet echte Kommunikation und Interkommunikation.
(e) Freires Auffassung von Erziehung schließt die Vorstellung von einer planbaren und technischen Verfertigung von „Erziehungsprodukten" aus und begreift Erziehung als ein vom Gedanken der Befreiung geleitetes Handeln, das seinen Sinn nur im konkreten Vollzug gewinnt.
(f) Skinner bemängelt an der bisherigen Erziehung, dass sie noch immer (seiner Meinung nach veralteten) kryptoreligiösen Vorstellungen von einem autonomen „inneren Menschen" nachhängt und damit für menschliches Verhalten eine Erklärung abgibt, die selbst unerklärt bleibt. So wie die Naturwissenschaften erst voranschritten, als sie allein kausale Ursache-Wirkungs-Zusammenhänge untersuchten, bedürfe es für eine Erklärung des menschlichen Verhaltens ebenso einer positivistischen Verhaltenswissenschaft.
(g) Die Verortung der Erziehung jenseits von Freiheit und Würde bricht mit dem überkommenen humanistischen Menschenbild und reduziert den Menschen auf ein Bündel von Verhaltensreaktionen, die durch Konditionierung verfestigt bzw. verändert werden können.
(h) Skinners Technologie des Verhaltens soll eine sichere und handfeste Manipulation menschlichen Verhaltens ermöglichen. Probleme sieht Skinner dabei im Hinblick auf die Konsequenzen für Ethik, Politik und Rechtssprechung sowie hinsichtlich der Frage, wer diese Technologie zu welchem Zweck benutzen darf und wird.
(i) Eine Pädagogik, die im Dienste von Mündigkeit steht und Emanzipation betreibt, bedarf der Empirie, näherhin der empirischen Erforschung der konkret gegebenen und der Ermittlung der möglichen förderlichen Bedingungen. Wenn allerdings der dieser empirischen Forschung zugrunde liegende empirisch-analytische Wissenschaftsbegriff universalisiert und mit Wissenschaft überhaupt gleichgesetzt wird, droht er, das der Pädagogik ureigene Interesse an Emanzipation zu ersticken.
(j) Im Großen führt die mit dem „New Public Management" einhergehende Ökonomisierung der öffentlichen Erziehung dazu, das Individuum als Unternehmer und die Institutionen als Unternehmen zu sehen, die gesellschaftliche Dienstleistungen zu erbringen haben und unter öffentlicher Dauerbeobachtung stehen. An die Stelle der Emanzipation tritt die Erziehungsaufgabe, Menschen zu „nutzenmaximierenden Marktsubjekten" zu machen.
(k) Der enge Zusammenhang zwischen Bürokratisierung und Technisierung und der damit verbundene Wunsch nach lückenloser Kontrolle lässt sich als Aus-

druck totalitären Denkens entlarven und führt zu einer zunehmenden Entmenschlichung und Depersonalisierung.

8. Kapitel: Johann Amos Comenius oder: Kann es eine gleiche Erziehung für alle geben?

(a) Comenius betont – wohl zum ersten Male in der Geschichte der abendländischen Pädagogik – die Gleichheit aller Menschen und damit ihr Recht auf gleiche Erziehung, und er begründet dies theologisch: alle Menschen sind nach Gottes Ebenbild und zu seinem Gleichnis geschaffen.

(b) Üblicherweise wird Erziehung als Vorbereitung auf etwas bzw. Ausstattung zu etwas verstanden, die dann umso spezieller und enger ausfällt, je spezieller und enger die angezielte Tätigkeit oder Funktion gefasst wird. Die Allerziehung des Comenius meint im Unterschied dazu nicht nur eine quantitative Vermehrung des Wissens (also ein Mehr- oder Vielwissen), sondern eine ganz andere Qualität des Wissens, nämlich ein Wissen des Ganzen, d.h. ein Wissen um die Ordnung, Gliederung, Struktur, Genese und Bestimmung von Welt (einschließlich der Einzeldinge) und Mensch. Seine Allerziehung meint also nicht nur eine Allgemeinbildung im quantitativen, sondern eine Weltbildung in einem qualitativen Sinne: Erziehung zur Selbst- und Weltverantwortung.

(c) Im Sinne der Allerziehung soll seine Didaktik die Wege und Mittel aufsuchen, um allen Menschen auf alle Weise diese Sicht des Ganzen vermitteln zu können, welche ihnen ein freies, vernünftiges und glückliches Leben ermöglicht.

(d) Condorcet geht von der politischen Gleichheit als Errungenschaft der Französischen Revolution aus und spricht der (öffentlichen) Erziehung die Aufgabe zu, alle Menschen ohne Ausnahme instand zu setzen, die ihnen vom Gesetz eingeräumten Chancen (dank dieser Erziehung) tatsächlich auch wahrzunehmen. Damit schlägt Condorcet zum ersten Male das Thema der „Chancengleichheit“ an.

(e) Kant vertritt als ein idealistischer Denker folgenden Standpunkt: Da einerseits Einsicht von der Erziehung und Erziehung wiederum von der Einsicht abhängt, kann sich die Erziehung nur Schritt für Schritt in der Geschichte vervollkommnen, indem eine Generation der folgenden ihre Erfahrungen und Kenntnisse überliefert. (Damit plädiert Kant indirekt für ein gründliches Studium der Geschichte der Pädagogik.) Da in seiner skeptischen Sicht Eltern und Regierende Kinder nur für die gegenwärtige Welt (die einen für ihr Fortkommen, die anderen für ihre Brauchbarkeit) erziehen, muss die Erziehung prinzipiell an der Idee der Menschheit und ihrer Bestimmung ausgerichtet werden, wenn sie nicht erheblich eingeschränkt und instrumentalisiert werden soll.

(f) Dewey erörtert das Problem der Gleichheit im Kontext seines weit gefassten Begriffs von Demokratie – nicht als Regierungsform, sondern als Lebensweise. Von daher wird er sich des problematischen und spannungsreichen Verhältnisses der beiden Prinzipien von Gleichheit und Freiheit bewusst.

(g) Adler beantwortet die Frage – auf eine durchaus diskussionswürdige Art und Weise – unter Hinweis auf die menschliche Natur, worunter er alles das versteht, was den Menschen zum Menschen macht. Diese potentiellen Anlagen und Fertigkeiten sollen durch die Erziehung ihrer Natur gemäß zu aktueller Wirklichkeit gebracht werden.
(h) Mit dem Begriff des „Habitus" meint Bourdieu die empirische Tatsache, dass wir in einem sozialen Raum leben und von ihm bis in die feinsten Nuancen unseres Verhaltens hinein geprägt werden. Dieser Habitus stellt ein System von Grenzen dar, die wir nicht anders überschreiten können, als dass wir uns ihrer bewusst werden.

9. Kapitel: Karl Marx oder: Die Erziehung als revolutionäre Praxis?

(a) Mit dieser Aussage setzt sich Marx von einer rein *idealistischen* Philosophie ab, wie sie ihm in Hegel und den sog. Rechtshegelianern begegnet war. Dem gegenüber nimmt er einen *realistischen* Standpunkt ein, indem er vom wirklichen Menschen ausgeht und von seinem konkreten (geschichtlich-gesellschaftlichen) Sein her nach seinem Denken fragt.
(b) Marx sieht als Realist dieses Verhältnis als ein dialektisch-wechselseitiges. Deshalb erscheinen ihm die abstrakten Empiriker nicht weniger lebensfremd als die puren Idealisten.
(c) Im Horizont von Rousseaus Brandmarkung des Privateigentums sieht Marx unter den Bedingungen des Kapitalismus alle Sinne (und allen Sinn) des Menschen auf das Haben reduziert und die Weltsicht des Menschen auf den Genuss eingeengt, den ein besitzendes Subjekt aus einem von ihm besessenem Objekt zieht. Dem gegenüber hätte eine allseitige Erziehung zum totalen Menschen diesen aus dieser Entfremdung zu emanzipieren, indem sie seine Sinne wieder menschlich macht, d.h. vom Haben auf das Sein wendet, und ihn die Dinge und anderen Menschen nicht nur unter dem Aspekt des Nutzens, sondern nach ihrer Natur und Schönheit sehen lehrt.
(d) Arbeit ist für Marx die Auseinandersetzung des Menschen mit der Natur. Als solche ist sie nicht nur lebensnotwendig, sondern auch konstitutiv für die Menschwerdung des Menschen. Unter den Bedingungen der Arbeitsteilung wird die Arbeit des Menschen dieses ursprünglichen menschlichen Sinns beraubt, und der Arbeiter wird in eine vierfache Entfremdung gedrängt.
(e) Während die Arbeit im menschlichen Sinne auch Grundstein der Erziehung ist – daher das Marxsche Plädoyer für wohldosierte Kinderarbeit –, bedarf es unter den Bedingungen der Entfremdung einer dreifachen pädagogischen Gegenwirkung: geistiger Bildung, körperlicher Ausbildung und einer polytechnischen Erziehung.
(f) Gegenüber einer einseitig materialistischen Lehre, welche zu einer Zweiteilung der Gesellschaft führen würde, vertritt Marx mit dem Konzept der revolutionären Praxis eine vermittelnde Position, nach welcher Denken und Sein, Bewusstsein und Umstände sich zugleich verändern und verändert werden müs-

sen. Erziehung als Teil dieser revolutionären Praxis zielt auf eine Bewusstseinsveränderung, die sich im Handeln niederschlägt.

(g) Suchodolski erblickt in der revolutionären Praxis das Zusammenfallen von Veränderung der Umstände und Veränderung der Menschen; dieses Verständnis lässt die Frage nach der Priorität des einen oder des anderen müßig erscheinen und ist geeignet, die Widersprüche der bürgerlichen Erziehung zu überwinden.

(h) Eine „pädagogische Pädagogik" verschließt sich in idealistischer Selbstgenügsamkeit und versteigt sich leicht zu sich selbst überschätzenden Allmachtsphantasien, weil sie den konkreten gesellschaftlichen und ideologischen Gegebenheiten zu wenig Beachtung schenkt. Ihr gegenüber stellt die marxistische Pädagogik eine Korrektur dar, indem sie ihre Verflechtungen mit der Politik reflektiert und den totalen Menschen zum Ziel von Erziehung und Politik erhebt.

(i) Bowles und Gintis kritisieren die Subordination der öffentlichen Erziehung unter die ökonomischen Machtverhältnisse, wodurch die Erziehung sich weitgehend darauf reduziert, Arbeitskraft zu reproduzieren, Ungleichheit zu legitimieren und die Persönlichkeitsentwicklung in Richtung auf bereitwillige Unterordnung und willfährige Autoritätshörigkeit zu lenken.

10. Kapitel: Der moderne Personalismus oder: Gibt es ein „Maß" für die Erziehung?

(a) Mounier versteht unter Person nichts Zusammengesetztes und nichts von außen Herstellbares, sondern jene mit sich identische Ganzheit, die sich durch ihre Wahlen und Entscheidungen selbst hervorbringt. Die Idee des Personalismus, verstanden als die Kommunikation und das Zusammenleben von Personen, kann auf unvollständige Weise (theoretisch) gelehrt oder auf überzeugendere Weise (praktisch) gelebt werden.

(b) Neben Gestalt, Individualität und Persönlichkeit, die der Mensch mit den Dingen, mit den anderen Lebewesen bzw. mit den anderen Menschen teilt, bedeutet Person im eigentlichen Sinne unbedingte Einmaligkeit, Unaustauschbarkeit, Unersetzlichkeit, Selbststand und Selbstbesitz. Der Gedanke der Doppelgängerschaft erweckt daher im Hinblick auf die Person ein existentielles Grauen.

(c) Ricœur entfaltet die Mehrdimensionalität der Person anhand von vier Triaden (= Dreiheiten), die er auf den Ebenen von *Ethos* bzw. *Moral* (Selbstachtung; Fürsorge; gerechte Institutionen), *Sprache* (Sprechen; Gespräch; Sprache als Institution), *Handeln* (Bewusstsein, Urheber seiner Handlungen zu sein; Interaktion; Handlungsregeln) und *Erzählung* (narrative Identität meines Lebens; Verschachtelung der Lebensgeschichten; narrative Identität der Institutionen) aufsucht und erörtert. Aus dieser Perspektive verbietet sich jede eindimensionale Erziehung, welche eine der Triaden oder ein Glied der Triade(n) absolut setzen würde.

(d) Flores d'Arcais hebt eine personalistische Pädagogik sowohl von einer reformpädagogischen „Pädagogik vom Kinde aus" als auch von einem pädagogischen

Spontaneismus und vom Konzept der „Erziehungsgesellschaft" ab und sieht ihr wesentliches Kennzeichen darin, dass sie die einmalige und einzigartige Person zum wirklichen Protagonisten der Erziehung erklärt: Erziehung ist immer einmalig und unwiederholbar und Risiko und Scheitern ausgesetzt.

(e) Der Autor versucht, die pädagogische Relevanz des Personbegriffs im Hinblick auf das Kind aufzuzeigen und geht davon aus, dass dieses nicht nur als Resultante von Anlagen und Umwelteinflüssen betrachtet, sondern von seiner schöpferischen Selbsttätigkeit her gesehen werden muss. Erziehung legt sich dann aus als die einem Kind gewährte Hilfe, sein Personsein zu „aktuieren", d.h. immer selbständiger, mündiger, freier, verantwortlicher und mit sich identisch zu werden.

(f) Mit dem Begriff des „Caring" bringt Noddings jenes auch in der öffentlichen Erziehung unverzichtbare personale Moment (wieder) ins Spiel, das traditionell als „pädagogische Liebe" verstanden wurde und jene Handlungsoffenheit betont, welche die Achtung für die je besondere Person in einer konkreten Situation einfordert. Eine auf dem personalen Prinzip der „Sorge" basierende Erziehung gebietet, nicht nach fixen Regeln, sondern aus Zuneigung und Achtung zu handeln.